아트설교연구원 설교시리즈 3

설교트렌드 2026

글과길

설교트렌드 2026
-말하는 설교

지은이	김도인 권오국 이재영 박혜정 석근대 김인해 이문이 황상형 허진곤 김용대 김선우 이지철
발행일	초판 1쇄 발행 2025년 10월 31일
발행인	김도인
펴낸곳	글과길
출판사	등록 제2020-000078호[2020.5.29.] 서울특별시 송파구 삼학사로 19길 5 3층 wordroad29@naver.com
편집	박혜정
디자인	안영미
공급처	하늘유통 경기도 파주시 광탄면 분수리 350-3 전화 031—947-7777 팩스 0505-365-0691 ⓒ2025, Kim Do In allrights reserved
ISBN	979-11-994851-2-9 03230
값	24,000원

아트설교연구원
설교시리즈 3

설교트렌드 2026

특집 설교

김도인 권오국 이재영 박혜정 석근대 김인해 이문이 황상형 허진근 김용대 김선아 이지철

글과길

추천사

　새로운 담임 목회자가 부임한 후 급성장하고 있다는 교회를 방문해 예배드린 적이 있다. 새로 부임한 젊은 목사님은 절제되지 않은 일상적인 언어로 거리낌 없이 설교했고, 청중들은 얼굴에 웃음기를 띤 표정으로 설교를 듣는 걸 보면서, 이 시대 설교자들이 설교자의 언어에 대해 얼마나 깊이 고민할까 하는 생각을 해본 적이 있다.

　이런 시대적 흐름 속에서, 설교자의 말하기와 글쓰기에 대해 오랫동안 고민하며 함께 연구해온 목사님들의 글이 담긴 《설교트렌드 2026》이 발간된 것이 굉장히 고무적이다.

　《설교트렌드 2026》은 설교자가 말하기와 글쓰기의 균형을 이루는 것이 중요하다고 말한다. 그리고 균형 잡힌 설교자가 되기 위해서는, 경청과 지식과 인격을 갖추라고 강조한다. 동시에 무엇을 경청하고 무엇을 말할 것인지를 하나하나 구체적으로 제시한다.

　이 책은 목회자들이 말하기와 글쓰기의 균형 잡힌 설교를 준비하는데 좋은 가이드다. 특히, 목회현장에서 영감 있고 생명력 있는 설교하기 위해 씨름하며 고민하는 수많은 목회자에게 좋은 안내서가 될 것이다.

부디, 《설교트렌드 2026》을 통해, 이 시대 많은 목회자가 설교의 본질과 길을 다시 한 번 발견하고, 말하기와 글쓰기가 잘 균형 잡힌 탁월한 설교자가 될 수 있기를 소망한다.

한현수 목사 | 일산예일교회 담임

마음을 따뜻하게 하는 글! 마음을 움직이는 어휘력으로 쓴 책! 《설교트렌드 2026》의 '말하기'에 대한 글을 읽는 순간 공감대 문이 활짝 열린다.

20대 후반에 교회를 개척하여 60대 중반을 지나고 있다. 말하는 위치에 있는 설교자로서 이 책은 '말하기'에 대한 표준전과와 같다. 책을 읽는 순간 동요가 생각난다. "산 위에서 부는 바람, 서늘한 바람, 그 바람은 좋은 바람, 고마운 바람, 여름에 나무꾼이 나무를 할 때 이마에 흐른 땀을 씻어 준대요." 설교자의 마음을 시원케 한다.

"ㄱㄴㄷㄹ, ㅏㅑㅓㅕ" 자음과 모음이 모여 글자와 단어를 구성하듯, 여러 명이 공저로 출간하는 귀한 책이다. 이 시대 설교자들에게 약방에 감초 같은 책이다. 모세처럼 '입이 뻣뻣하고 혀가 둔한 자'

라도 얼마든지 복음을 전하는 설교자로서 고민을 연민으로 바꿔주는 책이다. 이 시대 설교자들에게 좋은 길잡이가 될 것이라 확신하며 '말하기'가 얼마나 중요한가를 다시 한번 돌아보게 하는 책이기에 추천하는 바이다.

한성택 목사 | 부산예환꿈교회 담임, 청소년 목양캠프 대표

    말은 누구나 한다. 누구나 하므로 말에 대한 위대함을 놓칠 때가 많다. 이솝우화가 생각난다. 신이 은총을 베풀어 각각에 맞는 능력을 동물들에게 베풀었다. 빠른 속도, 강한 힘, 하늘을 날 수 있는 능력을 갖춘 동물들은 저마다 멋을 뽐낸다. 인간은 그런 동물들의 모습을 보며 부러워한다. 신에게 이런 불평을 한다. "왜 제게만 은총을 베풀지 않으십니까?" 신이 대답했다. "가장 큰 선물을 받고도 모르는구나. 네가 받은 말은 신이나 인간 사이에서도 힘이 있고, 힘센 자들보다 더 힘세고, 가장 빠른 자들보다 빠르다."라고 하였다. 말은 하늘과 땅을 이어주고 땅의 질서를 세우는 능력이 있다. 그만큼 인간이 가진 말은 능력이 엄청나다.

    하나님의 말씀을 대언하는 설교자들은 말하는 자들이다. 말을 자주 하기 때문에 말의 위력과 능력을 놓칠 때가 많다. 오늘날 설교가 빈약해지고 하나님의 말씀이 전달되지 않는 이유는 설교자가 말을

성찰하지 않았기 때문이 아닐까 싶다. 이러한 찰나에 아트설교연구원의 세 번째 책인 부제가 '말하는 설교'인 《설교트렌드 2026》의 출간은 사막에 단비가 내리는 축복이라 생각된다.

이 책은 설교자의 말부터 시작하여 태도까지 살펴볼 수 있는 통찰을 제공한다. 설교와 씨름하는 모든 설교자에게 일독을 권하고 싶다.

정순출 목사 | 은혜교회 담임, 기독교대한성결교회 교단 부흥사회 대표회장

최근 아내와의 대화할 때 귀로는 듣고 있다. 하지만, 시선과 표정은 듣지 않는 것 같이 무관심하다. 이를 통해 '경청의 모양은 있으나, 경청의 능력은 없는' 제 모습을 발견한다. 경청은 단순한 듣기가 아니라 오감을 여는 일이라고 성도들에게 설교했지만 가장 소중한 아내의 말에 경청하지 못했다. 즉 설교가 삶으로 드러나지 못한 것이다.

《설교트렌드 2026》을 읽으며 가정에 접목하는 시간을 가졌다. 첫째 가족에서 경청은 하나님 말씀이 그 토대이다. 둘째, 언어, 사고력, 비언어적 표현으로 가정의 기둥을 세운다. 셋째, 설교 내용에서도 방과 거실 등 공간 구분이 필요하다. 넷째, 타기팅을 통해 가족별로 필요에 맞는 가구를 갖춰야 한다. 다섯째, 가장의 좋은 성품으로 가족을 이끌어가는 과정을 담아낸 따뜻하면서도 정교한 스토리로 구성된 책이다.

이 책은 기획자의 철저함 아래, 강요당한 집필자들의 큰 수고로 만들어졌음이 분명하기에 저자들에게 감사를 드린다. 이 책이 '말하는 설교'이듯, 《설교트렌드 2026》은 정형화된 언어에 익숙한 설교자들이 손닿는 곳에 두고 반복적으로 읽으면 좋은 선생님이 되어줄 것이다. 설교자가 말로만 청중을 설교로 변화시키려 하기에 앞서 먼저 하나님의 말씀을 살아내는 삶을 살아야 함을 절감한다.

이 책의 아쉬운 점이 있다. 몇 년을 두고 읽어도 좋은 책이 제목으로 인해 그 좋은 내용을 해당 연도에 가두어두는 것은 아닌가 괜한 걱정을 하면서 2026년 설교의 변화를 생각하는 책이라 설교자로서 궁금증이 증폭된다.

김성희 목사 | 순복음맹동중앙교회 담임. 저서로 《골목길에서의 동행》

설교는 종합예술이라 할 수 있다. 어떤 이는 글로 표현하면 탁월하지만, 막상 그의 설교를 직접 들으면 어딘가 빈곤함이 느껴진다. 반대로 어떤 이는 설교를 들을 때는 감동과 생동감이 넘치지만, 그 내용을 글로 옮겨보면 의외로 깊이가 부족하다는 것을 발견한다. 설교는 글쓰기와 말하기, 두 영역이 균형을 이룰 때 비로소 완성된다.

목회현장에서 오랜 기간 설교 사역을 감당하다 보면, 글쓰기도 말하기도 어느새 익숙함과 타성에 젖기 쉽다. 설교에는 지적 성찰이 필요하고, 감성적 공감과 표현이 요구되며, 동시에 성령의 인도하심을 따라야 한다. 더 나아가 설교자의 말과 행동 자체가 메시지가 되어야 한다.

오늘날 수많은 설교가 쏟아지는 시대 속에서, 성도들은 이른 비와 늦은 비와 같은 생명의 말씀을 간절히 갈망한다. 《설교트렌드 2026》은 이러한 시대적 요청 속에서 설교자들에게 설교의 본질과 사명의 엄중함을 다시금 일깨워주는 귀한 책이다.

이 책의 가장 큰 미덕은, 저자들이 단순히 연구실에서 얻은 지식을 나열한 것이 아니라, 실제 목회현장에서 설교 사역을 수행하며 체득한 경험과 통찰을 담아냈다는 점이다. 그만큼 내용은 구체적이고 생생하며, 설교자들이 현실에서 직면하는 고민과 한계에 대해 실제적인 도움과 방향을 제시한다.

특히, 경청과 말하기의 중요성을 다양한 관점에서 조명하며, 설교의 지적 영역과 감성적 영역, 그리고 인격적 영역을 균형 있게 다루고 있다. 처음 설교 사역을 맡는 이들에게는 든든한 안내서가 될 것이며, 이미 설교에 익숙해진 이들에게는 새로운 자극과 성찰의 기회를 줄 것이다.

설교의 길 위에 서 있는 모든 이들에게 《설교트렌드 2026》을 기쁜 마음으로 추천한다.

이진형 목사 | 영신교회 담임

매주 강단에 서는 설교자에게 설교란 결코 쉬운 과제가 아니다. 설교는 설교자 자신과 하나님의 마음을 동시에 비추는 거울과 같아서, 그 본질을 온전히 담아내기란 여간 어려운 일이 아니기 때문이다.

《설교트렌드 2026》은 이처럼 무거운 책임감 앞에 선 설교자들에게 '제대로 설교하는 법'을 구체적으로 안내한다. 저자들은 무엇보다 잃어버린 '경청'의 회복을 힘주어 말한다. 설교가 일방적인 선포가 아니라 하나님과 사람 사이를 잇는 '쌍방의 숨결'임을 온몸으로 증언하는 것이다.

이 책은 설교의 본질이 '전하는 언어'를 넘어 '살리는 언어'임을 일깨운다. 청중의 영혼에 가닿는 힘이 화려한 미사여구가 아닌, 깊은 경청에서 비롯된 진실한 한마디에 있음을 다시금 확인하게 될 것이다.

지쳐 있는 오늘날의 강단에 《설교트렌드 2026》은 '공감의 숨'을 불어넣는다. 단순한 설교 기술서를 넘어, 목회자의 영혼까지 어루만지는 깊이 있는 치유서이다.

이 책을 통해 한국교회의 많은 설교자가 말하는 설교를 통해 '살리는 설교자', '살아있는 설교'의 기쁨을 새롭게 발견하기를 소망한다.

김영한 목사 | 품는교회 담임, Next 세대 Ministry 대표

프롤로그

왜 설교는 말하기인가?

설교는 전달이다. 준비된 설교를 청중에게 말로 전달한다. 말로 하되 소통이 되도록 전달해야 한다. 청중이 이해하지 못하면 말이 청산유수와 같아도 소용없다.

설교자가 청중을 향해 말할 때는 몇 가지 원칙이 있다.

첫째, 공감의 말이어야 한다. 많은 설교자가 공감이 아니라 명령형으로 말하는 경우를 본다. 그것은 군대 문화가 바탕에 깔린 한국 사회의 특성이라고 생각한다. 군대를 다녀온 설교자는 명령형으로 말하기 좋아한다. 부모가 자녀에게 공감, 권유보다는 명령의 말을 한다. 명령하는 편이 수월하기 때문이다. 작가 은유도《다가오는 말들》에서 자녀에게 명령하는 편이 수월했다고 한다. "다정함은 체력에서 온다고 그 무렵 네 시간마다 깨어 수유하던 나로서는 아이를 공감하기보다 억누르고 명령하는 편이 수월했다."[1] 엄마도 명령형의 말이 수월하다. 설교자는 더 명령의 말이 수월할 것이다. 여전히 많은 설교자가 권위적이다. 권위적인 설교자는 공감의 말로 설교하려 해야 한다.

둘째, 따뜻하고 부드러운 말이다. 말은 친절하고, 공감이 있고, 따뜻해야 한다. 화내는 말이 아니라 부드러운 말이어야 한다. 청중이 듣고 하나님의 은혜로 채워지는 말이어야 한다.

셋째, 표정이 부드러워야 한다. 하용조 목사는 설교하러 강대상으로 걸어갈 때 싱긋 웃어준다. 그 표정을 보면 마음이 따뜻해지고 편안해진다. 설교자는 표정이 부드러워야 한다. 동시에 설교자가 사용하는 어휘, 문장, 어투, 악센트, 표정 등이 따뜻해야 한다. 그 표정에 따라 설교자가 하는 말의 효과는 차이가 크다.

넷째, 말하기를 훈련해야 한다. 글쓰기를 하는 필자에게 사람들이 글쓰기가 타고났냐고 질문한다. 예전에 글쓰기 강의에서 글쓰기는 타고나야 하니 배울 필요가 없다는 식의 말을 들은 적도 있다. 필자는 타고나지 않았고 훈련을 통해 만들었다. 설교자 중에 어떤 사람은 타고나서 말을 잘하기도 한다. 그런 설교자도 후천적으로 만들어졌을 것이고 생각한다.

예술 분야는 대표적으로 '타고난다'라는 말이 적용되는 곳이다. 이재명 대통령이 성악가 조수미에게 물었다. "조수미 선생님은 타고난 것인가? 아니면 노력을 통하여 된 것인가?" 그러자 조수미는 일정 부분 타고나야 한다고 말한다. 일정 부분 이상은 훈련으로 만들어진다.

피카소를 보면 타고난 것도 있지만 후천적인 노력이 더 큼을 알 수 있다. 미술계의 판도를 바꾸며 독보적인 자기 세계를 구축한 피카소가 타고난 천재이기도 하다. 그러나 그것이 전부는 아니다. 보통 사람들처럼 그도 언제나 아이디어를 찾아 여기저기 오가며 대상을 찾는다. 그는 멋진 바바리코트를 입고 외출에서 돌아오면 언제나 코트 양쪽 주머니가 가득 찬 상태였다. 그 안에 들어 있는 것들은 놀랍게도 우리가 쓰레기라고 부르는 것들이었다. 그것은 장식할 가치가 없는 돌, 바람에 날아온 신문지, 버려진 병뚜껑 등이다. 그는 이를 조합해서 하나의 예술 작품을 창조했다.[2]

설교자는 말하기를 훈련해야 한다. 설교가 말하기이기 때문이다. 필자의 경험으로 말을 못 하는 설교자를 거의 만난 적 없다. 즉 설교자는 대체로 말을 잘한다.

말을 잘한다는 것은 말을 번지르르하게 잘하는 것이 아니라 설득하는 것을 잘해야 한다. 설교자가 말을 잘하는 것도 중요하지만 설득을 잘하기 위한 것이 더 중요하다. 엔지니어링과 같은 기술 분야에서도 재정적으로 성공을 거둔 사람 중 15%는 자신의 기술적 지식에 의한 것이고 85%는 인간 조종술, 즉 사람을 움직이는 능력이 있기 때문에 성공을 거두었다는 것을 나타내고 있다.[3]

다섯째, 자기 생각을 잘 전달해야 한다. 설교에서 말하기란 자기 생각을 다른 사람에게 전달하는 수단이다. 부경복은 《손석희가 말하는 법》에서 사람과 사람 사이에 생각을 전달하는 중요한 수단 중 하나가 '말하기'라고 한다. 그는 말 잘하는 사람을 이렇게 말한다. "사람과 사람 사이에 생각을 전달하는 중요한 수단 중 하나가 '말하기'다. 말 잘하는 사람은 자기 생각을 남에게 전달할 수 있는 사람이고, 사회적으로도 자기 생각의 가치를 인정받을 수 있는 사람이다."[4]

시대는 말 잘하는 사람을 원한다. 말하기 능력은 '말재주'가 아니다. 다른 사람의 마음에 강한 욕구를 불러일으킬 수 있는 자기 생각을 잘 전달하는 사람이다.

설교자가 말 잘하려면 세 가지를 갖춰야 한다

설교는 청중이 듣고자 하는 설교여야 한다. 이런 설교는 설교자가 세 가지를 갖출 때 된다.

첫째, 경청이다.

공자는 말을 배우는 데는 2년, 경청하는 데는 60년이 걸린다고 한다. 설교자는 경청을 남다르게 해야 한다. 설교자는 경청보다는 말하고 싶어서 못 견디는 사람처럼 느껴진다. 설교자는 경청에 천부적인 재능을 발휘해야 한다. 현실은 경청을 가장 못 한다.

설교자는 먼저 하나님의 말씀을 잘 들어야 한다. 하나님의 말씀을 잘 들으면 하나님의 사람이 된다. 신앙의 연륜이 길어질수록 하나님의 말씀을 귓등으로 듣는다. 경청에 실패했다는 반증이다.

다음으로 청중의 말을 잘 들어야 한다. 설교자는 청중에는 관심이 거의 없는 것처럼 느껴진다. 말하고 싶어서 안달 난 사람 같다. 많은 설교자가 스스로 잘 듣는 사람이라 생각하기 때문이다. 필자는 설교를 못 한다고 하는 사람을 만난 적이 없다는 것과 일맥상통한다고 생각한다.

설교자는 먼저 경청을 잘하는 사람이 아니라는 것을 인정해야 한다. 종종 생각하는 건데, 말하기 중독에 빠져서 자꾸 상대보다 더 많은 말을 하려 한다. 설교자가 경청을 못 한다는 것을 인정하지 않고서는 경청자가 되는 것은 요원하다.

둘째, 지식이다.

설교자는 지식이 남달라야 한다. 성경 지식은 물론 신학, 인문학 등의 지식이 탁월해야 한다. 지식을 추구한다는 것은 배움을 사랑하는 사람이란 것이다. 설교자가 말 잘하면 지식이 뒷받침되어야 한다. 사람은 아는 만큼 살아간다. 아는 만큼 살지 않으면 자기를 속이며 자신을 부풀리며 사는 것이다. 설교자는 지식을 쌓기 위해 읽기를 많이 하고 보기를 많이 하며 경험을 많이 해야 한다. 설교자가 지적인 것을 추구하지 않으면 말하기가 아니라 말쟁이가 된다. 설교는 아는 만큼 효과를 낼 수 있다. "내가 살아갈 세상은 읽은 대로 만들어진다"[5]라는 말처럼 설교는 읽은 만큼 효과가 있다.

설교자가 틈만 나면 읽은 것에 착념하는 것은 지혜로운 처사이다. 읽으면 할 말이 많아진다. 읽지 않으면 할 말이 거의 없다. 필자가 만든 '창조적 성경 묵상법'은 설교를 위한 묵상 방법이다. 이 방법으로 설교를 위한 묵상을 하게 되면 최소 5시간이 걸린다. 이 방법으로 한 본문을 묵상하면 성경을 100번 읽게 된다. 성경을 100번 읽은 설교자, 성경을 50번 읽은 설교자, 성경을 5번 읽은 설교자는 그 차이가 크다. 읽은 만큼 성경적인 설교, 은혜로운 설교를 한다.

이재명 대통령이 말을 잘한다. 그가 말을 잘하는 것은 읽기를 많이 하기에 그렇다. 최근에 강릉이 가뭄으로 사상 초유의 국가재난지역으로 선포되었다. 이재명 대통령과 강릉 시장과 대화에서 대통령이 대책을 물으니 정수장 건설 하는데 예산을 달라고 한다. 대통령이 시장에게 수원지 대책이 무엇이냐 물으니 또 정수장 이야기를 한다. 무능한 시장의 모습을 단적으로 보여준다. 공부하지 않는 시장 때문에 강릉시민은 속이 터질 것이다.

설교자는 공부해야 한다. 공부해야 설교가 좋아진다. 설교자의 설교는 어제보다 오늘이 나아야 한다. 오늘보다 내일이 나아야 한다. 어제보다 좋아지려면 어제와는 다른 삶을 살아야 한다. 많은 설교자가 어제와 같은 오늘을 살면서 어제와 다른 설교자가 되기를 바란다. 이런 일은 있을 수 없다. 어제보다 나은 오늘의 설교를 하려면 다른 삶을 살아야 한다. 그리고 많은 시간을 지식 쌓기에 투자해야 한다.

셋째, 인격이다.

아리스토텔레스는 연설을 통해 어떤 명제를 증명하는 데는 세 가지 방법이 있다고 한다. 첫째는 연설자 자신의 성품에 의존하는 방법이며, 둘째는 감정적 호소를 통해 청중의 마음을 움직이는 방법이며, 셋째는 연설 자체를 통해 명백한 논증을 제시함으로써 증명하는 방법이다. 그는 그 가운데서도 가장 권위 있는 증명은 주로 연설자 자신의 성품에 의해 이루어진다고 주장하면서 "연사의 참된 인격이야말로 청중을 설득하는 가장 강력한 무기"[6]라고 한다.

목회자들의 인격 문제가 심각하다. 제자 목회자는 자신의 담임 목회자가 인격 파탄처럼 보이는 행동을 많이 한다고 하소연한다. 설교자가 인격을 쌓는 데 큰 노력을 기울여야 한다. 설교자의 인격이 갖춰지면 청중이 설교자를 신뢰한다.

이 책은 이렇게 구성되어 있다

이 책은 설교 시리즈 세 번째 책이다. 첫 번째는 '들리는 설교'다. 두 번째는 '살리는 설교'다. 세 번째 책은 '말하는 설교'다.

이 책은 5개 챕터로 구성되어 있다. 'Chapter 1. 설교는 경청하기다, Chapter 2. 설교는 말하기다, Chapter 3. 설교 내용이 말하기를 결정한다, Chapter 4. 타기팅(targeting)은 마음 건드리기다, Chapter 5. 설교자의 인격이 말하기의 마침표다'로 이루어져 있다.

Chapter 1은 경청을 다룬다. 설교자는 말하기가 전문이다. 설교자는 하나님의 말씀 경청도 특출난다. 성경 읽기, 묵상을 하루도 거르지 않는다. 하지만, 말을 많이 하다 보니 경청에 취약하다. 경청은 너무 못한다. 이제부터는 설교를 듣는 청중의 말 경청부터 잘해야 한다. 잘 들어야 말을 잘할 수 있다.

Chapter 2는 설교자의 말하기를 다룬다. 언어, 사고력, 비언어적 표현 등을 다룬다. Chapter 3은 설교 내용이 말하기를 결정한다를 다룬다. 성경적인 내용, 명문장의 중요성, 묘사, 은유, 비유 등을 통해 설교의 내용의 충실성을 강조한다.

Chapter 4는 타기팅(targeting)은 마음 건드리기를 다룬다. 하나님의 마음, 청중의 마음, 청중 감성의 건드림 등을 통해 설교가 청중의 마음에 꽂히는 방법을 찾는다.

Chapter 5는 설교자의 인격과 말하기에 대해 다룬다. 설교자의 성품이 설교를 결정하므로 설교자의 진심, 부드러움, 정직함 등의 성품을 다룬다.

이 책은 〈아트설교연구원〉 회원들 중심으로 집필하며 소수의 외부 필진이 참여하였다. 5월부터 8월까지 4개월 동안 매주 수요일 오후 9시, 온라인으로 1시간에서 1시간 30분 정도 모여 합평의 시간을 가졌다.

설교트렌드 시리즈는 매년 한 권 이상으로 하여 10권 전후 출간을 목표로 한다. 이 과정을 통해 회원들의 책 읽기, 글쓰기, 책 쓰기, 사고력, 문장력 등이 성장하며 행복하다.

김도인 목사

〈아트설교연구원〉 대표이자 출판사 〈글과길〉 대표이다.
저서로 《설교는 글쓰기다》, 《목회트렌드 2026》 등이 있다.

목차

추천사   **004**

프롤로그   **011**

Chapter 1 | 설교는 경청하기다

1 경청은 듣기와 다르다   **027**
2 경청이 소통의 출발점이다   **035**
3 경청할 때 생각이 시작된다   **044**
4 경청하려면 공감력을 키워야 한다   **053**
5 하나님 말씀을 경청하라   **061**
6 청중의 원함을 경청하라   **069**
7 세상의 목소리를 경청하라   **077**
8 시대의 목소리를 경청하라   **085**
9 경청은 영혼이 담긴 반응이다   **093**

Chapter 2 | 설교는 말하기다

1 말하려면 먼저 축적하라   **103**
2 어휘가 말하기의 주춧돌이다   **112**

3 생각이 빈곤하면 말이 초라해진다   120
4 말하기의 3요소를 기억하라   128
5 스피치를 훈련하라   144
6 비언어적 표현을 하라   153
7 청중이 설교로부터 에너지를 얻어야 한다   162
8 자기만의 목소리로 말해야 한다   170

Chapter 3 | 설교 내용이 말하기를 결정한다

1 내용은 성경적이어야 한다   183
2 구성은 다양해야 한다   192
3 매일이 설교여야 한다   202
4 좋은 글이 좋은 말하기를 만든다   210
5 퇴고가 탁월한 설교를 만든다   219
6 명문장이 설교를 돋보이게 한다   228
7 이미지로 남게 해야 한다   236
8 질문과 답변으로 하나님과 대화한 내용이어야 한다   248

Chapter 4 | 타기팅(targeting)은 마음 건드리기다

1 하나님 마음으로 성경을 묵상하라   263
2 청중의 마음을 사로잡아야 한다   272
3 마음이 타기팅되면 청중이 변화된다   280
4 질문으로 청중의 마음을 파고들어야 한다   289
5 마음을 타기팅하라   299

6 마음 타기팅이 감성적 설교로 인도한다	**307**
7 청중의 감정을 다른 청중에게 전염시켜야 한다	**320**
8 청중의 마음과 하나 되어야 한다	**329**
9 말하기 전에 하나님을 느껴야 한다	**338**

Chapter 5 | 설교자의 인격이 말하기의 마침표다

1 인격만큼 설교한다	**349**
2 설교란 진실된 말하기다	**359**
3 하나님께로부터 인정받아야 한다	**366**
4 청중이 존경할 수 있어야 한다	**374**
5 부드러운 설교자여야 한다	**382**
6 성실함은 설교자의 인격이다	**390**
7 준비된 만큼 효과가 있다	**398**
8 상처를 치유하는 설교자가 돼라	**406**
9 약함을 받아들이고 은혜를 구해야 한다	**415**

에필로그	**424**
저자 프로필	**436**
참고 자료	**442**

Chapter 1
설교는 경청하기다

설교트렌드
2026
- 말하는 설교

경청은 듣기와 다르다

경청은 동(動)이고, 듣기는 감(感)이다

경청은 듣기와 다르다. 경청은 행동하게 한다. 하나님 말씀을 제대로 들으면 감동한다. 음악회나 연주회, 전시회를 통해 감동을 받는다. 그러나 삶의 큰 변화가 일어나지 않는다. 설교를 들으면 감동 받는다.

말씀을 듣고 감동하여 행동하는 사람은 경청하는 사람이다. 경청은 하나님 말씀을 듣고 끝나는 것이 아니라 적극적으로 행동한다. 우리는 설교를 경청해 감동하여 행동으로 옮겨야 한다. 설교를 아무리 들어도 감동조차 받지 않는 사람이 있는데 애굽 왕 바로다.

그는 모세가 전한 하나님 말씀을 열 번을 들었지만 감동하지 않았다. 감동하지 않으니 행동이 없다.

말씀을 들었는데 감동과 행동이 없으면 비극과 슬픔을 불러온다. 애굽 왕 바로는 하나님 말씀을 모세를 통해 듣기는 들었다. 말씀을 듣고도 행동하지 않은 그 결과는 끔찍했다. "밤중에 여호와께서 애굽 땅에서 모든 처음 난 것 곧 왕위에 앉은 바로의 장자로부터 옥에 갇힌 사람의 장자까지와 가축의 처음 난 것을 다 치시매 그 밤에 바로와 그 모든 신하와 모든 애굽 사람이 일어나고 애굽에 큰 부르짖음이 있었으니 이는 그 나라에 죽임을 당하지 아니한 집이 하나도 없었음이었더라(출 12:29-30)."

우리가 바로가 되면 안 된다. 우리는 설교를 경청해야 한다. 경청은 듣는 것으로 끝나지 않고 행동으로 나타난다. 삭개오는 예수님 말씀을 듣고 즐거운 마음으로 돌 무화과나무에서 내려온다. 삭개오는 예수님 말씀을 경청한 사람이다. "예수께서 그곳에 이르사 쳐다보시고 이르시되 삭개오야 속히 내려오라 내가 오늘 네 집에 유하여야 하겠다 하시니 급히 내려와 즐거워하며 영접하거늘(눅 19:5-6)." 삭개오는 처음부터 끝까지 예수님 말씀을 경청했기에 적극적인 행동까지 보인다. "삭개오가 서서 주께 여짜오되 주여 보시옵소서 내 소유의 절반을 가난한 자들에게 주겠사오며 만일 누구의 것을 속여 빼앗은 일이 있으면 네 갑절이나 갚겠나이다(눅 19:8)."

경청에는 순서가 있다. 먼저 목회자가 하나님의 음성을 경청해야 한다. 어린 사무엘은 처음엔 사람의 소리에 익숙했지만, 엘리 제사장의 안내를 받아 하나님께 집중하는 법을 배웠다. 그는 "여호와여 말씀하옵소서 주의 종이 듣겠나이다(삼상 3:9-11)"라고 고백하며, 하나님의 음성에 반응하는 경청의 자세를 갖추었다. 사무엘은 사람 소리에 익숙했던 틀을 벗어나서 하나님 음성에 집중하기 시작한다.

신앙적인 경청은 사람의 소리가 아니라 하나님 음성을 듣고 행동한다. 일반적으로 듣는 것은 느낄 감(感)은 있으나 지나가는 바람 소리처럼 듣고 끝난다. 경청은 하나님 음성을 듣고 움직일 동(動)으로 이어진다. 청중에게 설교를 경청하는 것이란 듣는 것으로 끝나지 않고, 듣고 감동하여 행동까지 하는 것이다.

경청은 참을 인(忍)이다

하나님 말씀을 경청한 사람은 들은 말씀을 기록할 수 있다. 미국의 홈스쿨 단체에서는 경청을 '나의 모든 것을 집중하여 상대방과 업무에 그 가치를 보여주는 것'이라고 정의한다. 경청은 상대방 이야기를 집중하여 인내하며 듣는 것이다.

하나님 말씀인 성경은 긴 세월을 거쳐 온 인내의 결과물이다. 경청은 참고 기다리는 데서부터 시작한다. 경청은 참을 인(忍)의 결과이다. 베토벤은 25세부터 난청 증세가 나타난다. 44세에 완전히 청력을 잃지만 56세에 사망할 때까지 작곡 활동을 했다. 듣지 못했지만 산책하며 떠오르는 악상을 메모한다. 훗날 〈전원 교향곡〉을 작곡한다.[7] 베토벤은 난청 가운데서도 음악을 포기하지 않는다. 청각으로는 듣지 못하나 작곡을 계속한다. 사람들에게 좋은 음악을 들려주기 위해 청각장애와 싸운다. 귀에 들리는 소리는 듣지 못하지만, 내면에 들리는 음성을 경청하므로 음악과 작곡을 포기하지 않는다. 청각장애인이지만 인내하며 자기만의 방식으로 작곡에 전심전력한다. 경청은 환경을 탓하지 않는다. 상황 탓하며 넋두리하지 않는다. 포기하지 않고 인내하며 제대로 듣기 위해 집중한다.

경청은 대충 듣는 것이 아니라 제대로 듣는 것이다. 경청은 학생이 받아쓰기하는 것과 같은 것이다. 학생은 문제를 불러 주는 선생님의 음성에 귀를 집중한다. 경청은 내 맘대로 듣는 게 아니라 들은 대로 받아쓴다.

설교자는 먼저 하나님 말씀을 경청하기 위해 인내해야 한다. 설교는 시간 싸움이다. 옥한흠 목사는 설교를 시간 싸움으로 정의한다. 설교에 30시간을 투자한다. 그는 설교에 많은 시간을 투자했기에 설교로 청중을 살렸다. 설교의 중요성을 강조하는 설교자나 신학교는 주일 설교에 20시간 전후 투자하라고 한다. 20시간을 투자

하는 것은 자기와의 싸움에서 자신을 이겼다는 것이다.

설교자는 하나님 말씀을 경청할 때까지 기다리는 인내를 해야 한다. 설교자는 하나님 말씀을 경청하고 행동하기 위해 매일 시인(詩人)으로 살아가는 감성도 필요하지만, 날마다 말씀을 경청하기 위한 시간을 인내하는 '시인(時忍)'으로 살아야 한다. 설교자는 하나님 말씀 앞에 인(忍)에서 시작하고 인(忍)으로 끝나야 한다.

경청은 힘 력(力)이다

경청은 힘 력(力)이다. 힘은 듣는 데서부터 나온다. 한국에 태어난 아이는 한국말부터 듣는다. 듣다 보면 자연스럽게 한국말을 할 수 있는 힘이 생긴다. 일기 예보를 듣지 않고는 그날의 행동을 잘할 수 없다. 일기 예보를 들으면 상황에 맞는 준비를 한다. 들은 사람이 우산을 들고 가는 것은 바로 경청의 힘이다.

경청은 힘을 준다. 수학 공식을 알면 수학 문제를 풀기 쉽다. 카피라이터 정철은 《사람 사전》이란 책 끝부분에 '힘'이라는 제목으로 글을 마감한다. "마지막 단어, 왜 힘이라는 단어가 이 책의 끝을 장식하는 영광을 안았을까? 책이 주는 게 힘 때문이다. 지혜라는 힘, 발상이라는 힘, 재미라는 힘, 감동이라는 힘, 위로라는 힘, 그대가 첫 페이지부터 한 장 한 장 넘겨 여기까지 왔다면 이런 말을 드린다. 힘드셨죠? 맨 마지막 단어는 과연 뭘까 궁금해 다 건너뛰고 여기에 왔다면 이런 말을 드린다. 힘내세요."[8] 성경도 경청이 힘이라고 말한다. "그러므로 믿음은 들음에서 나며 들음은 그리스도의 말씀으로 말미암았느니라(롬 10:17)." 경청은 믿음의 힘을 준다. 경청은 힘 력(力)을 길러주는 에너지다.

힘을 주는 경청을 하려면 하나님의 말씀을 잘 들어야 한다. 1981년 KBS한국방송 제8기 신은경 아나운서의 고백이다. 청산유수처럼 말 잘하는 아나운서가 되기 위해 선배들로부터 말을 배우려는 찰나에 선배가 한 말, "말 잘하는 아나운서가 되는 제1 수칙, 그것은 바로 '남의 말을 잘 듣는 것'이다. 멋지게 말을 잘하기 위해 목청을 가다듬고 입을 벌리려는 찰나 '입 다물어! 그리고 귀를 열어! 하는 명령을 받은 것이다. 남의 말을 잘 듣는 사람이 되는 것이야말로 말을 잘하기 위한 중요한 첫 번째 관문이었다."[9] 경청이란 남의 말에 귀를 기울여 주의 깊게 듣는 것이다. 즉 듣는 것이 곧 힘이다.

경청은 웃을 소(笑)이다

경청은 웃을 소(笑)이다. 하나님 말씀을 경청할 때 기쁨을 맛본다. 성경에 나타난 인물 중 빌립은 하나님 말씀을 경청한다. "주의 사자가 빌립에게 말하여 이르되 일어나서 남쪽으로 향하여 예루살렘에서 가사로 내려가는 길까지 가라 하니 그 길은 광야라(행 8:26)." 비록 광야 길이지만 빌립은 하나님 말씀을 경청한 뒤 행동을 한다.

광야로 간 빌립은 수레를 타고 가는 에티오피아 사람을 만난다. 순간, 하나님 말씀이 또 들린다. "성령이 빌립더러 이르시되 이 수레로 가까이 나아가라 하시거늘(행 8:29)." 빌립은 지체하지 않고 곧바로 움직인다. 이처럼 하나님 말씀을 경청한 사람은 지체하지 않고 행동한다. 광야로 가서 낯선 사람, 에티오피아 여왕 간다게의 국고를 맡은 관리인을 만난다. 그가 읽고 읽던 이사야 성경을 듣고, 입을 열어 복음을 전하고 물 있는 곳에 내려가 세례를 준다. 두 사람이 물에서 올라오는 순간 하나님의 영은 빌립을 이끌어간다. 혼자 남은 에티오피아 내시는 기쁘게 자기의 길을 간다. 빌립은 하나님 말씀을 경청하자 기쁜 일이 생겼다. 웃을 일이 생겼다. "웃음을 네 입에, 즐거운 소리를 네 입술에 채우시리니(욥 8:21)." 웃음은 하나님께서 인간에게 값없이 준 최고의 선물이다.

하나님 말씀의 경청은 웃을 소(笑)가 된다. 하나님 말씀을 처음 들을 땐 쓴웃음이다. 시간이 지나고 난 다음엔 진짜 웃음으로 변한다. 예수님의 어머니 마리아도 처음에는 쓴웃음을 지어 보였다. "보라 처녀가 잉태하여 아들을 낳을 것이요(마 1:23)."라는 말씀을 도저히 인정할 수 없었기 때문이다. 성령으로 예수님을 잉태한 마리아와 정혼한 요셉도 이 사실을 인정하지 않고 가만히 관계를 끊으려고까지 한다. 하지만, 하나님께서는 요셉에게 아내 마리아 데려오기를 무서워하지 말라고 한다.

말씀을 경청한 요셉은 듣고 순종한다. 말씀을 경청한 대로 행동한다. 하나님 말씀대로 예수가 탄생했을 때, 다른 지역에서 사람들이 기뻐한다. "그들이 별을 보고 매우 크게 기뻐하고 기뻐하더라(마 2:10)." 하나님 말씀을 막연하게 듣기만 할 땐 쓴웃음이 나온다. 말씀을 경청할 땐 진짜 웃음이 나온다. 하나님 말씀의 경청은 웃을 소(笑)를 만들어준다.

석근대 목사

대구동서교회 위임목사이다.
저서로 《삶을 쓰는 글쓰기》, 《일상에서 신앙 찾아가기》 등이 있다.

경청이 소통의 출발점이다

소통은 단절된 길 위에 놓인 징검다리다

삶은 관계다. 사람은 태어나면서 엄마와의 관계를 시작으로 죽을 때까지 관계 속에서 살아간다. 사람과의 관계는 내가 원해서 맺는 관계도 있지만 어쩔 수 없이 주어진 관계도 있다. 사람은 관계 속에서 다듬어지기도 하고 무너지기도 한다. 관계는 유리와 같다. 조심히 다루지 않으면, 금이 가고 깨진다.

관계를 잘하기 위해서 가장 중요한 것은 소통이다. 소통은 단절된 길 위에 징검다리와 같다. 단절된 길은 징검다리를 통해서만 건널 수 있다. 개인심리학의 창시자인 알프레드 아들러는 "마음으로 소통하는 것이 모든 관계의 핵심이다"라고 한다. 병중에 뇌졸중(腦卒中)이 있다. 뇌졸중을 흔히 '중풍(中風)'이라고 한다. 뇌졸중은 뇌 일부에 혈액을 공급하고 있는 혈관이 막히거나(뇌경색) 터짐(뇌출혈)으로써 그 부분의 뇌가 손상되는 것을 말한다. 혈관을 통해 혈액이 잘 흘러가야 사람이 건강한데 혈관이 막히면 건강상에 문제가 생긴다. 뇌졸중은 한마디로 혈관이 소통되지 않아 생긴 병이다. 관계의 혈관도 마찬가지다. 소통되지 않아 막혀버리면 문제가 발생한다.

설교자는 가장 먼저 하나님과 소통하는 사람이 되어야 한다. 하나님과의 관계가 막히면 설교자 마음대로 사역한다. 하나님의 종이라고 하면서 하나님 자리에 앉아 판단한다. 하나님께서 주시는 영감이 아니라 자기 생각대로 설교한다. 설교자는 하나님과 늘 소통해야 한다. 설교자는 하나님의 말씀을 대신 전하는 메신저이기 때문이다.

설교자는 청중과 소통하는 사람이 되어야 한다. 하나님의 말씀을 전하는 사람은 설교자이지만 듣는 사람은 청중이다. 설교자가 성도와 관계가 막혀 소통이 안 되면 청중은 설교를 들으려고 하지 않는다. 아니 듣고 싶어 하지 않는다. 속으로 '목사님 당신이나 잘하세요'라고 한다. 더 심각해지면 청중은 조용히 교회를 떠난다.

설교자는 세상과도 소통해야 한다. 세상을 알아야 시대에 맞는 설교를 할 수 있다. 청중은 세상 속에 살아간다. 그들의 고민은 세상 속에서 그리스도인으로 어떻게 살아가느냐. 하나님의 말씀을 어떻게 적용해야 하느냐. 설교자는 설교를 통해 청중이 고민하는 문제에 답을 주어야 한다. 답을 주기 위해 설교자는 청중이 사는 세상을 알고 소통해야 한다. 설교자는 청중, 세상, 하나님과 일방통행이 아니라 소통을 통해 쌍방통행을 해야 한다.

소통의 첫걸음은 입이 아니라 귀에서 시작된다

소통의 시작은 경청에 있다. 소통은 말이 아니라 귀에서 시작된다. 소통은 생각보다 쉽지 않다. 소통의 핵심이 말하기가 아닌 듣기이기 때문이다. 소통이 잘되지 않는 것은 말할 줄 아는 입이 없어서가 아니라 들을 줄 아는 귀가 없어서다. 말은 흘러넘치지만 제대로 듣지 않아 분열이 생긴다. '경청'이 소통의 기본임을 잊지 말아야 한다.[10]

마이클 니콜스는 심리학 교수이자 35년 동안 상담치료사로 활동했다. 그는 소통의 문제점을 듣기 부족이라고 말한다. "의사소통의 실패는 자기도취 또는 잘못된 신념 때문이 아니다. 모두들 자기가 하고 싶은 말이 많아서 실패한다. 그래서 어떤 사람들은 상대방이 하는 말에 집중하기보다는 반응하려는 경향을 보이곤 한다."[11] 한 사람이 말하면 다른 사람이 듣는 것은 당연하다. 하지만 사람들은 상대방의 말을 듣기보다 자신의 말을 먼저 하려 한다.

왜 사람들은 상대방의 이야기를 끝까지 경청하지 못할까? 상대방이 말하는 동안 다음에 할 말을 준비하거나 다른 생각에 빠져 있기 때문이다. 이는 대화의 흐름을 방해하고, 상대방의 말을 제대로 이해하지 못하게 한다. 심리학에서는 이를 '인지적 부하'라고 한다.[12] 사람은 상대가 내 말을 들어줄 때 마음이 열린다.

진정한 소통은 마음과 마음이 통하는 것이다. 마음이 통하기 위해서는 마음 문이 열려야 한다. 그 시작이 경청이다. 상대가 내 말을 경청한다고 생각되면 신뢰가 쌓인다. 신뢰가 생겼기 때문에 마음의 문을 연다. 반면, 상대가 내 말을 잘 듣지 않는다고 느껴지면 마음이 상한다. 나를 무시한다는 생각이 든다. 그러면 마음 문을 닫아 버린다. 이런 의미에서 경청은 배려다.

경청은 어렵다. 경청은 답을 주기 위한 준비가 아니라, 있는 그대로 상대를 받아들이는 기다림이기 때문이다. 진정한 경청은 귀로만 듣는 것이 아니다. 말 너머의 마음 까지 들어야 한다. 눈으로, 몸으로, 존재로 들어야 한다. "이미 아는 말이고 들은 말"이라도 끝까지 들어주는 사랑이다. 그래서 상담 전문가들은 상담자의 이야기를 들어주는 것만 해도 문제가 50%는 해결된다고 말한다.

수많은 소리에 방해를 받지 않고 나만이 듣고 싶은 소리를 들을 때 필요한 것이 이어폰이다. 귀에 이어폰을 꽂고 들으면 주위에 방해 없이 그 소리에만 집중할 수 있다. 설교자는 청중과 세상의 소리를 경청해야 한다. 하지만 청중과 세상의 소리마저 차단하고 오직 하나님과 소통하기 위해 하나님의 음성을 경청해야 한다. 하나님의 음성을 듣기 위해 기도의 이어폰을 꽂아야 한다. 기도는 하나님께 아뢰는 것만을 뜻하는 것이 아니다. 하나님의 음성을 듣는 기도도 해야 한다. 설교자가 하나님의 음성을 제대로 경청할 때 하나님과 소통하게 되고 생명력 있는 설교를 할 수 있다.

말은 다리를 놓고, 경청은 다리를 건넌다

경청은 소통을 넘어 마음까지 얻는다. '이청득심(以聽得心)'이란 말이 있다. '귀를 기울여 들으면 사람의 마음을 얻을 수 있다'라는 의미다. 사람의 마음을 얻는 것은 어려운 일이다. 말을 잘하면 호감을 얻을 수 있지만 마음까지 얻기는 어렵다. 신도현 윤나루의 《말의 내공》에서도 "듣기가 말하기를 이기며, 화자가 아닌 청자가 마음을 얻는다"[13]라고 말한다. 마음은 권력으로, 돈으로 얻을 수 있는 것이 아니다. 상대방의 마음을 얻으려면 먼저 내 마음을 주어야 한다. 경청은 내 마음을 주는 일이다. 내가 마음을 다해 경청할 때 상대도 진심을 담아 말한다. 마음도 내어준다. 말은 마음과 마음의 다리를 놓지만 건너가게 하는 것은 경청이다.

이재호는 《듣기만 잘했을 뿐인데!》에서 경청에도 종류가 있다고 말한다. 첫째, '신중한 경청'이다. 마치 자기의 이해가 걸린 문제를 대할 때처럼 주의 깊게 듣는 방식이다. 간간이 질문도 하고 맞장구도 친다. 추임새도 넣는다. 상대의 말에 맞는 추임새를 넣어주면 신이 나서 말하게 된다.

둘째, '공감적 경청'이다. 정성을 기울여 듣는 수준이다. 말하는 내용에 대한 이해와 분석을 넘어 화자와 정서적으로 유대를 형성한다. 말을 귀로 듣는 것이 아니라 가슴으로 듣는 수준이라고 할 수 있다. 오프라 윈프리는 공감적 경청의 달인이었다. 쿠바의 피델 카스트로 등 서방 언론을 기피하던 세계의 최고지도자들은 물론, 개인적인 심각한 상처를 가진 성폭행 피해자들조차도 그녀 앞에서는 자신의 모든 비밀이나 부끄러움까지도 줄줄 털어놓았다. 그 마법의 비결은 공감적 경청이었다.

셋째, '거울식 경청'이다. 거울식 경청은 최상의 경청 방법이다. 사람은 상대의 말을 잘 듣고 이해한다는 의미로 상대와 같은 행동을 따라 한다. 이것을 '거울 기법'이라고 한다. '거울식 경청'은 상대의 속마음을 반사하듯이 읽어내면서 경청하는 것을 말한다. 상대가 박수를 치면 같이 박수를 치고 어깨를 움직이면 함께 어깨를 움직이는 것은 무의식적인 기교다. 이는 상대에게 당신의 마음을 허락했다는 표현으로 보여 상대가 흡족하게 만든다.[14]

설교자는 '신중한 경청'과 '공감적 경청'을 넘어 '거울식 경청'까지 할 수 있어야 한다. 설교자가 청중의 말을 경청할 때 청중의 마음을 얻는다. 청중의 마음을 얻으면 설교자의 설교는 자연스럽게 들려진다. 따뜻한 위로와 소망의 말씀이 된다.

쓴소리까지 들어야 진정한 경청이다

진정한 경청은 쓴소리마저 듣는 것이다. 1930년대 대장정 시기, 마오쩌둥은 섬감녕 변구에서 한 농부가 "그놈의 번개는 마오쩌둥이 맞아야 했는데"라고 말한 사건을 직접 심문하게 된다. 농부는 당의 곡물 수거로 인해 가족을 먹여 살릴 수 없었다며 절박한 현실을 토로했고, 마오쩌둥은 그 말을 처벌하지 않고 경청했다. 이후 실제로 당의 횡포가 있었음이 밝혀졌고, 그는 이를 계기로 공산당의 폐단을 개선했다. 이 사건은 민심을 듣고 반성하며 제도를 고쳐나간 지도자의 태도를 보여주는 일화로, 마오쩌둥이 항일 운동의 정신을 강화하고 혁명 성공의 기반을 다지는 데 중요한 전환점이 되었다.[15] 마오쩌둥은 쓴소리를 경청함으로 나라를 세우는 발판을 만들었다.

리더는 힘들겠지만, 반대자를 곁에 둘 수 있어야 한다. 의도적으로 반대 의견을 들어야 더욱 객관적인 판단을 할 수 있다. 이를 '악마의 변호인 devil's advocate'이라고 한다. 악마의 변호인은 로마 가톨릭교회의 성인 추대 제도에서 유래되었다고 한다. 즉 중요한 의사결정을 위해 일부러 반대자를 선정하여 집단사고 편견의 함정에 빠지는 것을 예방하는 수단이었다.[16] 리더는 반대자를 품고 반대자의 목소리도 경청해야 한다.

설교자는 교회의 리더다. 설교자는 칭찬과 인정의 말에만 목말라 있다. 하지만 설교자는 듣고 싶은 말만 듣는 것이 아니라 듣기 싫은 말까지 경청해야 한다. 무엇보다 하나님의 쓴소리를 경청해야 한다. 곧 하나님의 책망도 경청할 수 있어야 한다. 하나님의 책망은 미움이 아니라 사랑이다. 잘못된 길로 갈 때 때려서라도 바른길로 인도하고자 하는 아버지의 마음이다.

설교자는 청중의 쓴소리를 경청해야 한다. 청중의 쓴소리는 참된 목자요, 설교자가 되라는 충언이다. 설교자를 향한 사랑이다. 한국교회 정서상 청중이 설교자에게 쓴소리하는 것은 어려운 일이다. 특히 설교에 대해 평가를 하는 것은 더더욱 힘들다. 그런데도 용기를 내어 해주는 청중이 있다면 설교자를 진심으로 사랑하는 마음에서 비롯된 것이다.

설교에 대한 쓴소리를 경청할 수 있어야 설교가 성장할 수 있다. 설교자를 향해 말하는 세상의 쓴소리도 경청해야 한다. 그래야 변화될 수 있다. 세상의 본을 보일 수 있다. 세상을 향해 하나님의 말씀을 제대로 선포할 수 있다. 경청은 소통의 시작이자 설교의 시작이다. 경청하지 않으면 말하는 설교를 제대로 할 수 없다.

이재영 목사

〈아트설교연구원〉 부대표이다.
저서로 《말씀이 새로운 시작을 만듭니다》, 《신앙은 역설이다》 등이 있다.

경청할 때 생각이 시작된다

경청이 없으면 일방통행이 된다

현대사회는 말이 넘쳐나는 시대를 살아가고 있다. 대신 듣는 귀는 사라졌다. 이를 보여주는 이야기가 있다. 따뜻한 봄바람이 교회 마당에 스며들던 어느 주일, 목사님의 목소리가 강단에서 울려 퍼졌다.

"다음 주 토요일, 교회 봄나들이가 있습니다. 장소는 장성 편백숲이며, 아침 9시에 출발합니다. 준비물은 각자 챙겨주시고, 지병 있으신 분은 미리 알려주세요."

광고가 끝나자 예배당은 웅성거림으로 가득 찼다. 출발 시각, 장소, 준비물에 대한 반응은 제각각이었고, 서로 다른 정보가 오갔다.

모두가 말은 했지만, 제대로 듣지 않아 소통은 엇갈렸다. 모두가 자기 말에 열심이었지만, 잘 듣지 않아 귀가 제각각의 모습이다. 서로의 마음을 향해 귀를 기울여야 경청이 이루어지는데 그렇지 않다. 경청이 없으니 소통이 되지 않고 일방통행이 된다. 각자의 목소리만 들린다.

칼 로저스는 인간중심 상담이론에서 "진정한 경청은 상대방의 세계를 이해하려는 감정적·인지적 노력이다"[17]라고 말한다. 경청(listening)을 단순히 소리를 듣는 행위가 아니라 상대방의 관점에서 그들의 세계를 이해하려는 공감적 노력으로 본다. 예를 들어, 로저스는 "진정한 의사소통은 우리가 이해하며 들을 때" 이루어진다고 강조한다. 이것은 "상대방이 표현하는 생각과 태도를 그 사람의 관점에서 바라보고, 그에게 그것이 어떤 느낌인지까지 이해하는 것을 의미한다"라고 설명한다.

경청하려면 상대방의 내부 세계에 들어가야 한다. 상대방의 감정에 공감하는 정서적 노력을 기울여야 한다. 로저스는 상대의 관점과 의미를 파악하는 인지적 노력 개인 변화와 소통의 가장 강력한 촉매로 본다. 우리는 상대방의 말을 들을 때 단순히 '받는 존재'가 아닌 듣는 과정을 통해 '생각하고, 해석하고, 질문하고, 반응하는 존재'이면 변화가 일어난다.

설교자는 청중의 이야기를 경청해야 한다. 어느 날 유명한 노령

의사가 은퇴하며 젊은 의사에게 청진기를 물려주며 말했다. "이 청진기는 단지 심장 소리를 듣는 도구가 아니야. 환자의 삶을 들을 줄 아는 귀가 있어야 진짜 의사다." 젊은 의사는 의아해하며 물었다. "그게 무슨 말씀이신가요? 저는 심장박동, 폐 소리 잘 듣고 있습니다." 노 의사는 웃으며 말했다. "나는 40년 동안 수많은 환자의 가슴 위에 이 청진기를 댔지만, 환자의 소리보다 더 중요한 건, 그 속마음의 떨림을 듣는 거였네. 사람은 말로 병을 말하지 않고, 눈빛, 숨결, 말투, 그 사이에서 진짜 이유를 말하고 있지." 그리고는 마지막으로 덧붙였다. "좋은 의사는 듣는 데서 시작하고, 나쁜 의사는 설명하려 들지." 이 예화는 설교자에게도 그대로 적용된다. 설교자는 '영혼의 청진기'를 가진 사람이다. 청중들의 말뿐 아니라, 말하지 못한 내면의 떨림, 기도 뒤에 숨겨진 한숨, 예배당에 앉아 있지만, 삶에 지쳐 무너진 마음의 고백을 들을 줄 알아야 한다.

경청할 때 이해와 공감이 일어난다

설교자의 말은 영혼을 살리고, 공동체를 연결하는 도구이다. 공동체를 연결하려면 경청이 좋아야 한다. 경청함으로 세상 정보의 단순 수신이 아니라, 능동적 재구성과 창의적 사고가 일어난다.

설교자는 말을 잘하기 이전에 잘 들어야 한다. 경청하지 않으면 공동체에 갈등이 일어난다. 그 갈등의 주요인은 '소통 부족'이 아니라, '공감 부족'이다. 공감 부족은 타인의 감정과 입장, 상황을 이해하거나 그 감정에 마음을 함께 하지 못하는 상태다. 공감이 부족하면 청중과의 신뢰 관계가 무너지고 정서적 거리감이 증가한다. 설교자와 청중이 연결되지 않는다. 교인과 교인이 연결되지 않는다. 청중이 상처와 무시당함의 감정을 경험한다. 설교자는 말하려고 하기 전에 먼저 들어야 한다.

공동체 안에서 설교자와 청중 간의 공감 부족은 공동체가 성장하지 못하게 하는 중요한 요인이다. 예수님은 언제나 이해와 공감의 언어로 소통하셨다. 다양한 사람들의 목소리를 들어주시고 공감해 주셨다. 병든 자에겐 "네 믿음이 너를 구원하였다", 외로운 자에겐 "내가 너와 함께 있다", 죄인에겐 "나도 너를 정죄하지 않겠다"라고 말씀해 주셨다.

설교자는 예수님으로부터 경청과 공감을 배워야 한다. 설교자가 청중의 말을 경청하면 메시지를 듣는 청중에 대한 이해와 공감이 생겨난다. 청중의 마음을 읽을 수 있게 된다. 청중의 마음을 듣는 것이 중요한 것은 말 듣기는 곧 마음 듣기이기 때문이다.

듣는 것에는 여러 가지가 있다. 첫째, 단순히 내용만을 듣는 표면적 듣기, 둘째, 말의 배경과 맥락을 이해하는 의미 듣기, 셋째, 말 속에 담긴 감정과 느낌을 알아차리는 감정 듣기다. 에리히 프롬은 《사랑의 기술》에서 "듣는다는 것은 단순히 소리를 받아들이는 것이 아니라, 상대의 세계를 이해하려는 시도이다"[18]라고 강조한다. 단순히 말의 내용을 듣는 것만이 아니라 세 번째인 감정을 들으라고 한다. 예를 들어, 어떤 성도가 "목사님, 요즘 교회가 너무 바빠 보여요"라고 말할 때, 단순히 바쁨에 대한 관찰이 아니라, "사실은 저 좀 봐주세요", "제가 소외감을 느끼고 있어요"라는 감정의 메시지가 담겨 있을 수 있다. 우리가 말을 들으려 할 때 그 말이 어디서부터 왔는지, 어떤 감정에서 비롯되었는지를 함께 들어야 한다. 그것이 이해와 공감이 일어나게 하는 경청이다.

경청할 때 좋은 질문이 탄생한다

경청이 진지해지면, 마음속에 파문이 일어난다. 마음에 무언가 울림이 생기면, 처음엔 감정이 움직이다가, 곧 생각으로 연결이 된다. 그러면서 자연스럽게 '이 말씀은 나에게 어떤 의미일까?'라는 질문이 떠오른다.

  설교자와 청중이 서로에게 진정으로 귀 기울일 때, 서로의 내면에 질문이 탄생한다. 좋은 질문은 그냥 생기지 않고 경청에서 시작된다. 상대방의 말을 제대로 듣지 않으면 질문이 생기지 않는다. 깊이 경청하면 마음 안에서 생겨나는 내면의 떨림이 질문이라는 형태로 표현된다.

"왜 하나님은 이 말씀을 오늘 나에게 주셨을까?"
"하나님은 나에게 무엇을 원하시나?"
"나는 이 말씀 앞에서 무엇을 놓치고 살아왔는가?"
"이 말씀은 내 일상에 어떻게 연결해야 하는가?"

질문의 밑바탕에는 하나님의 뜻을 알고자 하는 갈망과 자신의 삶을 돌아보고자 하는 진지한 신앙의 태도가 내포되어 있다. 하나님을 향한 인간의 절규는 무기력한 탄식이 아니라, 신앙의 가장 심도 있는 사랑의 언어이며 성장으로의 질문이다. 성경은 "내가 깊은 곳에서 주께 부르짖었나이다(시 130:1)."라고 말하고 있다. 우리의 내면에서 나오는 안타까운 탄식 안에서 하나님을 향해 쏟아내는 영혼의 깊은 갈망이 터져 나온다. 에릭 와이너의 《소크라테스 익스프레스》에서 이렇게 말한다. "질문은 일방향이 아니다. 질문은 양방향으로 움직인다. 질문은 의미를 구하고 또 전달한다. 마음을 들여다보는 진정한 창문은 눈이 아니라 질문이다."[19]

청중이 말씀을 경청하면, 그 말씀 속에서 자기 삶을 되돌아보게 된다. 들은 말씀을 생각하기 시작한다. 생각은 정지를 멈추고 움직이기 시작한다. 마음을 움직인다. 인생을 움직인다. 듣고 잊어버리기 바빴던 설교가 기억에 남는다. 마지막으로 질문을 던진다.

경청이 좋은 질문을 낳는다. 경청은 그 질문을 가능하게 하는 전제이며, 좋은 질문은 곧 진리를 향한 영혼의 응답이다. 프란시스 베이컨은 《학문의 진보》에서 "적절한 질문을 하는 것이 곧 지식의 절반이다"[20]라고 강조한다. 주제를 끌어내는 현명한 질문을 하는 것은 지식의 절반을 획득한 셈이기 때문이다.

경청이 마음의 문을 여는 일이라면, 질문은 그 문 안으로 들어가는 발걸음이라고 할 수 있다. 질문은 단순히 답을 구하기보다, 내가 이해하는 그 이상의 것을 찾아가는 갈망의 순간이다. 질문 없는 사람은 모든 것을 안다고 착각하는 사람이다. 질문하는 사람은 하나님과 더 가까워지고, 하나님을 더 알고, 더 깊어지려는 사람이다. 질문이 때로는 의심처럼 보이기도 한다. 때로는 혼란스러워질 때도 있지만, 그 속에서 더 깊은 하나님을 만나고 성숙한 신앙인으로 일어서게 해준다.

경청할 때 생각이 변화된다

경청할 때 우리는 생각을 시작하게 된다. 생각의 연결고리가 생겨난다. 생각이 있는 곳에 변화가 일어난다. 성경은 "들을 귀 있는 자는 들을지어다(막 4:9)", "믿음은 들음에서 나며(롬 10:17)"라고 말한다. 하나님의 음성을 들르면 지나온 발자취들을 더듬게 된다. 다시는 돌아가고 싶지 않은 지난날들을 기억해 낸다. 어떤 결단을 내려야 한다. 하나님의 음성을 듣고 경청하는 자는 스스로 사고하고 자발적 변화의 길을 선택한다.

경청이 있는 곳에 생각이 일어나고, 생각이 있는 곳에 변화가 시작된다. 변화가 있는 곳에 하나님의 나라가 임한다. 한순간 생각의 찰나에 한 줄기 빛처럼 기적의 길로 들어선다. 김한식은 《해석의 에움길》에서 "타자를 받아들이고 구분하는 능력이 있어야만 타자에 대해 책임 있는 응답의 가능성이 열린다"[21]라며 주체와 타자 사이의 역동적이고 상호적인 관계를 강조한다. 경청이 없다면 해석은 생각이 작동하지 않아 독단으로 흐른다. 진지한 경청은 자기 이해의 지평을 확장한다. 말씀에 대한 경청이 없이 내 방식으로만 듣는다면 결코 진리의 문으로 들어갈 수 없다. 하나님의 말씀을 듣고자 귀를 기울일 때 우리는 자기중심적 고집에서 벗어나 하나님의 진리를 더욱 깊이 이해하게 된다.

말할 때가 아니라 잘 들을 때 변화가 일어난다. 설교자는 청중과 상호 이해와 공감으로 인식하고, 인지해야 한다. 하나님께로 나아가는 문 앞에서 질문하고 생각해야 한다. 설교자가 하나님 말씀을 경청함으로 변화되면 청중의 마음은 저절로 열리게 된다. 성숙한 신앙인으로 변화하는 모습을 보게 된다.

김인해 목사

목포호산나교회 위임목사이다.
저서로 《대화가 인생을 UP 시킨다》 등이 있다.

경청하려면 공감력을 키워야 한다

곧은 목, 높아진 어깨에서 힘을 빼라

오늘은 담임목사님과 부목사님이 가정 심방을 오는 날이다. 담임목사님을 개인적으로 만날 수 있는 거의 유일한 기회다. 나는 아직 집사도 아니고, 목사님과 깊은 대화를 나눠본 적도 없다. 작은 교회가 부담스러워 규모 있는 교회를 선택했고, 목사님과는 새가족 환영 시간에 잠깐 인사만 나눴다.

이번 심방엔 기대가 된다. 우리 가정을 소개하고, 회사에서 겪는 갈등이나 자녀교육 문제에 대해 조언도 받고 싶다. 목사님에 대해서도 더 알고 싶다.

심방이 시작되자 간단한 인사 후 바로 예배가 진행됐다. 하품을 참느라 혀끝을 깨물고, 부목사님도 졸린 기색이다. 설교가 끝나자 목사님은 시계를 확인하고 일어날 듯한 분위기다. 나는 급히 고민을 꺼냈고, 목사님은 주저 없이 "기도하고 말씀을 더 읽으라"고 답했다. 모든 문제는 믿음으로 극복할 수 있다고 하셨지만, 내 부족한 믿음이 부끄러워 어깨가 움츠러든다.

목사님은 다음 일정 때문에 서둘러 일어나셨다. 교회와 세상 사이에서 느끼는 긴장과 패배감을 나누고 싶었지만, 그건 내 욕심이었을까. 심방은 형식적이었다. 목사님께 우리의 이야기를 들으려는 여유는 없어 보였다. 내가 직분이 없는 평신도라서 그런 걸까. 혹시 직분자가 되면 목사님과 진짜 대화를 나눌 수 있을까?

위의 이야기는 심방을 받고 허탈감을 느꼈던 한 교인의 경험을 이야기로 재구성한 것이다. 설교자는 하나님의 말씀 듣기를 매우 중요하게 여기지만, 청중의 말을 듣기에는 소홀하다. 설교자는 영성과 지성, 모든 면에서 자신이 청중보다 낫다고 생각하는 경향이 있다. 자신이 타인보다 낫다고 여기는 사람은 진심 어린 관계를 만들어가지 못한다.

설교자가 해야 할 일은 곧아진 목과 위로 솟은 어깨에서 힘을 빼고 먼저 하나님과 연결되고, 청중과 연결되는 것이다. 짐 푸트먼은

《교회는 관계다》에서 설교자의 목표는 성도들이 서로 연결되고 관계 속에서 믿음을 실천할 수 있도록 교회를 이끄는 것이라고 강조한다. 그는 하나님께서 우리가 정직한 관계를 맺고 다른 그리스도인들과 깊이 연결되기를 원하신다고 말한다.[22] 청중이 하나님과 연결되게 하고, 청중과 청중이, 청중과 이웃이 연결되게 하는 것이 목회자의 제1 임무이다. 그러기 위해서는 잘 듣기, '경청'이 필수다.

교인의 삶으로 들어가라

경청하려면 먼저 공감해야 한다. 공감하는 능력이 있어야 한다. 듣는 사람이 공감할 때, 말하는 사람은 자신이 온전히 받아들여지고 있다고 느낀다.

공감은 마음 읽기이다. 서로의 이야기를 잘 듣고 마음마저 느끼는 것은 문해력과도 깊은 관계가 있다. 김진해 교수는 《말끝이 당신이다》에서 문해력에 대한 새로운 정의를 내린다. "말귀를 알아듣는 역량이자 타인의 세계를 이해하는 능력이다. 글의 내용에 자신의 경험과 배경 지식을 연결시켜 추론하고 질문할 수 있는 능력이다."[23] 문해력은 글을 읽고 이해하는 것만을 뜻하지 않는다. 상대방의 마음 읽기까지 의미한다.

마음 읽기는 삶 읽기다. 상대방의 마음을 헤아리기 위해서는 상대의 말귀를 잘 알아들으면서도 그 사람이 걸어가고 있는 그 삶의 한복판으로 뛰어들어 그 순간을 함께 경험하는 것이 필요하다. 타인의 세계를 이해하는 능력이란 바로 타인이 살아가고 있는 삶으로, 타인이 느끼는 감정으로, 타인이 겪은 경험으로 함께 들어가겠다는 결단이자 실행이다. 김도영은 《기획자의 독서》에서 "그들이 사는 세상으로 들어가려면 그들은 누구이고 어떠한 세상 속에 살고 있으며, 어떻게 살아가는 사람들인지에 대한 이해가 필요한 거죠. 그래야 길이 보입니다. 적어도 그들 곁에 발을 붙이고 말을 걸어볼 수 있는 통로 같은 게 생긴다고 할까요? 그다음은 스스로 '왜'라는 질문으로 공감대를 넓혀가는 것입니다"[24]라며 상대방의 삶으로 들어가려고 애써야 길이 보인다고 강조한다.

설교자는 경청으로 청중이 사는 세상으로 들어가야 한다. 청중은 누구이고 어떠한 세상 속에 살고 있는지 알아야 한다. 어떻게 살아가는 사람들인지에 대한 이해가 필요하다. 그러면 길이 보인다. 그들 곁에 발을 붙이고 말을 걸어볼 수 있는 통로가 생긴다. 대화를 나누며 그저 "맞네요"라는 고장 난 맞장구가 아닌 "저도 그 문제를 진지하게 고민해 보겠습니다"라는 태도를 보이게 된다. 공감은 말이 아니라 태도. 함께 울고 함께 웃겠다는 태도다. 설교자는 굳은 목, 높아진 어깨의 마네킹이면 안 된다. 오랜 시간 함께 이야기 나누고 싶고 또 만나고 싶은 삼촌, 이모 같아야 한다.

마음을 읽고 삶을 읽으려면 천천히 듣는 것이 필요하다. 설교자는 빨리 들으려 한다. 선생님이 되어야 한다고 생각한다. 청중에게 가르침과 방향, 해결 방법까지 제시해 주어야 한다는 압박에 시달리기 때문이다. 문제에 대한 정답을 제시해 주지 못하면 능력이 없는 설교자처럼 여겨질까 봐 두려워한다. 그러나 청중이 원하는 것은 답이 아니라 들어주는 것이다. 양귀자 작가의 소설 《모순》에서는 사람들이 빨리 듣고 판단하는 모습에 대해 "삶에서 발생하는 에피소드들에 대해서 사람들은 씹을 줄만 알았지 즐기는 법은 전혀 배우지 못한 것이었다. 에피소드란 맹랑한 것이 아니라 명랑한 것임에도"[25]라고 자조한다. 대화를 나누면서 상대방의 세계를 이해하기 위해서는 천천히 듣기가 필요하다. 마음에 조급함을 버리고 빨리 듣는 것을 버려야 한다. 상대방의 삶을 읽으려고 애쓸 때, 마음이 읽힌다. 공감하게 된다. 진정한 경청을 이루게 된다.

새 시대의 목회력, 공감력부터 키워라

공감력(共感力)은 목회력이다. 설교자는 시대의 변화에 맞게 목회력을 개발해야 한다. 그동안 설교자는 목회력을 키우기 위해 큰 노력을 기울였다. 팀 엘모어는 그의 책 《착각에 빠진 리더들》에서 "세상이 유행병, 세계대전, 기근 등 과거의 힘겨운 시대를 견뎌 오는 동안 우리는 '어려운 시대'에서 '복잡한 시대'로 이동했다."[26]라며 릭 네이슨의 시대 전환 개념에 대해 풀어낸다. 어려운 시대에는 지식과 정보의 수집이 중요했다. 하향 명령식의 리더십이 효과가 있었다. 그러나 기술의 끊임없는 발전과 정보의 융합으로 창의성을 발현해야 하는 복잡한 시대에는 마음과 마음을 포착하고 연결하는 힘이 중요하다. 지금은 어려운 시대를 넘은 복잡한 시대이다. 어려운 시대에 목회자는 똑똑해지기 위해 노력해야 했다. 학위를 따는 것에 힘을 쏟았고, 더 나은 프로그램, 교회 성장을 위해 애썼다.

이제는 복잡한 시대에 걸맞은 목회력을 키워야 한다. 복잡한 시대에 필요한 목회력은 문해력과 공감력이다. 문해력과 공감력을 키울 때, 자신과 타인의 감정을 이해할 수 있다. 감정에 대한 이해는 자신과 타인을 향한 인식과 행동까지도 조절할 수 있는 능력이 생겨나도록 한다.

설교자가 경청하고 공감하기 위해서는 세 가지 노력을 기울일 수 있다. 첫째, 말 그릇을 키워야 한다. 공감은 그냥 듣기만 한다고 생기는 것이 아니다. 연구하고 노력해야 한다. 어떤 분야보다도 큰 적용이 필요하다. 설교자의 공감은 부모와 자녀 간의 공감에서 배울 수 있다. 김윤나 작가는 《엄마의 말 그릇》에서 자녀의 말에 공감하고 경청하는 엄마를 말 그릇이 큰 엄마라고 정의하며 세 가지 특징을 알려준다. "첫 번째 특징, 무의식적인 반응 패턴을 이해하고 조절한다. 두 번째 특징, 깨어 있는 연습을 한다. 세 번째 특징, 새로운 언어 표현을 배운다."[27] 공감력을 키우기 위해 설교자도 말 그릇이 큰 엄마의 특징을 따라 배울 필요가 있다. 설교자의 역할은 청중의 신앙과 인격의 성장 차원에서 보면 부모와 마음의 결이 닮았다. 부모도 자녀를 어린아이, 청소년의 시기를 거쳐 성인으로 독립시키기 위해 양육한다.

둘째, 청중과 대화를 나눌 때, 무의식적으로 반응하지 않도록 자신의 대화 패턴 속에서 굳어진 태도를 찾아야 한다. 공감어의 대명사 같던 "그렇구나, 그렇군요"의 남발은 당신의 말을 건성으로 듣고 있다는 우회적인 표현이 되었다. 이제는 "그렇군요"에서 머물지 말고 한발 더 나아가야 한다. 이야기를 듣는 그 순간만큼은 그 속으로 들어가야 한다. 그러려면 깨어 있어야 한다. 오감을 동원한다. 청중의 말을 들으며 느껴지는 감각을 구체화한다. 들을 때만큼은 의식적으로 설교자의 세포가 살아나고 깨어 있도록 한다. 그래야 사랑과 미움, 평안과 고통, 기쁨과 상실, 용서와 분노, 화합과 분열, 포기와 의지 등의 다양한 감정을 알아채고 함께 느낄 수 있다.

마지막으로 새로운 언어 표현을 늘 배우도록 노력해야 한다. 바둑을 둘 때처럼, 청중과의 대화를 복기해 보는 것이다. 하루를 마감하기 전에 한 사람과 나누었던 대화를 기록해본다. 기록하면 보이고 생각이 난다. 그때, 이렇게 말하면 더 좋지 않았을까, 이렇게 반응했다면 어땠을까를 스스로 깨닫게 된다. 너무 쉽게 듣고, 생각하지 않아서 늘 같은 표현, 늘 같은 반응을 보이는 것이다. 공감은 노력하면 키울 수 있는 능력이다. 공감을 못 하는 사람은 없다. 안 할 뿐이다. 설교자 자신을 성장시키고, 청중과 공동체를 성장시키고 싶다면 공감력을 키워야 한다.

설교자는 설교하기 전에 청중의 말에 먼저 공감해야 한다. 설교자는 경험해보지 못한 삶, 알지 못하는 삶을 사는 청중의 삶을 이해하기 위해서는 그 사람이 되어 느끼겠다는 마음으로 천천히 들어야 한다. 그럴 때, 설교자는 자신에게 주신 하나님의 말씀과 자신의 경험과 배경 지식을 연결하고 추론하여 청중의 삶을 변화시킬 수 있는 꼭 필요한 설교를 할 수 있다.

박혜정 선교사

알바니아 GMP 선교사이다.
저서로 《목회트렌드 2026》, 《비록 존재감은 없지만 삶은 행복해》 등이 있다.

하나님 말씀을 경청하라

묵상을 통해 하나님의 말씀을 경청하라

말씀 묵상은 하나님 음성 듣기다. 설교자가 설교를 위해 가장 먼저 해야 하는 것은 하나님 말씀을 경청하는 것이다. 설교자는 묵상을 통해 하나님 음성을 경청한다. 그 경청으로 설교는 하나님의 능력이 되어 선포된다. 청중을 하나님의 뜻 가운데로 인도한다. 청중을 변화시킨다.

하나님 음성을 경청하면 청중을 순종으로 이끈다. 리처드 포스터는 묵상을 이렇게 정의한다. "기독교의 묵상을 간단히 말하면 하나님의 음성을 듣고 그의 말씀에 순종하는 능력이다."[28] 순종(obedient)은 '듣는다'는 뜻을 가진 라틴어 'audire'에서 왔다. 오디오

(audio)의 어원도 여기서 출발한다. 순종과 오디오의 뜻이 '듣는 것'에 있음은 놀라운 일이 아니다. 듣는 것은 행위를 유발한다.

하나님 음성을 들으면 설교자가 먼저 변화되고 순종한다. 순종은 아무나 할 수 없다. 하나님 말씀을 듣는 자만이 할 수 있다. 김도인 목사는 《설교는 글쓰기다》에서 "많은 설교자는 청중의 변화를 목적으로 삼는다. 청중 양육을 목회라고 생각한다. 그러나 목회는 설교자 양육이다. 교회나 청중은 설교자만큼 성장하기 때문이다. 설교자는 자신 양육에 집중해야 한다"[29]라고 지적한다. 설교자가 성장하면 청중도 성장한다. 변화된 설교자의 설교를 들을 때 청중도 변화되고 순종한다.

설교자는 묵상을 통해 하나님의 음성을 들어야 하는데 듣기보다 말하기 바쁘다. 수많은 설교, 전도, 심방, 상담, 성경공부 등 말해야 할 때가 너무 많다. 하나님 말씀을 듣기 위해 묵상이라는 오디오를 틀고 싶어도 마이크를 잡아야 할 시간이 많다.

묵상이 받는 것이라면 설교는 주는 것이다. 설교자는 하나님께 말씀을 받아 청중들에게 전달해 주어야 한다. 축구 선수에게 중요한 기술 중 하나는 공을 안정적으로 받는 트래핑이다. 공을 자기 몸쪽으로 잘 받아야 잘 줄 수 있다. 선수가 몸에서 벗어난 트래핑을 하면 공을 빼앗길 확률이 높다. 공을 급하게 처리하다가 실수하게 되고, 떠넘기듯이 패스한 공은 동료의 실수를 유발한다. 잘 받고 잘

주는 것이야말로 경기를 잘하는 방법이다.

설교자는 하나님 음성을 잘 들어야 한다. 잘 받아야 잘 줄 수 있다. 설교자에게 있어 잘 받는 것은 깊은 묵상을 통해 하나님 음성을 듣는 것이다.

세상이라는 무대에서 선포하시는 하나님의 음성을 들으라

설교자의 삶의 자리는 강단만이 아니다. 설교자는 세상 속에서 살고 있다. 하나님이 창조하신 세계는 그분의 음성이 담겨 있다. 시편 19편 1절에서 4절에는 "하늘이 하나님의 영광을 선포하고 궁창이 그의 손으로 하신 일을 나타내는도다 날은 날에게 말하고 밤은 밤에게 지식을 전하니 언어도 없고 말씀도 없으며 들리는 소리도 없으나 그의 소리가 온 땅에 통하고 그의 말씀이 세상 끝까지 이르도다"라고 한다. 하나님은 세상이라는 무대 위에서 자신의 음성을 선포하신다. 목회자는 이 소리를 듣기 위해 세상이라는 무대를 주의 깊게 살펴야 한다.

설교자는 폭넓은 연구를 해야 한다. 연구를 통해서만 들을 수 있는 하나님 음성이 세상 속에 숨겨져 있기 때문이다. 성경 말씀만이 아니라 자연, 과학, 역사, 문화 등 모든 영역이 하나님 음성을 전달하는 통로다. 이를 통해 전달되는 하나님 음성을 발견하는 것이 설교자의 역할이다. 설교자는 신학뿐만 아니라 인문학도 연구해야 한다. 이것이 세상 속에서 들려오는 하나님 음성을 듣는 길이다.

하나님 음성은 연구하는 자가 들을 수 있다. 'investigate'는 '연구하다, 조사하다'라는 뜻이다. 이 단어는 라틴어 'in(~안에) + vestigare(뒤쫓다, 추적하다)'라는 의미를 담고 있다. 곧 어떤 사안에 대한 기원이나 원인을 추적하여 밝혀내는 것을 뜻한다. 설교자에게 연구가 필요한 이유는 단순하다. 세상 속에서 하나님 음성을 더 선명하게 듣기 위해서다.

설교자가 신학을 연구할 때 하나님 음성이 선명해진다. 김기현 목사는 묵상할 때 두세 권의 주석을 읽고, 설교를 준비할 때는 십여 권 정도의 책을 참고한다고 한다. 이러한 과정의 유익은 그가 쓴 《모든 사람을 위한 성경 묵상법》에 잘 드러난다. "묵상할 때는 너무 많은 주석이 방해가 됩니다. 그러나 반복해 읽어도 보이지 않을 때는 주석을 봅니다. 그 책 안에는 내가 죽었다 깨어나도 알 수 없었던 정보와 통찰이 가득합니다. 본문의 심오한 뜻이 그제야 보입니다. 상황이 이렇다 보니 주석 읽기를 그만둘 수 없습니다."[30] 묵상만 가지고는 설교에 한계가 있다. 성경을 통해 말씀하신 하나님 음성을 분명하게 듣기 위해 연구해야 한다. 치열한 연구가 하나님 음성을 분명하게 한다.

설교자는 인문학을 연구할 때 시대를 품는 하나님 음성을 듣게 된다. 김도인 목사는 《설교자, 왜 인문학을 공부해야 하는가?》에서 "4차 산업혁명 시대, 창의성 시대, 소비자가 중요한 시대, 차별화를 이루어야 하는 시대에는 신학은 물론 인문학도 병행해서 공부해야 한다. 이미 세상은 인문학을 지나 예술, 자연과학까지 공부하고 있다. 21세기를 목회하는 설교자에게 인문학은 선택이 아니라 필수이다"[31]라고 역설한다.

설교자는 인문학을 공부해야 한다. 인문학에 대한 지식이 없으니 시대와 뒤떨어진 이야기를 한다. 설교의 예화도 3, 40년 전과 다를 바 없다. 설교의 내용도 더는 새로운 것이 없다. 차별성 없는 설교에 청중들은 귀를 닫아 버린다. 진리는 변하지 않는다. 문제는 차별성 없는 설교로 인해 교회에 소리치시는 하나님 말씀을 설교자가 담아내지 못한다는 것이다. 인문학과 인본주의는 다르다. 인문학은 인간의 마음을 알기 위한 도구다. 설교자는 인문학 공부를 통해 청중의 마음을 이해하고 어려운 신학 용어도 쉽게 풀어 전달해 줄 수 있다.

설교자는 하늘의 이야기를 세상에 살아가는 청중들에게 전해야 하는 사람이다. 그렇기에 하나님과 세상을 동시에 공부해야 한다. 부지런한 연구와 공부가 하나님 음성을 분별해 낸다. 설교자는 성경과 세상을 추적하며 하나님 음성을 듣고 전달해야 한다.

침묵할 때 가장 잘 들린다

침묵할 때 하나님 음성은 가장 잘 들린다. 지금은 침묵하지 않는 시대다. 사소한 일에도 침묵하지 말고 외쳐야 한다고 가르친다. 매일 SNS에 쏟아져 나오는 수많은 이야기는 침묵보다 말하기를 요구하고 있다. 말하는 것이 중요한 시대에 왜 설교자는 침묵에 관심을 가져야 할까?

설교자는 가르치는 자이기 전에 듣는 자이기 때문이다. 베네딕토의 《수도규칙》에서는 "말하는 것과 가르치는 것은 스승에게 적합한 일이고, 침묵하는 것과 듣는 것은 제자에게 합당한 일이다"[32]라고 한다. 그리스도인들은 예수 그리스도의 제자가 되기를 원한다. 제자는 침묵하는 것과 듣는 것이 주된 일이어야 한다. 침묵은 제자로서 듣는 자리에 있는 것이다. 설교자가 예수 그리스도의 제자라면 침묵해야 한다. 침묵 속에서 예수그리스도의 말씀이 들려지기 때문이다.

설교자는 하나님 음성을 듣기 위해 침묵의 시간을 회복해야 한다. 침묵은 하나님 음성을 경청하는 가장 좋은 환경이다. 개신교는 종교개혁 여파로 침묵의 전통이 무너졌다. 최종원 교수는 《수도회 길을 묻다》에서 "개신교 종교개혁은 수도원의 폐쇄와 더불어 침묵의 전통도 무너뜨렸다. 개신교 예배는 침묵 대신 웅변인 설교를 전면에 내세웠다. (중략) 하나님을 찾고 따른다는 오늘날의 교회는 너무 시끄럽고 번잡해졌다. 뜨거움, 열광, 예배, 찬양, 그런 중에 정작 귀 기울여야 할 작은 소리가 무시되지는 않는가."[33]라고 지적한다. 열광적이고 뜨거운 예배가 대세가 된 세상에서 설교자는 작은 소리에 귀 기울일 줄 알아야 한다. 특히 하나님이 말씀하시는 세미한 음성에 민감해야 한다.

    하나님은 자신의 음성을 들려주시기 위해 침묵할 수밖에 없는 상황으로 인도하신다. 엘리야는 850대 1이라는 영적 전투에서 승리했다. 하지만 이세벨이라는 한 여자 때문에 먼 길을 도망치다 지쳐 쓰러졌다. 그때 하나님은 그를 호렙산으로 인도하시고 바위를 부수는 강한 바람을 경험케 하신다. 그 속에는 하나님이 계시지 않았다. 지축이 흔들리는 강력한 지진을 경험케 하신다. 그 속에도 하나님이 계시지 않았다. 모든 것을 태워 버릴 듯한 불길을 보내신다. 그러나 그 속에도 하나님은 계시지 않았다.

    구약성경에서 하나님은 자신을 드러내실 때 다양한 자연현상을 통해 계시하셨다. 엘리야를 찾아오신 하나님은 달랐다. 세미한 음성이라는 색다른 방법으로 자신을 계시하셨다. 이형원 교수는 《대한기독교서회 창립 100주년 기념 성서주석 10-열왕기상》에서 이렇게 말한다. "하나님께서 엘리야에게 바람도 아니요 지진도 아니요 불도 아니요 세미한 음성 가운데 나타나신 사건은 하나님의 자기 계시가 어떤 하나의 자연적인 현상에 국한되지 않는다는 점을 일깨워 주고, 하나님의 주권에 따라 다양한 방식으로, 그리고 하나님의 계시가 필요한 자에게 가장 적합한 형태로 이루어진다는 점을 깨닫게 만들었다."[34]

하나님은 필요에 따라 말씀하시는 방법을 달리하실 수 있는 분이다.

필자도 침묵할 수밖에 없는 상황이 있었다. 2년 전 개척하고 매일 침묵의 자리를 지켰다. 아무도 없는 새벽기도 자리와 주중 예배 자리는 침묵 속에서 드리는 예배였다. 피하고 싶지만 피할 수 없는 고요한 자리에서 오히려 하나님은 분명한 방향을 알려주셨다. 사람들과 부대낄 때는 깨우칠 수 없는 깨달음이 있다. 침묵할 때 오히려 하나님 음성이 선명해진다.

설교자는 침묵의 시간을 사야 한다. 필자와 같이 침묵할 수밖에 없는 상황에 있는 설교자가 있을 것이다. 코로나 이후 교회는 점점 더 힘을 잃어가고 지쳐가고 있다. 뜨거웠던 교회의 열정은 식어가고 침묵이 번져가는 곳들도 있다. 침묵의 순간은 빨리 벗어나고 싶은 순간이다. 그러나 침묵할 수밖에 없는 순간도 하나님이 허락하신 순간임을 기억해야 한다. 오늘날도 교회를 사랑하시는 하나님이 침묵 가운데 세밀한 음성으로 다가오신다.

김선우 목사

주성성결교회 담임이다.
서울신학대학교 신학대학원(M.Div)을 졸업했다.

청중의 원함을 경청하라

청중이 원함은 하나님의 말씀이다

설교자와 청중의 마음이 하나가 될 때 모두가 만족하는 설교가 된다. 설교자는 하나님의 말씀으로 시작한다. 청중이 듣고자 하는 것이 하나님의 말씀이기 때문이다. 말씀은 설교의 기본이자 기초이다. 설교자는 하나님을 설교로 전한다. 청중이 설교를 듣고, 변화되기를 희망하기 때문이다. 청중의 언어, 감정, 그리고 삶이 달라지길 바란다. 청중이 변화하려면 설교를 경청할 때 된다.

청중은 하나님 말씀에 집중하고 싶다. 설교자의 조언이나 견해가 아니라 하나님의 말씀 그 자체를 듣고자 한다. 청중이 하나님의 말씀을 원하는 것은 마음이 베뢰아교회 성도처럼 간절하기에 그렇다. 청중은 베뢰아교회 성도처럼 "간절한 마음으로 말씀을 받고" 날마다 성경을 상고하며 진리를 분별하고자 하는 순수한 영적 갈증이 있다. 설교자는 청중의 이러한 마음을 헤아리며 설교를 준비해야 한다.

청중이 말씀을 원하는 것은 말씀을 경청함으로 역사가 이루어지기 때문이다. 로마서 10장 17절은 "그러므로 믿음은 들음에서 나며, 들음은 그리스도의 말씀으로 말미암았느니라"라고 말씀한다. 이 말씀은 청중의 신앙 성장이 인간의 철학이나 개인적 견해가 아닌 하나님의 말씀을 듣는 것에서 비롯됨을 명확히 보여준다.

청중이 하나님의 말씀 듣기를 갈망하는 것 중 첫째가 하나님 말씀에 생명력이 있음을 알기 때문이다. 청중은 생명력이 있는 말씀을 듣기 위해 설교 시간에 말씀이 선포되는 설교를 듣고 싶어한다. 청중은 신앙이 성장하기 원한다. 신앙이 성장하려면 하나님 말씀을 들어야 한다. 신앙은 세상적인 관계가 아니라 하나님과 직접적인 연결이기 때문이다. 청중이 믿음으로 성장하려면 설교 시간에 말씀이 선포되어야 한다. 청중들이 설교자의 개인적 이야기보다 성경 말씀을 듣기 원하는 것은 하나님의 복을 추구하는 건전한 영적 태도 때문이다.

"모든 지도는 낡은 지도다."[35]라는 말이 있다. 설교자는 성경이라는 지도를 본다. 그 지도를 통해 삶과 세상을 해석한다. 설교자는 신학교 시절에 배운 지도 보는 법을 터득하여 기억하고 있다. 문제는 예전의 지도 보는 것에 머물고 있다는 것이다. 즉 해석과 적용이 옛 시절에 갇혀 있다. 여전히 낡은 지도만 보고 전달한다. 시대가 변하고, 사람도 변하고, 환경도 변했다. 낡은 지도에 머물면 안 된다. 청중은 새로운 지도를 펼쳐달라고 한다. 청중은 설교자에게 시대에 맞는 "하나님 말씀을 설교해 주세요."라고 요구한다. 시대를 통찰하는 적용점인 새로운 지도를 원한다.

청중은 자신과 관련된 이야기를 듣고자 한다

청중은 자신의 이야기를 듣기 원한다. 남의 이야기가 아니라 자신의 이야기를 듣고 싶어 한다. 데일 카네기는《데일 카네기 인간관계론》에서 "우리의 영원한 관심사는 우리의 문제를 해결하는 일이다"[36]라고 강조한다. 현대 한국교회에서 청중이 진정으로 원하는 것은 단순히 웅변술이 뛰어나거나 잘 짜인 설교가 아니다. 자신들의 삶과 고민에 진정으로 공감하는 설교이다. 아무리 뛰어난 언변과 구조가 좋은 설교를 한다 해도 청중이 공감하지 못한다면 좋은 설교라고 할 수 없다.

청중이 경청하는 설교는 그들의 구체적인 삶의 상황을 다루는 설교이다. 청중들의 삶과 현실, 현재의 심정을 고민해 그것을 다루어야 한다. 그럴 때 청중은 분노, 시기, 좌절, 교만과 같은 개인적 문제부터 경제적, 가정적, 사회적 압박과 같은 현실의 문제들에서 말씀이라는 돌파구를 찾는다.

청중의 경청하려는 설교는 자신과 연관성이 있는 이야기다. 즉 공감되는 설교이다. 청중이 말씀에 공감하면 이해를 넘어 행동으로 나타난다. 청중이 이런 말을 한다. 설교자의 설교가 한국 정서가 아니라 미국 이야기가 많다고 한다. 도입에서부터 미국에서나 어울릴 만한 이야기로 시작한다고 한다. 예화도 미국 이야기가 많으며, 원화가 아닌 달러로 말해 종종 분간할 수 없게 만든다고 한다. 청중은 자신과 무관한 이야기로 단정하면서 귀를 닫아 버린다. 설교는 청중이 경청하고자 하는 청중과 연관된 이야기에 기초해야 한다.

로마서 12장 15-16절은 청중과 관련된 설교의 성경적 근거를 말한다. "즐거워하는 자들과 함께 즐거워하고 우는 자들과 함께 울라. 서로 마음을 같이하며 높은 데 마음을 두지 말고 도리어 낮은 데 처하며 스스로 지혜 있는 체하지 말라." 이 말씀은 설교자가 청중과 기쁨과 슬픔을 함께 나누며, 겸손한 마음으로 그들의 눈높이에 맞추어야 함을 뜻한다.

설교는 힘이 있다. 청중과 연관된 이야기이기 때문이다. 믿음이 약한 이야기가 성경에 많다. 이런 이야기를 들을 때마다 믿음이 강해진다. 상처받은 이야기가 성경에 많아 상처받은 사람들에게 위로가 된다. 성경은 죄악으로 하나님을 떠난 이야기로 죄악 가운데 있는 청중을 회개하고 돌아서게 한다. 예를 들어 다윗의 이야기는 청중의 이야기와 다를 바가 없다. 그는 사울 왕을 피해 동굴에 숨었다. 왕의 권력과 자신을 미워하는 시기심을 당장 이겨낼 힘이 없어 동굴에 몸과 마음을 숨겼다. 성경 인물 가운데 믿음이 있다고 말하는 다윗도 두려움 앞에서 숨었다. 이것을 보면서 우리도 두려우면 동굴에 숨어야겠다고 생각한다. 이처럼 청중은 그 마음을 헤아리는 설교를 듣고자 한다. 청중은 사람과의 관계에서도 피하고 싶을 때가 있다. 사마리아 여인에게서 연관성을 찾을 수 있다. 그녀는 아무도 만나고 싶지 않아서 대낮에 물을 길으러 우물로 갔다. 성격적인 부분도 있고, 사람 관계로 인해 혼자 보내야 하는 처지도 있다. 다른 사람 만나는 것을 꺼리는 청중은 이런 이야기가 저절로 경청하게 된다.

    다윗과 사마리아 여인 이야기를 들으며 청중은 자신의 삶과 마주한다. 접촉점으로 인해 하나님의 말씀이 들리고, 들리는 틈에서 은혜가 흘러나와 청중의 메마른 삶에 단비가 내린다. 청중은 성경의 인물과 동떨어진 생활이 아니라 그들과 비슷한 길을 걸어간다. 하나님은 거기서 만나주시고 은혜를 부어주신다.

    설교가 자신과 관련된 이야기일 때, 청중은 설교 시간을 기대하고 간절히 사모함으로 들으려 한다. 청중은 이런 설교를 매 주일 기대하며 산다.

신선한 설교를 듣기 원한다

청중은 신선한 설교를 듣기 원한다. 신선한 설교는 현실과 동떨어진 이야기가 아니다. 우리의 삶 속에 생생히 살아 숨 쉬는 말씀을 듣기 원한다. 우리의 일상, 고민, 기쁨, 그리고 아픔 속에서 하나님의 말씀이 어떻게 살아 움직이는지 듣고 싶어 한다. 예를 들어, 직장에서의 스트레스, 가족과의 갈등, 미래에 대한 불안 등 구체적인 삶의 문제에 성경 말씀이 어떻게 적용되는지 등의 실제적인 해답을 찾고자 한다.

신선한 설교는 설교자의 꾸밈없는 솔직한 경험과 고백에서 나온다. 설교자가 자신의 약함, 실패, 그리고 그 속에서 만난 하나님의 은혜를 나눌 때, 청중은 큰 위로와 공감을 얻는다. "나만 힘든 게 아니구나", "목사님도 이런 고민이 있구나"라는 생각이 들 때, 더 경청한다. 선포된 설교가 더 깊이 마음에 새겨진다.

같은 본문일지라도 경청의 여부, 경청의 집중도에 따라 감동이 다르다. 갈증이 심하면 물 1리터를 마실 수 있지만, 목이 마르면 한두 모금만 마실 수 있다. 말씀에 대한 간절함에 따라 은혜도 다르게 임한다. 신앙생활은 간절한 마음에서 출발하기 때문이다.

〈아트설교연구원〉의 김도인 목사는 설교의 도입을 '뻔하게'가 아니라 '낯설게' 하라고 한다. 설교자는 청중이 본문을 알게 되었을 때, 청중의 예측을 벗어나야 한다. 낯설게 전할 때, 그래 '이 말씀이 이런 말씀이지.'라는 미온적인 반응이 아니라 이 말씀이 '이 말씀이 이렇게 연결될 수 있구나!'라는 낯선 반응을 일으킨다.

오늘날 세상은 빠르게 변하고 있다. AI, 환경문제, 사회적 갈등 등 새로운 이슈들이 우리를 둘러싸고 있다. 신선한 설교는 이런 시대적 흐름을 읽고, 성경적 시각으로 해석해 주는 설교이다. 청중은 "지금 이 시대에 하나님은 우리에게 무엇을 말씀하시는가?"라는 질문에 답을 얻고자 한다.

신선한 설교는 단순한 위로나 지식 전달에 그치지 않는다. 설교자와 청중 모두가 다시 한번 일어설 수 있는 용기와 소망, 그리고 믿음의 도전을 주는 설교이다. "너는 내 사랑하는 자녀다", "포기하지 말라", "하나님은 여전히 일하신다"라는 메시지는 성도들의 마음에 새 힘을 불어넣는다. 신선한 설교는 나 혼자만의 신앙이 아니라, 함께 살아가는 공동체의 소중함을 일깨워 준다. 서로를 격려하고, 용납하며, 사랑으로 하나 되는 교회가 되자는 메시지는 언제나 새롭고 감동적이다. 청중 안으로 들어가면 신선한 글을 얻을 수 있다.

"길은 곤충이 걸어 다니는 곳이 아니야. 곤충을 잡으려면 길에서 나와야지."[37] 산에 곤충을 잡으러 갔는데, 여전히 길에서 곤충이 나오기만을 기다리는 모습을 보고 한 말이다. 길은 사람이 다니는 길이지, 곤충이 움직이는 통로가 아니다. 곤충의 자취를 찾기 위해서는 숲으로 들어가야 한다.

설교자도 청중이 원하는 것을 맞추기 위해 청중의 살아가는 삶의 길로 들어가야 한다. 들어가야 그들의 말소리, 한숨, 아픔 그리고 숨소리를 들을 수 있다. 이 소리들을 들어야 하나님의 말씀으로 신선하게 설교할 수 있다. 듣지 않으면 여전히 길에서 곤충이 나오기를 기다리는 것처럼 모든 문제를 청중에게 전가한다. 신선한 것은 설교자 중심이 아닌 청중에게 맞추는 경청이다.

세상은 신제품, 신상, 업그레이드, 한정판, 변신이라는 말들을 최고로 친다. 청중들도 이런 것들을 최고로 안다. 이런 시대에 맞게 설교자도 신선하고 싱싱한 설교를 향한 청중의 갈급함을 해결해야 한다. 청중의 원함을 맞춰주기 위해 설교자는 청중의 바람에 걸맞은 독서와 글쓰기의 수고와 노력을 아끼지 말아야 한다. 이것이 청중이 설교자에게 원하는 요구다.

황상형 목사

대구동서연경교회 교육목사이다.
저서로 《출근길 그 말씀》, 《설교트렌드 2025》 등이 있다.

세상의 목소리를 경청하라

교회는 나 홀로 갇힌 섬이 되었다

"아이들이 있는 집 시계는 아이들 중심으로 돈다." 〈인간극장〉이라는 프로그램에서 나온 말이다. 아이들은 정신없어 보이고 좌충우돌 엉망진창인 것 같지만 그 안에서 자란다. 아이들이 있는 집의 시간이 아이들 중심으로 돈다는 말은 성장하는 아이들을 중심으로 아이들만의 이야기가 만들어지고, 아이들을 양육하는 어른의 시간, 어른의 이야기로 연결된다는 의미이다.

사람들이 살아가는 세상의 시계는 사람들을 중심으로 돈다. 하지만 세상의 시계는 하나님 중심으로 도는 하나님의 시간이다. 하나님께서 창조하시고 역사하시고 구원하시고 회복시켜 가시는 이야기다. 하나님께서 만들어 가시는 이야기는 교회에만 존재하지 않는다. 교회를 포함한 세상에서 만들어 가신다.

하나님의 시간, 세상의 시간 안에는 다양한 세상 사람들의 이야기가 존재한다. 인간사에는 이것은 옳고 저것은 그르다는 이분법적인 잣대로 규정짓지 못하는 일들이 다반사다. 그런데도 교회는 이분법적 사고로 교회와 반대하면 무조건 틀린 것으로 쉽게 규정짓는다. 교회는 세상의 흐름과 변화를 무시하고 다양한 삶의 모습을 인정하지 못할 때가 많다. 사회적 문제에 대해 불교나 가톨릭 등 타 종교가 목소리를 낼 때, 개신교는 침묵한다. 다양한 창조적인 관점을 인정하지 못하고, 반 성경적인 내용이라고 규정지으며 사탄의 문화라는 주홍글씨를 찍는다. 교회는 주님 안에서 누구나 다 평등하다는 것을 알면서도 과거의 전통과 관습에 갇혀 있기도 한다.

교회는 하나님의 시계가 교회에만 있는 것처럼 인식한다. 하나님의 구원과 사랑과 역사하심은 교회 안에만 있는 것처럼 말한다. 믿지 않는 사람들을 손가락질하며 틀렸다고 말한다. 청중은 교회 안에서만 기쁘고 교회 안에서만 즐겁다. 세상의 중심에서 사랑을 외치는 것이 아니라, 교회 안에만 사랑을 외친다. 정의와 공의는 교회 안에만 있는 것처럼 행동한다. 그러자 교회가 나 홀로 갇힌 섬이 되었다. 이런 모습을 본 세상도 교회를 외면한다.

이제 갇힌 섬이 되지 않기 위해 설교자는 세상의 목소리를 들어야 한다. 얼마 전, 프란체스코 교황이 돌아가신 후 그가 청년들에게 남긴 영상 강론이 소개되었다. 주된 내용은 다음과 같다. "다른 사람이 말할 때 경청하라. 경청과 듣는 법을 배우는 일은 인생에서 중요한 것 중 하나이다. 누군가 얘기할 때는 말이 끝날 때까지 기다려서 진정으로 이해할 수 있도록 해야 한다. 그런 다음 마음이 내키면 대답하라."[38] 교회가 다른 누구보다 더 세밀하게 세상에 귀 기울여야 한다. 만약 귀를 닫으면 교회는 세상에서 나 홀로 갇힌 섬이 되고 만다. 설교자는 세상의 소리에 민감해야 한다. 그 목소리를 적극적으로 듣고자 해야 한다.

설교자는 세상의 소리를 경청해야 한다

요즘 정치 현장을 볼 때 개신교 목사들이 세대 분열과 갈라치기를 더 조장한다. 대형 버스를 동원해 전국을 돌며 청중을 선동해 그들의 영혼을 왜곡시킨다. 한국교회의 얼굴과 성도들의 영혼에 생명의 빛을 가리고 있다.

설교자는 옳은 분별력을 가져야 한다. 설교자가 올바른 분별력을 가질 때 세상에 좋은 에너지를 줄 수 있다. 목사 개인의 생각을 주입하려고 하니 세상과 교회의 골은 더욱 깊어진다. 세상이 옳지 못하다고 말하는 것을 오히려 교회는 맞다고 항변한다. 교회는 세상이 외치는 말을 경청해야 한다. 웨인 다이어는 《인생의 모든 문제에는 답이 있다》에서 에너지의 주파수[39]에 대해 말한다. 빠른 주파수와 느린 주파수에 대해 알려준다. 사람이 절망의 주파수에 있을 때 에너지는 낮아진다. 느린 주파수에 계속 머무르면 한 종류의 에너지를 더 많이 끌어당긴다. 세상 여기저기에서 "삶이 힘들다"라는 의식으로 낮은 에너지, 부정적 에너지 안에 자신을 가둔다. 이때 교회는 빠른 주파수로 낮은 에너지에 연료를 공급해야 한다. 하지만 교회는 오히려 느린 주파수를 가지고 있는 듯하다. 교회가 느린 주파수의 플러그를 뽑아 빠른 주파수로 바꾸어 주어야 하는데, 오히려 사람들을 더 낮은 에너지 안으로 끌어들여 침몰하게 만든다.

교회는 진주조개가 진주를 만들어 내는 것처럼 세상을 품어야 한다. 세상은 오늘날 수많은 목소리와 다양한 색채들로 교회에 손짓한다. 교회는 세상에 주님의 에너지를 공급하고 세상의 빛과 소금의 역할을 해야 한다. 정호승 작가는 《내 인생에 용기가 되어준 한마디》에서 "진주는 진주조개의 상처와 고통의 결정체입니다. 상처의 고통을 영롱한 아름다움으로 승화시킨 결과입니다. 진주가 보석이라는 이름으로 인간의 사랑을 받는 까닭은 그것이 고통의 아름다움이기 때문입니다"[40]라고 이야기한다. 진주조개에서 귀한 보석인 진주가 탄생하기 위해서는 고통이 필요하다. 고통을 받아들이고 껴안고 고통과 함께 몸부림친다. 그 인내의 결과로 진주라는 아름다운 결과물이 탄생한다.

교회도 이 세상에서 교회와 다른 주파수를 내뿜을 때 그 주파수에 맞추기 위해 아픔을 견디며 껴안아야 한다. 교회와 세상은 공생과 상생의 관계가 되어야 하기 때문이다. 서로에게 귀 기울이는 것은 모두를 살리는 공존의 일이다. 세상은 틀리고 교회는 옳다며 이분법적으로 갈라설 것이 아니다. 틀린 세상, 망가진 세상, 희망이 없는 것 같은 세상을 껴안고 뒹굴어야 한다. 주님의 사랑으로 끌어안아야 한다. 그 방법이 세상의 목소리를 경청하는 것이다.

사람에 관한 공부가 세상 목소리 경청이다

설교자는 사람을 공부해야 한다. 그러나 일부 신학계에서는 인문학이 신학의 본질을 흐린다고 오해한다. 설교자에게 인문학은 불필요하다고 주장한다. 한 설교자는 늘 손에 책을 들고 있는 친구 목사를 처음엔 비웃었다. 결국 그 태도가 옳았음을 깨닫고 자신도 독서에 매진하게 되었다. "적을 알아야 적을 이긴다."라는 말처럼, 세상을 알아야 복음을 효과적으로 전할 수 있다. 어떤 설교자의 서재에는 불경도 있다. 상대 문화를 알아야 서로 대화할 수 있기 때문이다.

사람을 알려면 그들의 이야기를 알아야 한다. 설교자가 일상에서 하나님의 시간을 채워가는 것은 곧 하나님의 창조물인 사람을 이해하는 과정이다. 우리의 눈과 귀는 이미 세상과 함께 살아가고 있으며, 설교자도 마찬가지다. 인문학을 배제한 채 신학만을 고집하는 것은 인간을 향한 하나님의 시간을 외면하는 것이다.

하나님만 알아서는 하나님의 뜻을 온전히 이해할 수 없다. 인간에 대한 이해가 함께 있어야 한다. 설교자의 제한된 삶의 경험만으로는 다양한 인간상을 이해하기 어렵다. 언어, 문화, 역사, 철학, 예술, 경제, 과학 등 인문학을 꾸준히 공부해야 인간 이해의 폭이 넓어진다. 김남준 목사는 《인간과 잘 사는 것》에서 복음은 단지 전도의 수단이 아니라 인간과 하나님, 세계 사이의 관계를 보여주는 포괄적 관점이라고 강조한다.[41]

설교자는 신과 인간, 인간과 세계의 관계를 인간의 언어로 풀어내야 한다. 이를 위해 인문학적 소양이 필요하다. 신에 대해서만 알고 사람을 모른다면 성도를 성화의 길로 인도할 수 없다. 설교자는 사람을 공부함으로써 하나님과 사람, 사람과 사람, 세상과 사람의 관계를 명확히 전할 수 있다. 세상 목소리를 경청하는 일은 사람 공부로 시작되고 끝난다. 《경청, 마음을 얻는 지혜》에서는 "나무의 소리를 듣는 유일한 방법은 네가 나무가 되는 거야"[42]라고 말한다. 청중을 이해하려면 청중을 알아야 한다. 청중에 관한 공부로 청중이 되어봐야 한다.

필자 역시 "목사님은 세상 흐름을 너무 몰라요"라는 성도의 말에 충격을 받았다. 이후 다양한 삶을 사는 사람들의 마음을 이해하려 노력했다. 설교자는 사람의 마음을 얻는 지혜가 필요하며, 이를 갖추지 않으면 세상의 소리를 거스르고 자기 생각만 옳다고 주장하게 된다.

예수님은 언제나 세상의 목소리를 경청하셨다. 설교자도 예수님처럼 넉넉하게 사람을 품고, 세상의 목소리에 귀 기울여야 한다. 하나님의 뜻을 온전히 알기 위해 인문학 공부에 힘써야 한다.

세상의 목소리를 들을 때, 세상도 하나님의 말씀을 경청한다

설교자가 사람을 공부하면 공허한 영혼을 채우는 역량이 생긴다. 이어령은 《이어령의 마지막 수업》에서 "비어있는 영혼의 세계를 이야기한 사람들은 우주와도 통한다"[43]라고 말하며, 설교자가 그런 존재임을 강조한다. 사람의 마음을 채우려면 먼저 그 마음을 알아야 한다. 이를 위해 설교자는 세상의 흐름을 민감하게 관찰하고, 삶의 다양한 모습에 열린 태도로 다가가야 한다. 세상 사람들도 자신의 이야기를 들어주길 원하며, 존경받고 사랑받기를 바란다. 설교자가 그들의 목소리를 경청하면, 세상도 설교자의 말을 귀 기울여 듣는다. 그렇게 설교는 청중의 삶을 변화시키고, 교회에 대한 세상의 시선도 달라진다.

교회는 세상을 정죄하기 전에 먼저 이해하려는 노력이 필요하다. 하나님의 말씀이 사람들의 마음에 닿지 못하게 막고 있는 것이 무엇인지 알아야 한다. 김동영은 《너도 떠나보면 나를 알게 될 거야》에서 이렇게 후회한다. "'네 말을 이해 못 하겠어'라고 말하기보다는 '다시 한번 말해줄래'라고 말하는 게 더 낫다. 침묵하는 습관보다는 말을 적게 하는 습관이 더 낫다. 많은 것을 보기보다는 많은 것을 다르게 보는 눈이 더 낫다. 많이 달라진 그를 탓하기보다는 전혀 변하지 않는 나 자신을 의심하는 게 더 낫다."[44] 그의 후회는 설교자의 후회가 될 수 있다.

설교자는 청중의 가치와 공허함을 먼저 이해한 뒤 말해야 한다. 듣지도 않고 틀렸다고 단정하거나, 알지 못하면서 아는 척하면 결국 후회만 남는다. 세상의 목소리를 들을 때 설교자는 손을 내밀 수 있다. 예수님이 모든 이야기를 들어주셨듯, 교회도 비난과 아픔을 품고 사랑으로 경청해야 한다.

오늘날 세상은 교회의 말을 외면하고, 목사를 '먹사'라 부르기도 한다. 교회와 설교자는 깊은 성찰을 통해 누구나 부담 없이 찾을 수 있는 존재가 되어야 한다. 교회가 사랑으로 경청할 때, 세상이 비록 믿지 않더라도 교회의 말을 경청하게 된다. 설교자를 통해 들려오는 하나님의 말씀에 귀 기울이게 된다.

이문이 목사

목포큰기쁨의교회 담임이다.
신안에서 다문화 이주노동자 대상 사역을 한다.

시대의 목소리를 경청하라

가족의 소리를 측이(側耳)하라

가족의 소리를 측의하라. '측이(側耳)'란 옆에서 조용히 듣는다는 뜻이다. 가족의 목소리는 종종 크지 않지만, 조용히 들을 때 진실함이 담겨 있음을 안다. 설교자가 시대의 목소리를 들으려면, 먼저 가까운 가족의 목소리를 들어야 한다. 가족은 설교자와 함께 살아가는 존재다. 배우자가 하는 말에는 오늘이 있고, 자녀와 나누는 대화에는 시대를 접하는 현실이 있다. 설교자가 가족과 함께 하는 모든 시간과 공간은 시대를 반영한다. 설교자가 시대를 목소리를 듣고자 한다면 가장 먼저 가족의 소리에 귀를 기울여야 한다.

성경에서 모세는 장인 이드로의 조언을 듣고 리더십을 바꾸었다. 출애굽 후 모든 송사를 혼자 감당하던 그는 탈진했고, 이드로는 "이 일이 네게 너무 중함이라. 혼자 할 수 없느니라(출 18:17-18)"며 분담을 제안했다. 모세는 천부장, 백부장 등을 세워 작은 일은 그들이 처리하게 하고, 큰일만 맡았다. 이는 단순한 충고가 아닌 하나님의 통찰이었다.

마르틴 루터 역시 종교개혁 과정에서 외로움과 불안에 지쳤다. 그때 아내 카타리나는 검은 옷을 입고 "하나님이 죽은 줄 알았어요."라고 말하며 루터를 일깨웠다. 배우자의 격려는 그를 다시 일으켜 세웠고, 종교개혁을 완수하게 했다. 가족은 설교자의 삶에 에너지를 충전해주는 동반자다.

필자는 주일 예배 설교문을 배우자에게 보여준다. 금요일 오후에 작성하여 제일 먼저 퇴고를 부탁한다. 잘 되었다는 말을 한 번에 듣기 어렵다. 수정, 또 수정해야 한다. 논증은 어려운 내용이라 바로 이해가 되지 않는다, 도입은 무거워서 가벼운 것으로 바꾸라, 예화는 시골 어르신과 동떨어진 느낌이 든다 등. 요구는 많지만, 무조건 수용하기보다는 다시 한번 깊이 되새기고 설교 문을 퇴고하는 기회로 삼는다. 또 대학생 자녀 두 명은 학교에서 사용하는 신조어를 가르쳐 준다. '얼죽아,' '플렉스(flex)', '중꺾마' 등이다. 특히 '중꺾마'는 중요한 것은 꺾이지 않는 마음의 줄임말이다. 믿음을 설명할 때 사용한 적이 있다. 이런 조언이 잠시 중단된 적이 있었다. 한때 충고가 듣기 싫어 3개월간 피했지만, 청중과의 거리감과 반응 없는 강단을 경험하며 가족의 조언이 얼마나 중요한지 깨달았다.

설교는 자존심이 아니라 존재감이다. 가족의 목소리는 하나님께서 들려주시는 또 다른 음성이다. 인간의 소리가 아니라, 하나님께서 다듬고 계시는 망치와 정이다. 때로는 하나님의 메시지를 지적으로 만들고, 현실의 반영에 민감하게 반응하고 있다는 위로이며, 오늘의 요구에 멈추라는 수신호일 수 있다. 그래서 설교자는 가족의 목소리를 들어야 한다.

가족의 소리를 듣는 설교자에게 하나님은 시대를 꿰뚫는 지혜와 힘을 주신다. 그것이 설교의 깊이를 더하고, 세상의 잡음 속에서 진짜 소리를 구별하게 하는 동력이 된다. 설교자는 오늘도 가족의 소리를 듣는 일을 두려워하지 말아야 한다.

부교역자의 목소리를 정청(靜聽)하라

부교역자의 목소리를 정청하라. '정청(靜聽)'은 말하는 이의 입장을 존중하고 왜곡 없이, 내 기준으로 재단하지 않고 듣는 태도이다. 단지 귀로 듣는 것이 아니라 마음으로 듣는 것을 의미한다. 부교역자의 목소리를 정청으로 듣는 설교자는 시대의 소리를 다양하게 듣는 힘을 얻을 수 있다.

부교역자의 목소리는 지하수다. 땅 아래 깊은 곳에서 터져 나오는 생수다. 땅 아래 있다는 것은 겸손한 자세다. 즉 낮은 자의 소리다. 설교자는 그 소리에 귀를 기울여야 한다. 낮은 자라고 말하는 것은 담임 목회자는 높고, 부교역자는 낮은 계급을 말하는 것이 아니다. 담임 목회자보다 성도와 더 많은 시간을 넓게 보낸다는 의미다. 넓은 것은 낮은 곳에 포진하기에 낮은 소리라고 명한다. 지하수는 땅 깊고 넓은 곳에서 올라온다.

부교역자는 낮은 소리와 가깝다. 교회 구조상 담임목회자 혼자 모든 성도를 관리할 수 없다. 부교역자를 세워 교구를 관리하고, 성도의 필요사항을 일선에서 충족시키는 역할을 감당한다. 애경사나 병원 심방으로 성도를 위로하고, 정기적인 심방을 통해 신앙생활에서 이탈하지 않도록 도와준다. 이러한 내용을 정리하여 담임 목회자에게 보고한다. 보고는 아래에서 올라온 낮은 소리다.

낮은 소리를 듣기 위해 담임 목회자는 귀를 기울여야 한다. 낮은 목소리를 경청하는 담임 목회자는 설교를 통해 교인의 메마른 마음에 생수를 부어준다. 교인의 믿음이 뿌리를 내려 시대에 민감해지고, 교인이 살아갈 동력을 준다. 동력은 부교역자가 담임 목회자를 더 신뢰하는 연결고리가 된다.

부교역자의 목소리는 바쁘게 달리는 담임 목회자에게 잠시 숨을 고르게 하는 쉼표이며, 생각과 깨달음을 주는 마침표다. 이 목소리를 듣는 시간은 입을 닫고 귀를 여는 틈이며, 그 틈을 통해 시대의 소리가 선명해진다. 그러나 때로 담임 목회자는 일방통행으로 부교역자의 소리를 외면하고, 이는 교회의 소통뿐 아니라 시대의 외침까지 막는 결과를 낳는다.

부교역자의 의견은 성도를 대변하는 교회의 소리이자 시대의 목소리다. '잔잔한 물이 깊다'[45]라는 속담처럼, 깊은 내면을 가진 리더는 작고 미세한 소리까지 포착할 수 있다. 경청은 말보다 중요한 덕목이며, 듣는 깊이가 얕으면 교회는 소통되지 않는다. 얕은 그릇은 상대를 받아들이지 못하고, 지위로 눌러버리는 안타까운 일이 생긴다. 담임 목회자가 부교역자의 말을 듣는다고 권위가 낮아지는 것이 아니다. 오히려 듣는 만큼 깊은 내면을 가진 어른으로 평가받으며, 두 관계는 더욱 돈독해진다. 경청은 교회의 건강한 소통을 위한 시작이다.

익산 ○○ 교회는 담임 목회자와 부교역자의 관계가 좋다. 부교역자가 담임 목회자의 목회를 진심으로 돕는다고 말한다. 당연한 것처럼 보이지만 실상은 아닌 경우가 더러 있다. 이 교회는 담임 목회자가 부교역자의 말을 잘 들어준다고 한다. 부교역자의 사역문제, 가정문제, 교구 관리 등 애로사항에 귀를 기울인다고 한다. 상수처럼 결과로만 평가하는 것을 넘어 과정에서 일어날 수 있는 변수에 반응한다. 변수를 함께 고민하면서 부교역자는 사역에 힘을 얻는다. 힘을 얻는 부교역자는 성도의 소리, 시대의 소리, 주변의 울림을 잘 전달하는 교각 역할에 충실하다. 다리가 담임 목회자라면 교각은 부교역자다. 긴 다리일수록 교각이 튼튼하게 받쳐주어야 한다.

담임 목회자의 삶은 "안전지대가 아니라 광야 생활이다."[46] 안전지대가 담으로 둘러싸여 있다면 광야는 어떤 소리든지 들을 수 있는 여백이다. 여백에 바람 소리, 시간이 흘러가는 소리, 계절이 바뀌는 소리를 들을 수 있다. 이러한 소리를 들으면서 광야 생활을 견딘다. 항상 좋은 말만 듣는 것보다 다양한 소리를 들어야 시대의 울림에 반응할 수 있다. 많은 소리를 듣고 혼자 해석할 수 없지만 부교역자의 도움을 받으면 가능하다.

부교역자의 소리를 정청하는 설교자는 시대의 깨우침을 들을 수 있다. 교회와 시대의 목소리를 바르게 들을 수 있게 도와주는 동료가 부교역자다. 오늘도 시대의 여론을 읽기 위해 부교역자에게 주파수를 맞추는 결단이 필요하다.

예술의 소리를 잠청(潛聽)하라

예술의 소리를 잠청하라. '잠청(潛聽)'은 깊은 물 속에서 조용히 들여다본다는 뜻이다. 눈에 보이지 않는 소리를 듣기 위해 인내함으로 듣는다. 예술이 단순한 표현이 아니라 시대의 언어와 정신을 반영하기 때문이다. 예술 작품에는 시대의 고통과 아픔과 희망과 열망을 담고 있다. "예술이란 음악이면 음악, 그림이면 그림, 그 분야에서 무언가 한 가지를 끝까지 밀고 나간 결과를 보여준다. 거기에는 작가가 시대정신을 담았다. 독자와 함께하고 싶은 작품과 삶의 의미를 느낄 수 있다."[47]

예술 속에는 시대가 고스란히 담겨 있다. 설교자가 예술의 소리를 들으면 시대를 읽어낼 수 있다. 시대는 빠르게 변한다. '십 년이면 강산이 변한다'라는 속담도 예술계에선 '삼 년이면 예술의 방향이 바뀐다'라고 말할 정도다. 일상에서 접하는 영화, 연극, 뮤지컬 등은 현시대의 방향이 담겨 있다. 사람의 생각을 대변하고, 새로운 시대가 추구하는 가치 등은 역할에 맞게 표현한다.

예술은 시대를 해석하고 질문한다. 시대의 모순과 억압과 변화에 민감하게 반응한다. 예술은 시대를 기록하는 나이테와 같은 흔적이며, 동시에 시대를 깨우는 울림이다. 동시에 예술은 시대에 대한 질문이다. 이 질문을 경청하는 설교자는 시대를 소리를 들으며, 현시대를 살아가는 청중에게 맞게 설교할 수 있다. 이 과정은 한 번에 이루어지지 않는다. 음악을 듣는 귀가 어느 정도 밝아지지 않으면 어떤 음악이 좋고 나쁜지를 구분하지 못한다.[48]

시대의 소리를 듣는 것도 마찬가지다. 계속해서 듣고 들어야만 어느 지점에 올라서면 시대의 좋은 소리와 불편한 소리를 구분할 줄 안다. 자신만의 감상평을 만들어낼 수 있게 된다. 설교자는 시대의 소리를 들어야 하기에 귀 기울이는 노력을 멈추지 말아야 한다. 예술은 듣는 설교자에게 시대를 초월해 감성과 통찰을 선물로 준다.

이러한 예술을 얼마나 접하고 깊이 있는 감상과 분석을 하는지에 따라 설교자의 공감력이 확장된다. 이언 매큐언의 〈암스테르담〉에 이런 문장이 나온다. "모두가 고개를 끄덕였지만, 아무도 동의하지 않았다."[49] 교회라면 설교를 들으며 다들 아멘 하겠지만, 그 속내는 다를 수 있다는 걸 이 문장이 보여준다. 이 문장을 통해 설교자는 청중이 살아가는 시대에 느끼는 감정과 설교자가 설교 준비하는 토양이 다를 수 있음을 알게 된다. 하나님을 청중의 마음과 하나로 연결하려면 설교자가 시대의 소리를 들어야 한다. 청중은 영화, 연극, 뮤지컬을 통해 시대를 읽는데, 설교자가 영화 등 대중문화에 무관심하면 청중과 간격이 벌어진다.

시대의 목소리를 듣고자 한다면 설교자는 예술의 소리를 잠청해야 한다. 잠청함으로 예술이 설교의 도구로 사용된다. 설교자는 오늘도 시대를 읽기 위해 예술이라는 징검다리를 건너야 한다.

허진곤 목사

무주금평교회 담임이다.
저서로 《설교트렌드 2025》, 《다음 역도 문학녘》 등이 있다.

경청은 영혼이 담긴 반응이다

욕구를 바꿔라

필자는 경청을 잘하려고 한다. 그때마다 부딪히는 것이 있다. 말하고 싶은 욕구이다. 말하고자 하는 욕구를 멀리하고 상대방의 욕구를 받아들일 때 경청의 사람이 된다. 즉 경청은 말하려는 욕구에서 들으려는 욕구로 바꿀 때 된다.

대화의 황금 비율은 3:7이다. 내가 이야기하는 것이 3이고, 상대가 이야기하는 것이 7이다. 사람들은 내가 이야기하는 것이 9이고, 상대가 이야기하는 것이 1이길 원한다. 이를 바꿔야 경청의 사람이 된다. 우리가 경청을 잘하면 상대를 내 편으로 만들 수 있는 확률이 높아진다.

경청이 힘들다. 말해야 살아있다고 느끼기 때문이다. 우리가 말하고 싶은 욕구는 인간이 가진 근원적인 욕구이다. "말하고 싶은 욕구는 인간이 가진 가장 근원적인 욕구이다. 누군가 내 이야기를 들어주는 것만으로도 우리가 가진 욕구의 상당 부분이 해소된다. 반대로 내가 누군가의 이야기를 경청하며 들어줄 때, 그 사람은 '아, 이 사람이 내게 관심이 있구나, 나를 존중하고 내 이야기를 주의 깊게 듣는구나'라고 생각하며 마음을 열기 시작한다. 그렇게 이어지는 대화는 상대에게 깊은 정서적 만족감을 준다."[50] 그럴지라도 설교자는 청중에게 관심을 표하고 존중감을 느끼도록 해주기 위해 경청에 신경 써야 한다.

더 경청해야 하는데 더 말하려 한다. 그래서 경청자가 되지 못하고 말쟁이가 된다. 이를 속히 바꿔야 한다. 청중과의 관계에서는 말쟁이가 아니라 경청자가 되어야 한다. 청중의 아픔, 삶의 힘듦, 인간관계의 갈등 등을 최선을 다해 들어주어야 한다. 설교자는 경청하는 욕구가 더 커서 경청의 달인이 되어야 한다.

하나님은 경청의 달인이시다. 우리가 하는 기도를 다 들으신다. 모두 들으시니 사람들이 찾고 또 찾으려 한다. 설교자가 닮을 것은 동료 설교자가 아니라 하나님이다. 설교에 왜 힘이 없는가? 설교가 경청하기인 줄 모르기 때문이다. 설교가 경청인 줄 알면 설교가 힘이 있다.

설교자는 세 가지 경청자가 되어야 한다. 첫째, 하나님의 말씀을 경청해야 한다. 둘째, 세상의 소리를 경청해야 한다. 셋째, 청중의 마음의 소리를 경청해야 한다. 설교자가 말하려는 욕구에서 경청하려는 욕구로 바뀌면 설교가 달라진다. 동시에 청중이 설교를 듣는 자세가 달라진다. 이후로 하나님의 마음과 청중의 마음에 스파크가 일어난다.

'조망 수용(perspective taking)'이란 말이 있다. 이 말은 상대의 관점에서 바라봐 공감하는 것이다. 조망 수용을 하면 청중을 이해한다. 청중 이해에 머물지 않고 그때부터 청중의 말을 경청한다.

영혼을 앞세워라

경청하려면 몸만 앞서면 되지 않는다. 영혼이 앞서야 한다. 경청은 영혼이 담긴 반응이기 때문이다. 설교자가 영혼이 담긴 경청을 하면 청중의 영혼에 관심을 기울인다. 경청자가 되는 순간 청중의 영혼 상태와 청중의 영혼의 소중함을 깨닫는다.

사람들은 '영혼 없는 말을 한다.', '영혼 없는 반응을 보인다.'라고 투덜댄다. 투덜대는 말을 하는 것은 영혼이 담긴 경청을 하지 않았기 때문이다. 말하기가 영혼 없는 말하기가 있다. 듣기가 영혼 없는 듣기가 있다. 우리는 이런 설교자는 아닌가?

설교자가 영혼이 담기지 않은 말을 하는 것은 영혼이 담기지 않은 경청을 했기 때문이다. 설교에 청중이 설득되지 않는 것은 영혼보다 몸이 앞섰기에 그렇다.

경청이란 영혼 담아 듣기이다. 설교자가 영혼을 담아 들으면 죽은 사람도 살아난다. "마음을 다해 들어주는 귀는 사람을 살리는 힘이다. 그래서 하나님은 날마다 기도를 들으시나 보다."[51] 영혼을 담아 들으면 사람을 살린다. 반대로 영혼을 담아 듣지 않으면 영혼이 죽는다.

설교자는 설교할 때나 청중의 말을 들을 때 영혼을 담아 들어야 한다. 예수님은 누가복음 10장 27절에서 "네 마음을 다하며 목숨을 다하며 힘을 다하며 뜻을 다하여"라고 하신다. 즉 영혼을 담으라고 한다. 청중이 설교자에게 아픔을 털어놓을 때 영혼을 담아 들으면 청중은 감동의 도가니에 빠진다.

영혼을 담아 들으려면 몸이 피곤하면 안 된다. 몸이 맑은 상태로 유지하고 있어야 한다. 마음이 불편해도 안 된다. 마음이 깃털처럼 가벼워야 한다. 영혼이 담기지 않은 경청은 청중에게 실망만 준다. 영혼이 담기지 않은 말씀 경청은 하나님을 낙심하게 한다. 우리가 할 경청은 매 번 영혼을 담아서 해야 한다.

영혼이 담기지 않았다면 경청한 게 아니다

영혼을 담아 듣는 것이 무척 어렵다. 자신이 마음과 힘을 다해 들어야 하기 때문이다. 보통 하는 말 중에 '귀신같다'는 말이 있다. 영혼을 담지 않아 듣는 것 상대방이 이미 알고 있다는 것이다. 설교자는 기억해야 한다. 우리가 듣는 마음과 자세를 청중은 이미 알고 있다. 그러므로 영혼을 담아 경청해야 한다.

영혼을 담아 경청하려면 집중해야 한다. 요한 하리는 《도둑맞은 집중력》에서 자신에게 있어서 집중력이 가장 희망적이라고 말한다. 그리고 집중력이 없는 산만한 것은 훼손된 삶이라고 말한다. 청중에게 가장 희망적인 것은 집중해서 경청하는 것이다. 만약 설교자가 산만하게 들으면 청중은 대화를 괜히 했다고 생각한다.

설교자는 영혼을 담은 경청의 고수여야 한다. 필자는 말하기의 고수가 못 된다. 말을 잘 못 하기 때문이다. 그래서 선택한 것이 경청의 고수이다. 사람들을 만나면 말을 많이 하지 않고 경청에 올인한다. 경청하면 청중이 말하면서 스스로 감동한다. 이런 경험을 거의 해본 적 없기 때문이다. 자신이 경청의 고수와 대화했다고 자부심을 느낀다.

경청한 뒤 한 가지를 더한다. 들은 말을 중심으로 질문한다. 경청한 것을 토대로 질문하면 신나게 말한다. 말하는 사람이 신나게 말할 때의 표정을 보면 큰 행복의 시간을 보냄을 알 수 있다.

CBS 아나운서이자 《들리는 설교》를 쓴 장주희는 목회자에게 말하기보다 경청의 영역에 더 비중을 두라고 한다. "목회자가 성도와 만나는 교제의 자리나 신앙 상담을 해줘야 할 때는 소통의 기술이 더욱 필요하다. 고민을 들어주는 상담자의 자리에서는 '말하기'보다 '듣기'의 영역에 더 비중을 두는 소통의 기술이 필요하다. 속 시원한 해결 방안을 제시해 주려는 욕심이 앞서면 내 생각에 갇혀 상대의 말을 온전히 듣기가 어려워지기 때문에, 대화에서는 상대의 말에 집중하는 경청의 태도가 가장 중요하다. 진심으로 당신의 말을, 마음을 들어보겠다는 태도만 있다면 경청의 기술을 따로 배우지 않아도 상대의 말을 더 잘 들을 수 있다. 그의 말을 귀로만 듣고 머리로 그 말의 내용을 이해하는 것에 그치는 것이 아닌, 마음까지 전해지는 그의 감정마저 들어보려 한다면 더 집중해서 상대의 이야기를 듣게 된다."[52]

세상에 어쩌면 말하는 사람의 공해로 가득 찬 것 같다. 이런 시대에 설교자는 달라야 한다. 묵묵히 상대방의 말을 영혼을 담아 경청한 뒤 따뜻하게 질문해야 한다. 이런 설교자에게 청중은 감동한다. 영혼을 담은 경청 이후부터 청중은 설교를 경청한다. 그리고 스스로 질문한다. '하나님, 제가 어떻게 살아야 하나요?', '오늘 말씀을 삶에 어떻게 적용해야 하나요?'

영혼이 담긴 경청은 청중을 바꾼다. 세상을 바꾼다. 영혼이 담긴 경청자의 설교자는 세상을 뒤흔든다. 그렇다면 영혼 없는 잔머리 경청을 하지 말아야 한다.[53]

경청 능력이 화술[54]인 시대이다. 말을 잘하려 하지 않고 경청을 잘하려 해야 한다. 영혼이 담기지 않은 경청하기를 원치 않는다면 설교하지 않는 편이 낫다. 영혼이 담기지 않은 설교는 귀가 찢어지는 소음이 될 뿐이기 때문이다.

하나님은 마음을 담아 우리 기도를 경청하신다. 하나님의 사람인 설교자는 청중의 말을 영혼을 담아 경청해야 한다. 세상의 말에도 영혼을 담아 경청해야 한다. 그러면 세상이 교회를 다시 바라보게 된다. 교회를 통해 자신이 변화되기를 원한다.

김도인 목사

〈아트설교연구원〉 대표이자 출판사 〈글과길〉 대표이다.
저서로 《설교는 글쓰기다》, 《목회트렌드 2026》 등이 있다.

Chapter 2

설교는 말하기다

설교트렌드
2026
- 말하는 설교

말하려면 먼저 축적하라

꿀 같은 설교는 수고 끝에 얻어진다

많은 설교자는 겉모습으로 드러나는 것들을 위해 애쓴다. 자신의 내면을 채우려고 하기보다는 외면을 채우려고 한다. 교인 수가 얼마나 되는지, 큰 교회 경력은 어떤지, 어떤 학력을 가졌는지, 무슨 사역을 하고 있는지 등에 집중적인 관심을 둔다. 그 결과 외형적인 화려함은 있지만, 내면적으로는 빈곤해졌다. 설교자가 진짜 관심을 가져야 할 것은 무엇인지 이제는 다시 생각해 보아야 한다.

목회데이터연구소에서 2023년 개신교인 천 명을 대상으로 설문 조사를 했다. '신앙 교육 및 훈련에 대한 욕구' 항목이다. 교회 출석자 65%가 영적인 갈급함이 있음을 밝혔고, 70%는 신앙 교육 및 훈련을 받고 싶다고 응답했다.⁵⁵ 이러한 수치들을 통해 청중들이 영적인 갈급함을 호소하고 있음을 알 수 있다.

설교자는 청중들의 영적 해소를 위해 영적 훈련에 많은 신경을 써야 한다. 설교자의 삶은 꿀벌을 통해 배울 수 있다. 꿀은 오랜 시간이 지나도 변질하지 않는다. 이는 꿀벌들의 부지런한 수고가 있기에 가능하다. 꿀벌들이 1kg의 꿀을 얻기 위해 지구 한 바퀴(약 4만km) 정도를 비행해야 한다. 또한, 저장된 꿀에 수분을 날려 보내기 위해 엄청난 날갯짓해야 한다. 벌통 속에서 나는 요란한 소리는 저장된 꿀에 수분을 날리는 소리다. 이렇게 축적된 꿀은 그들 공동체에 유익한 먹이가 된다. 고생 끝에 얻은 꿀들은 공동체를 번영시키고 유지하는 힘이다.

꿀벌의 수고하는 모습은 설교자가 어떻게 살아야 하는가를 가르친다. 설교자의 삶은 꿀벌처럼 쉼 없는 날갯짓 같아야 한다. 설교자의 수고는 청중들의 영혼을 채우기 때문이다. 설교자는 청중을 살리기 위한 공동체를 건강하게 유지하는데 진력해야 한다.

〈아트설교연구원〉의 김도인 목사는 주일 설교 준비를 위해 20시간 이상 투자할 것을 강조한다. 선한목자교회 유기성 목사는 주일 설교를 한 달 전부터, 미국의 팀 켈러 목사는 3주 전부터 준비한다고 한다.⁵⁶ 소위 대가라는 사람들의 삶을 보면 설교를 위해 많은 시간을 투자한다. 그들은 설교를 위한 애씀이 좋은 설교를 위한 기본 자세임을 알았던 것이다. 인공지능 시대에 설교자는 꿀처럼 단 설교를 하기 위해 더 많은 수고를 해야 한다.

융합지식은 설교자의 말을 풍성하게 한다

설교자의 언어는 융합지식으로 탄생한다. 세상은 이미 융합지식을 통한 인재를 양성하고 있다. 최재천 교수는 《곤충사회》에서 21세기를 살아가는 데 있어 학문 간 융합의 중요성을 강조한다. 그는 이제는 한 분야만으로 문제를 해결할 수 없는 시대이며, 다양한 학문이 만나야 답을 찾을 수 있다고 말한다. 자연과학자가 인문 소양을 갖추고, 인문학자가 과학을 이해하는 융합형 인재야말로 앞으로의 시대에 필요한 존재라고 주장한다.[57] 설교자도 다양한 학문을 융합해 세상에 필요한 지식을 쌓아야 불확실하고 변화무쌍한 21세기에 적합한 언어를 사용할 수 있다. 융합지식은 다음의 세 가지를 잘 버무릴 수 있을 때 탄생한다.

첫째는 성경 지식이다. 설교자는 성경의 전문가여야 한다. 설교자는 성경을 현대의 언어로 풀어낸다. 일반학문과 관련된 수많은 학위가 있어도 성경을 모른다면 설교자가 될 수 없다. 성경을 기초로 해 설교하는 것이고, 신학도 탄생했다. 성경 지식이 부족하다면 성경 자체의 통찰을 드러내기보단 자기 생각을 뒷받침하기 쉽다.

설교자는 무엇보다 성경 지식에 전문가가 되어야 한다.

둘째는 일반적인 삶의 지식이다. 설교가 신학으로만 채워지고 삶에 대한 경험이 녹아 있지 못하면 추상적인 설교로 흐르기 쉽다. 설교자가 청중의 삶과 동떨어진 이야기만 한다면 청중의 마음을 움직일 수 없다. 설교는 설교자를 위한 것이 아니라 청중을 위한 행위이기 때문이다. 마틴 로이드 존스 목사는 《목사와 설교》에서 일반지식과 경험을 갖추지 못한 설교자의 문제를 지적한다. "그는 아마도 그의 설교를 듣기 위해 앉아있는 사람들의 문제보다도 자기 자신의 문제를 가지고 강단에 서서 그것을 다룰 것입니다."[58] 그의 말처럼 설교는 청중을 돕는 것에 그 목적이 있다. 그렇기에 설교자는 청중의 삶의 정황을 이해하고 그에 맞는 하나님의 말씀을 전해 주어야 한다. 이를 위해 설교자는 일반적인 세상의 지식을 쌓는데 소홀히 하면 안 된다.

셋째는 설교 기술이 아닌 깨닫는 지혜이다. 설교는 기술이 아니다. 하나님의 마음을 전달하는 행위다. 마틴 로이드 존스 목사는 《설교작성의 기술》,《설교예화의 기술》 등의 책 제목을 볼 때, 그것은 매춘행위와 같다며 강하게 비판하였다.[59] 설교는 기술로 하는 것이 아니라 하나님의 은혜로 깨달은 것들을 전해야 한다. 설교자가 묵상하는 이유는 깨달음을 위해서다. 설교자는 세상과 신앙 속에서 살아간다. 이 속에서 질문과 갈등은 반복해서 일어난다. 이때 해결책을 줄 수 있는 것이 하나님의 말씀이다. 설교자는 이를 위해 말씀을 묵상하고 동시에 세상을 공부할 필요가 있다. 이렇게 말씀을 깊이 파고들 때 다른 사람이 깨닫지 못하는 통찰이 발견된다. 이는 '위대한 성경 읽기'를 하는 자들이 경험할 수 있는 깨달음이다.

설교자가 청중의 영혼을 살리는 말을 하려면 하나님의 마음을 아는 지혜, 성경, 그리고 세상에 대한 지식이 융합되어야 한다. 그의 언어는 이러한 지식의 축적된 결과물이다. 예수님은 "마음에 가득한 것을 입으로 말함이니라(눅 6:45)"고 하셨다. 즉, 무엇을 마음에 쌓느냐에 따라 말이 결정된다. 같은 본문도 설교자마다 해석이 다른 이유는 각자의 지식 축적이 다르기 때문이다. 설교의 깊이와 풍성함은 융합지식의 활용에 달려 있다.

감정 다스리기는 설교자 언어의 격을 높인다

말은 마음에서 시작된다. MZ세대에서 유행하기 시작한 단어가 있다. '긁'이라는 단어다. 상대방의 민감한 부분이나 감정, 상처 등을 건드렸을 때 예민하게 반응하면 '긁혔다, 긁힌다'라고 표현한다.

설교자는 내면에 많은 긁힘 자국이 있다. 설교자의 치유되지 않은 긁힘은 때때로 공격적인 언어로 나타난다. 선을 베풀다가 억울한 일을 당하기도 한다. 노력한 만큼 일의 결과가 주어지지 않을 때가 많다. 이러한 고난의 흔적은 때때로 마음에 긁힌 상처가 되어 쌓인다. 이러한 패턴이 반복되면 어느새 설교자의 마음은 위축된다.

설교자의 언어는 독이 되는 언어가 아니라 청중의 영혼을 살리는 언어를 내뱉어야 한다. 설교자의 언어가 꿀이어야 하는데 반대인 독이 되는 것은 마음의 문제이다.

설교자는 자신의 모습을 알아야 한다. 자신의 감정 상태를 명확하게 알아야 한다. 그럴 때 언어의 격을 높일 수 있다. 설교자는 자신의 감정을 잘 숨긴다. 잘 숨기기 때문에 진짜 자신이 어떤 상황에서 어떠한 이유로 그러한 감정을 갖는지 이해하지 못한다. 진짜 자신의 감정은 숨어 있기에 깊이 살피지 않으면 발견하기 어렵다. 안드레아스 크누프는 《내 감정이 버거운 나에게》에서 다음과 같이 표면적으로 드러나는 감정을 1차 감정, 숨어 있는 진짜 감정을 2차 감정으로 표현한다. "2차 감정의 가장 비극적인 측면은 우리가 진짜 감정을 용감하게 바라보지 못하게 방해한다는 점이다. 1차 감정이 생겼을 때 2차 감정은 곧바로 따라 일어나 1차 감정을 덮어버린다. 결국, 우리는 2차 감정이라는 거미줄에 걸려버리고 만다."[60] 설교자는 표면적으로 드러나는 1차 감정이 아니라 숨어 있는 2차 감정이 무엇인지 분별해야 한다.

설교자는 마음을 잘 살펴야 한다. 그렇지 않으면 진짜 숨어 있는 감정에 의해 자기도 모르는 사이에 청중에게 공격하는 언어를 내뱉는다. 설교자는 자신의 모습을 정확히 알아 치유의 언어를 사용해야 한다. 설교자는 진리와 치유를 일으키는 말은 해야 한다. 그런 언어 사용이 최고의 격을 갖는 설교자로 만든다.

치유의 언어는 쉽게 배울 수 없다. 자신의 고통을 깊이 이해함으로 배운다. 헨리 나우웬은 《상처입은 치유자》에서 "자신의 고통을 깊이 이해할 때 사역자는 자신의 약점을 강점으로 바꿀 수 있으며, 자신들의 고통을 잘못 이해하여 어둠 속에서 길을 잃고 헤매는 사람들에게 사역자 자신의 경험을 치유의 원천으로 제공할 수 있습니다"라고 격려한다.[61] 자신의 감정과 대면하기를 두려워하지 않고, 마음의 어려움을 이겨낸 자만이 치유의 언어를 사용하는 설교자가 된다.

설교자의 마음은 긁힘 투성이다. 그러나 상처 입은 자신과의 만남을 회피하지 않아야 한다. 그럴 때 진정한 치유가가 될 수 있다. 설교자가 자신을 사랑하시는 하나님의 사랑을 경험할 때, 상처가 메꿔진다. 그렇게 축적된 치유의 말은 청중의 마음 또한 치유한다.

지속적으로 축적된 설교자의 언어는 청중을 살린다

진리를 쌓는 일을 멈추면 설교자의 언어는 빈곤해진다. 필자는 부목사 시절 담임목사가 출타 중일 때 종종 설교했다. 유명한 설교자의 책을 읽고 정리한 다음 거기에 살을 붙였다. 그러면 청중들이 설교를 잘한다고 칭찬해 주었다. 그때 필자는 교만해서 설교를 잘한다고 생각했다. 그 설교는 내 안에서 만들어진 것이 아니라 다른 설교자에게서 나온 것임을 그때는 미처 몰랐다.

담임목사가 된 후 설교의 빈곤이 찾아오기 시작했다. 도저히 할 말들이 생각나지 않았다. 동시에 이런 질문이 떠올랐다. '내가 하는 설교가 내 안에서 만들어져 나오는 것인가? 아니면 다른 목사들의 사상을 빌려서 하는 것인가?' 질문에 대한 답은 단순했다. 내 것이 아니었다. 내 안에서 나오는 것도 아니었다. 필자는 단순히 정보를 전달했던 것이다. 재료가 고갈되자 요리를 만들 수 없었다.

설교자는 쉬지 않고 진리를 쌓아가야 한다. 《고전에서 찾은 말의 내공》에서 "삶의 과정은 섭취와 배설로 이뤄진다. 말도 마찬가지다. 내가 무엇을 받아들였는지에 따라 뱉어낼 말이 결정된다. 축적한 것이 보잘것없는 데도 능란하게 말하는 것은 그저 재치에 기대 얕은 곡예를 하는 것에 지나지 않는다. 만 권의 지식과 만 리의 경험을 말에 담아내기 위해서는 만 권을 읽고 만 리를 걸어야 한다"라고 했다.[62] 설교자의 언어는 순수한 인풋과 아웃풋의 법칙이 적용된다. 한평생을 설교해야 하는 설교자는 지속해서 언어를 쌓아야 한다.

설교자는 백년대계를 준비하는 자들이다. 오늘의 수고가 미래를 결정한다는 것을 안다면 믿음으로 지속해야 한다. 바울 사도는 갈라디아서 6장 9절에서 "우리가 선을 행하되 낙심하지 말지니 피곤하지 아니하면 때가 이르매 거두리라"고 격려한다. 설교자는 당장 전하는 메시지가 청중을 변화시키지 못한다고 낙심치 말아야 한다. 때가 이를 때까지 지속한다면 연약한 설교자의 언어가 불붙는 진리로 청중을 깨울 날이 올 것이다. 지속하는 힘이 가까운 미래를 위한 가장 효과적인 투자라면 설교자가 무엇을 준비할지를 알 수 있다.

설교자의 언어는 시간이 빚어낸 열매다. 김종원 작가는 《내 언어의 한계는 내 세계의 한계이다》에서 "지금 내 입에서 나온 말은 그간 쌓은 내 지성의 결과이고, 지금 내가 쓴 글은 그간 쌓은 내 안목의 결과다"[63]라고 했다. 사람의 말은 오랜 시간 누적된 생각과 사상의 결과물이다. 지금 내가 하는 말은 평소에 무엇을 쌓았는지 보여준다. 그렇기에 설교자는 자신의 언어가 하나님의 마음을 담을 수 있는 말이 될 수 있도록 훈련하고 축적해야 한다. 목회는 청중들이 진리를 흡수할 수 있도록 설교자의 언어 축적의 수고를 요구한다. 설교자가 진리를 잘 전하기 위해 꿀벌처럼 평생을 애쓴다면, 청중의 영혼은 살아난다.

김선우 목사

주성성결교회 담임이다.
서울신학대학교 신학대학원(M,Div)을 졸업했다.

어휘가 말하기의 주춧돌이다

설교자의 어휘력이 청중보다 낫지 않다

설교자가 잘하는 오해가 있다. 설교자의 어휘력이 청중보다 낫다는 것이다. 설교자는 오랜 시간을 들여 신학을 전공한다. 성경 말씀에 통달하기 위해 성경을 연구한다. 석사, 박사학위까지 공부한다. 따라서 당연히 어휘력이 높다고 여긴다. 김도인 목사는 《설교는 글쓰기다》에서 설교자의 어휘 사용 수를 밝혔다.[64] 설교를 잘하는 사람이 사용하는 단어가 1만 단어가 조금 넘는다고 한다. 존 파이퍼 목사는 한 편의 설교에 약 8천 개의 어휘를 사용한다고 한다. 존 맥아더 목사의 사용 어휘 수는 만 개 이상이다. 한국교회 설교자의 설교에 사용되는 어휘는 5천 개를 넘지 못하리라 추측한다. 데이비드

고든은 《우리 목사님은 왜 설교를 못 할까》에서 중학교 2학년 정도의 문해력에 머문 설교자 수준 하향화를 안타까워한다. "옛날에는 누구나 지녔던 감성(텍스트를 정독하는 일)이 지금은 아무나 지닐 수 없는 감성이 됐고 옛날에는 누구나 했던 활동(글쓰기)이 지금은 상대적으로 누구나 기피하는 활동이 되었다. 옛날에는 날마다 사람의 얼굴을 보고 상대가 말하지 않는 감정을 '읽을' 수 있는 대화를 나눴지만, 요즈음은 시각적 피드백이 없는 전화로 대화를 나눈다."[65]

설교자가 학위를 받고 목양에 집중하다 보면, 기독교 분야를 제외한 다른 분야의 어휘를 접할 기회는 거의 없다고 볼 수 있다. 더욱이 현시대의 설교자는 미디어의 홍수에 밀려 텍스트를 정독하기 어려운 시대를 산다. 설교자는 설교 준비에 쏟을 시간이 없을 만큼 다른 일로 분주하다. 성경 본문을 천천히 음미하고 그 상황으로 들어가고, 그 인물의 마음이 되어 보려는 시도에도 불구하고 집중력을 빼앗는 것들이 많다.

이는 설교에까지 영향을 미친다. 설교자의 설교를 이루는 어휘가 부족하니 청중도 설교에 몰입하기가 힘들다. 독서와 글쓰기를 하지 않으니 성경 속의 상황과 인물이 주는 교훈을 현재를 사는 청중의 삶에 적합한 단어로 풀어내기도 어렵다. 뻔한 어휘 사용으로 인해 매주 반복적이고 관용구와도 같은 말이 전달된다. 설교자와 청중의 연결은 일어나지 않는다. 말씀과 청중도 이어지지 못한다.

물과 기름처럼 겉돌 뿐이다.

세상은 어휘력을 높이기 위해 애쓴다

노벨문학상을 받은 작가 한강은 "언어는 우리를 잇는 실"[66]이라고 한다. 언어는 타인과 타인을 연결한다. 설교자와 청중을 연결한다. 교회와 세상을 연결한다. 우리 사이를 잇는 실과 같은 언어는 개인이 세상을 바라보는 고유한 안목을 갖게 한다. 언어는 그 개인과 개인을 연결하여 세상을 비추고 움직이게 한다. 언어를 이루는 말과 글은 우리를 연결하는 중요한 연결고리이다.

설교자도 청중과 설교 언어로 연결되어 있다. 성도가 주일에 예배를 드리며 가장 중요하게 여기는 것인 설교자의 입술을 통해 전해지는 하나님의 말씀 듣기이다. 설교자의 말은 중요하고 무게감이 있다. 설교자의 언어는 청중의 언어와 연결되고, 청중의 삶을 비추고 변화시켜야 한다. 그런데 실상은 그러지 못하다.

세상 사람들은 서로가 더 깊고 강력하게 연결되기를 원한다. 서로의 말을 넘어 감정과 마음까지도 이해하고 공감하기를 바란다. 글과 말, 감정, 마음의 행간까지 읽어내는 능력이 문해력이다. 세상은 점점 책을 읽지 않고 미디어에 집중하면서 전 국민의 문해력이 떨어지는 현상을 심각한 문제로 받아들였다.

문해력 향상을 위해서는 어휘가 필요하다. 어휘의 중요성을 인지한 세상은 어휘력 증진을 위해 힘쓴다. 어휘란 인간이 자기 생각과 감정을 타인과 소통하는 데 필요한 언어 표현이다. 나라별 모국어, 지역별 방언, 개인이 쓰는 언어, 전문분야를 구성하는 단어, 관용구, 속담 등이 이에 속한다.

어린아이부터 성인에 이르기까지 떨어진 문해력을 회복하고 발전시키기 위해 노력해야 한다는 목소리가 높아지고 있다. 어휘력과 문해력을 높이기 위한 관심은 책 출간으로까지 이어진다. 2022년 YES24의 통계에 따르면 어휘력 관련 책 출간 비율이 2021년에 비해 43% 증가했다.[67] 지금까지도 꾸준히 관련 책들이 출간되고 있다. 세상은 어휘력을 잘 갖추어 관계와 일에서 탁월해지기를 원한다. 그렇다면 설교자는 어휘력을 높이기 위해 어떤 노력을 하는가?

설교자의 어휘는 성도의 삶과 연결되어야 한다

설교자의 말은 성도의 삶에 큰 영향을 미친다. 설교자의 말을 구성하는 어휘는 중요하다. 그러나 오늘날 많은 설교에서 반복되는 신앙 어휘는 청중의 마음을 파고들지 못하고, 설교가 끝나면 금세 잊히는 말이 되어버린다. '관용', '기쁨', '기도', '성령' 같은 단어들은 은혜롭지만, 추상적이고 익숙한 명사로만 머물러 삶에 구체적으로 와닿지 않는다. 설교자는 외쳤지만, 성도는 듣지 못한다. 말은 있었지만, 삶은 움직이지 않았다.

필자는 어느 주일, 삼십 분이 넘는 설교를 들으며 이 문제를 절감했다. 설교 내내 들려온 단어들은 은혜로웠지만, 익숙하면서도 추상적이었다. 의미가 선명하지 않았다. 설교가 끝난 후, 자녀들과 함께 "관용은 무엇이다", "기쁨은 무엇이다" 같은 비유 표현을 찾아보는 시간을 가졌다. "관용은 상대방의 신발을 신어보기", "기쁨은 자동응답기"라는 표현이 나왔을 때, 우리는 비로소 그 단어들이 삶 속에서 어떻게 작동할 수 있을지 구체적으로 생각할 수 있었다. 설교의 어휘가 삶과 연결될 때, 말씀은 비로소 살아 움직인다.

설교자의 어휘력이 성도의 삶과 연결되기 위해서는 어휘 자체의 변환이 필요하다. 신앙 어휘를 일상 어휘로 번역하는 능력이 설교자의 어휘력을 성장시킨다. 교회 안에서만 통용되는 단어들 —믿음, 소망, 사랑, 헌신, 섬김, 자비, 양선, 온유, 절제 등— 은 청중에게 익숙하지만, 그 익숙함이 오히려 무감각을 낳는다. 중요한 단어이지만, 삶을 변화시키기에는 힘이 달린다.

이수인 교수는 《미디어 리터러시 수업》에서 "신자의 믿음과 생각을 신앙의 언어가 아닌 일상의 언어로 잘 풀어서 세상과 소통하려는 노력이 중요하다"[68]라고 말한다. 신앙 어휘가 일상 어휘로 치환되지 않으면, 청중은 자신의 믿음을 세상에 나누는 데 어려움을 겪는다. 설교자는 이 괴리감을 메우는 다리 역할을 해야 한다.

　이를 위해서는 일상 어휘를 세밀하게 들여다보는 훈련이 필요하다. 〈아트설교연구원〉에서는 '계기판'의 특징 100가지 찾기, '열쇠'와 '자물쇠'의 공통점과 차이점 50가지씩 찾기 같은 과제를 통해 일상 어휘를 탐색하고, 그것을 신앙 어휘와 연결하는 훈련을 한다. 처음에는 어려워 보이지만, 집중하고 질문하고 연결하다 보면 삶 속에서 신앙 어휘가 살아 움직이는 지점을 발견하게 된다. 이렇게 찾아진 어휘는 말씀의 적용으로 이어진다.

문학 읽기를 통해 타인의 삶을 경험할 수 있다

설교자의 어휘는 말하기의 주춧돌이다. 설교자는 부단히 어휘력을 늘려야 한다. 어휘력을 늘리면 설교자의 말하기가 성도의 마음에 남는다. 설교자의 말이 성도의 마음에 남으려면 어휘 사용이 적절해야 한다. 설교자에게 어휘력은 설교력이다. 설교력을 높이기 위해 어휘력을 늘려야 한다. 어휘력을 늘릴 수 있는 가장 효과적인 방법은 문학 작품 읽기와 일상 어휘 연구이다.

　문학 작품 읽기는 타인의 삶을 이해하고 표현하는 어휘력을 높이는 데 효과적인 방법이다. 문학은 현미경처럼 작동한다. 그 렌즈를 통해 한 사람의 과거와 현재, 미래를 세밀하게 들여다볼 수 있으며, 다채로운 삶의 모습뿐 아니라 내면의 생각과 감정까지도 깊이 파고들 수 있다. 이러한 간접 경험은 설교자의 언어 지형을 넓혀 준다. 이탈리아의 기호학자 움베르토 에코는 《작가란 무엇인가 1》에서 독서의 유익을 다음과 같이 말한다. "어떤 문맹인 사람이 가령 현재의 제 나이에 죽는다면 단지 한 개의 삶만을 사는 것이 됩니다. 그러나 저는 나폴레옹, 카이사르, 달타냥의 삶을 살았지요. (중략) 삶의 마지막에 가서는 수없이 많은 삶을 살게 되는 거예요. 그건 굉장한 특권이지요."[69] 한 개인이 자신이 경험한 삶의 영역 너머까지 이해하기란 쉽지 않다. 에코는 독서를 통해 수많은 삶을 간접 경험했다고 말한다. 설교자도 마찬가지다. 교회 공동체 안에는 다양한 배경과 삶의 모습이 공존한다. 설교자가 모든 삶을 직접 경험할 수는 없지만, 그 다양성을 이해해야만 청중의 신앙 성장에 적합한 말씀을 전할 수 있다. 이는 설교자의 중요한 책임이다.

문학 작품 속 작가들의 문장과 어휘는 설교자에게 타인의 삶을 이해하는 지경을 넓혀준다. 자기 안에 갇히지 않고, 다양한 삶을 공감하며 설교에 생명력을 불어넣을 수 있다. 에코가 책 속 인물들의 삶을 살아낸 경험을 "굉장한 특권"이라 표현한 것은, 인간에 대한 이해의 폭이 넓어졌다는 의미로도 해석할 수 있다. 설교자 역시 문학을 통해 직접 경험할 수 없는 삶의 결을 간접적으로 체험하며 인간 이해의 깊이를 더할 수 있다.

이해의 폭이 넓다는 것은 곧 삶을 구성하는 어휘의 수용력이 크다는 뜻이다. 설교자는 문학을 통해 어휘의 감각을 키우고, 그 어휘를 통해 성도의 삶에 더 깊이 다가갈 수 있다. 문학은 설교자의 언어를 살아 움직이게 하고, 설교자의 시야를 타인의 삶으로 확장시킨다.

말하는 설교의 핵심은 어휘이다. 설교자는 문학 독서와 일상 어휘 찾기 연습으로 어휘력을 성장시켜야 한다. 낯설고도 예리한 시각으로 찾아낸 어휘들, 배움을 통해 모으고 축적된 어휘들은 설교자의 설교를 풍성하게 만든다. 설교자가 어휘를 자유자재로 다룰 줄 알면 그 어휘들은 설교자가 세상을 깊이 이해할 수 있는 안목의 통로가 되어준다. 설교자가 찾아낸 일상 어휘 속에서의 신앙 어휘는 설교를 통해 성도의 삶을 변화시킨다. 설교자의 풍성한 어휘력은 말씀과 설교자와 청중을 잇는 실이 된다.

박혜정 선교사

알바니아 GMP 선교사이다.
저서로 《목회트렌드 2026》, 《비록 존재감은 없지만 삶은 행복해》 등이 있다.

생각이 빈곤하면 말이 초라해진다

생각이 빈곤하면 말이 허술하다

생각과 말은 젓가락과 같다. 두 개가 하나의 역할을 감당할 때 음식을 먹고, 물건을 집어 옮길 수 있다. 한 개의 젓가락으로는 제 임무를 감당할 수 없다. 오히려 불편과 민폐를 초래할 뿐이다. 하나처럼 움직여야 젓가락으로 인정받고 주어진 몫으로 쓰임 받는다.

생각과 말도 그렇다. 말을 잘하려면 생각과 소통이 되어야 한다. 소통이 잘 된다는 것은 생각과 말이 하나의 젓가락처럼 역할에 충실할 때 가능하다. 말과 소통이 길이가 다른 젓가락이면 말은 허술해지고, 생각은 빈곤해진다. 허술한 말은 영향력이 없고, 배려도 없다. 빈곤한 생각은 허술한 말을 낳는다.

입다는 전쟁의 승리를 앞두고, 하나님께 성급하고 무분별한 서원을 한다. 성급한 생각에서 나온 "누구든지 내 집 문에서 나와서 나를 영접하는 그는 여호와께 번제물로 드리겠나이다"라는 서원은 결국 딸을 번제로 바치는 비극으로 이어진다. 빈곤한 생각의 결과인 허술한 말의 치명적인 결과를 보여준다. 입다 뿐만 아니라 현실에서도 필터 없이 터져 나오는 말로 인해 곤욕을 치른 경우가 있다.

청중에게 설교자의 말은 극도로 민감하다. 강대상에서 생각 없이 하는 말이 농담, 한담, 감정을 드러내는 말은 주변을 사막처럼 삭막하게 만든다. 메마른 순간을 마주한 청중의 영향은 설교로까지 이어진다. 설교가 청중에게 들리지 않는 결과를 가져온다.

말은 생각의 열매라고 성경은 말한다. "좋은 나무마다 아름다운 열매를 맺고 못된 나무가 나쁜 열매를 맺나니 좋은 나무가 나쁜 열매를 맺을 수 없고 못된 나무가 아름다운 열매를 맺을 수 없느니라 (마 7:17-18)." 깊은 생각은 파급력이 커서 청중을 움직이게 하지만, 빈곤한 생각은 지루한 말이 되어 청중을 무기력으로 묶어버린다.

청중은 설교로 자신의 삶에 하나님의 영향으로 뒤덮이길 원한다. 무기력한 존재가 아닌 움직이는 생활로 이어지길 바란다. 이런 청중을 위해 설교자는 깊은 생각을 끌어올린 말로 설교해야 한다. 일반적인 생각보다 더 깊은 생각, 동서남북뿐 아니라 하늘로 뻗는 생각을 해야 한다. 설교자는 아름다운 열매를 맺는 생각에 정성을 들여야 한다.

설교자는 깊은 생각을 통해 영향력을 미치는 설교자로 서야 한다. 생각이 지하수처럼 깊으면 청중은 시원한 물을 마실 수 있다. 설교자의 깊은 생각과 정제된 말이 젓가락처럼 하나로 움직이는 설교를 들을 때 청중은 행복하다.

생각에는 유통기한이 있다

생각에는 유통기한이 있다. 유통기한이 지난 생각은 구시대의 돋보기로 현시대를 판단하는 광학기구다. 광학기구 렌즈에 얼룩이나 먼지가 묻어 사물을 제대로 분간할 수 없거나, 금이 가거나 깨진 렌즈로 바라보면 세상은 오류 투성이다. 이러한 렌즈로 바라보는 것은 위험하다. 버트런드 러셀은 "무지한 확신보다 더 위험한 것은 없다"라고 말한다. 무지한 확신은 오류를 맹신하는 추종자가 된다. 유통기한 지난 생각과 같다. 새순이 나오지 않는 나뭇가지가 죽은 것처럼 새싹을 틔우지 못한 생각은 이미 유통기한이 지났다. 유통기한이 지난 생각으로 세상을 바라보는 것은 당사자뿐 아니라 주변도 상한 음식을 떠먹이는 것과 같다. 유통기한이 지난 생각은 사람의 미래를 닫아버린다.

바울이 되기 전 사울의 모습이 그랬다. 새로운 것을 보기 위해 쳇

바퀴를 돌렸지만, 제자리를 벗어나지 못했다. 배운 지식과 종교적 확신에 갇혀서 예수님을 인정하지 않았다. 생각의 유통기한에 갇혀 부패한 삶은 몰락을 피할 수 없다.

코닥(Kodak)은 생각의 유통기한에 갇힌 대표적인 회사다. 한때 필름 하면 코닥이라고 말할 정도로 카메라 시장을 지배한 브랜드였지만, 디지털카메라 시장을 외면하다 결국 사라졌다. 시대가 디지털로 바뀌면서 소니, 캐논은 디지털카메라 시장을 빠르게 선점해 나갔다. 늦게라도 코닥은 디지털 시장에 뛰어들었지만, 이미 너무 늦어버렸다. "우리는 필름을 더 오래 팔 수 있어"라는 과거의 성공 공식을 고수하다가 몰락하고 말았다.

유통기한이 지난 생각은 생기를 잃는다. 생기 잃은 생각은 곧 낡은 생각이다. 낡은 생각에서 나온 설교는 생명을 나눌 수 없다. 프리드리히 니체는 "낡은 생각에 머물지 마라. 새로운 질문을 던지고, 변화 속에서 스스로 답을 찾아라. 그리고 기억해라. 당신조차도 이미 변하고 있다"[70]라고 말한다.

생각에 생기를 불어넣어야 한다. 낡은 생각이 아닌 새로운 생각을 해야 한다. 어제의 '당연한 생각'이 오늘은 '꼰대 마인드'로 불린다. '원래 이런 것이야'는 꼰대 마인드를 가진 사람이 늘상 하는 말이다. '원래'라는 말은 처음부터 존재하지 않는다. 그 시대에 이 생각이 맞았지만, 오늘 시대에는 다르게 생각해야 한다.

교회 안에서도 이런 유통기한이 지난 생각으로 인해 갈등이 생기기도 한다. 필자가 경험한 이야기다. 젊은 집사가 컴퓨터로 회계 장부를 작성하여 제출했는데, 수기로 작성하지 않은 것은 안 된다고 어르신이 고집을 부렸다. 젊은 세대는 회사에서 컴퓨터로 작업하는데, 교회에서 인정하지 않는 것이 이해가 안 된다면 고개를 저었다.

시대에 맞게 생각이 바뀌어야 한다. 생각이 바뀌지 않으면 행동이 바뀌지 않는다. 시대에 맞게 생각도 변하고, 행동해야 한다. 설교자의 설교도 시대의 흐름에 맞아야 청중이 들을 수 있다.

예수님은 군중을 향해 "새 포도주를 낡은 가죽 부대에 넣는 자가 없나니 만일 그렇게 하면 새 포도주가 부대를 터뜨려 포도주와 부대를 버리게 되리라 오직 새 포도주는 새 부대에 넣느니라 하시니라(막 2:22)." 예수님이 새 포도주를 말씀하실 때, 그것은 단순한 시대 변화가 아니라 하나님 나라에 대한 새로운 시대 요구다. 오늘도 그 말씀처럼 새로운 시대에는 새로운 인식과 태도가 필요하다. 새 시대에 새로운 생각으로 마주해야 한다.

생각의 말에는 두 가지가 있다. '적어도'와 '했더라면'이다. 먼저, '적어도'는 우리의 기분을 좋게 만든다. "최소한 메달을 땄잖아요."라며 위안과 소망을 남긴다. 반면에 '했더라면'은 우리의 기분을 불편하게 만든다. "만약 2초만 더 일찍 막판 추격을 시작했더라면 금메달을 딸 수 있었을 텐데."[71] 후회와 괴로움을 심는다. '했더라면'은 유통기한이 지난 생각이기 때문이다.

설교자는 후회와 괴로운 말이 아닌 위안과 소망을 주는 말을 해야 한다. 그런 설교가 청중의 기억에 오랫동안 남는다. 기억에 기록되었다는 것은 유통기한이 없는 설교라는 것이다. 하나님의 말씀은 영원하지만, 그 말씀을 전달하는 생각과 언어는 시대를 살아가는 청중의 삶에 맞게 새로워져야 한다.

생각 정리를 잘하면 말이 풍부해진다

말은 보석이고 생각은 원석이다. 원석을 다듬고 가공하는 것에 따라 보석의 가치가 달라진다. 울퉁불퉁하여 볼품없는 생각을 다듬고 세련되게 가공하여 나오는 말에는 보석에 견줄만한 말이 된다. 마르셀 프루스트는 "진정한 발견은 새로운 것을 찾은 것이 아니라 새로운 생각으로 보는 것이다"라고 말한다. 새로운 생각은 보석처럼 정돈된 언어다. 정돈된 말은 설교에 탄력을 심어주어 설교자의 말을 풍부하게 만들고, 청중을 존중하여 잘 들리게 도와준다. 설교자와 청중 모두에게 생명을 불어넣는 울림을 준다.

성경 인물 가운데 원석에서 보석으로 바뀐 모세가 있다. 하나님의 부르심에 모세는 "나는 입이 둔한 자이오니 바로가 어찌 나의 말을 들으리이까(출 6:30)." 모세는 '나는 못 한다.'라는 생각 속에 갇혀, 갇힌 말을 한다. 갇힌 말은 정체성과 사명, 하나님의 능력에 관한 생각이 정리되지 못한 원석이다.

원석은 보석이 아닌 돌멩이에 불과하다. 돌멩이는 원석 이상의 생각으로 뻗어 나갈 수 없다. 이런 상황에서 하나님의 부르심을 받은 후에 모세는 위대한 보석으로 태어난다. 모세의 말은 이스라엘 백성을 빛이 있는 방향으로 이끌었고, 권위 있는 신뢰를 얻었다. 하나님의 부르심 후에 모세는 생각 정리를 통해 자신이 누구인지, 무슨 말을 해야 하는 존재인지를 깨달았다. 설교자도 생각을 정리하는 것은 자신을 원석이 아닌 보석으로 세공하는 과정이다. 다듬어진 생각을 통해 설교자의 말에서 빛이 난다.

생각에는 공간이 있다. 출렁이던 강물이 얼면 전혀 다른 쓰임이 생기듯이, 생각도 정리되면 새로운 가능성이 열린다. 스케이트를 탈 수도 있고, 그 위에 앉아 구멍을 뚫고 얼음낚시를 할 수 있다. 물의 표면을 걷는다는 신나는 체험이 가능해진다. 이는 일렁이는 강물이었을 때는 상상조차 할 수 없던 새로운 가능성과 효용성이다.[72] 이처럼 '물'이라는 개념을 새롭게 정리하면 전혀 다른 쓰임을 얻을 수 있다. 생각의 공간을 확장하면 새로운 가능성이 열린다. 공간에 주렁주렁 매달린 생각의 열매가 보이고, 청중의 가슴을 넓혀주는 효과가 있다. 공간은 생각 몰입에서 나온다. 몰입은 습관이다.

생각 정리는 좋은 습관이다. 생각 정리는 몰입하는 습관이다. 떠오르는 생각, 떠오르기 전의 생각, 떠오르려고 하지 않는 생각을 끄집어내어 다듬는 과정이 몰입된 생각 습관이다. 정리된 습관을 통해 말의 영역이 결정된다. 즉 설교 메시지의 깊이가 달라진다.

설교자의 깊은 말은 좋은 습관에서 나온다. 말이 열매라면 생각은 씨앗이다. 생각의 씨앗을 뿌리는 성실의 습관에 달려 있다. 1분, 5분, 10분 짧은 시간이라고 생각의 씨앗을 뿌리고, 말의 열매를 거두는 습관을 길들여야 한다.

허진곤 목사

무주금평교회 담임이다.
저서로 《설교트렌드 2025》, 《다음 역도 문학녘》 등이 있다.

말하기의 3요소를 기억하라

설교는 말, 그 이상이다

설교는 말하기다. 말하기의 영향력은 그 내용이 얼마나 깊이 침투하는지에 달려 있다. 어떤 이의 말은 논리도 열정도 없어 듣는 이의 귀에 닿지 못한다. 반면 어떤 이의 말은 통찰과 열정으로 가득하여 듣는 이의 머리를 관통하고 마음 깊숙한 곳까지 파고든다.

성경은 하나님의 말씀을 인간 존재를 뚫고 들어오는 칼로 비유한다. "하나님의 말씀은 살아 있고 활력이 있어 좌우에 날선 어떤 검보다 예리하여 혼과 영과 및 관절과 골수를 찔러 쪼개기까지 하며 또 마음의 생각과 뜻을 판단하나니(히 4:12)." 이 구절은 말씀이 다루는 인간의 세 가지 요소를 묘사하고 있다. '관절과 골수'로 표현된 육의 요소, 인간의 '마음과 생각'으로 표현된 혼의 요소, 그리고 인간의 가장 깊은 심연에 자리 잡은 영의 요소이다. 설교가 날카로운 메스가 되어서 육과 혼을 넘어 영의 영역까지 치고 들어가야 비로소 사람은 변화될 수 있다.

아리스토텔레스는 《수사학》에서 설득의 세 가지 요소를 로고스(논리), 파토스(심리), 에토스(윤리)로 강조한다. 로고스는 인간의 이성에 호소하며 두뇌를 목표로 한다. 파토스는 인간의 감성에 호소하며 마음을 겨냥한다, 에토스는 인간의 신뢰에 호소하며 인격을 목표로 한다. 결국, 전인을 다루는 설교만이 사람을 변화시킨다. 강의와 설교의 차이가 여기에 있다. 강의의 목표는 인간의 지성에 새로운 깨달음을 주는 것이지만 설교의 목표는 지성에 진리의 빛을 전달하고, 마음에 새로운 열정으로 불어넣어, 궁극적으로 영적인 회복을 가져오는 것이다.

'말하는 설교'라는 관점에서 볼 때, 설교에는 육의 언어, 혼의 언어, 영의 언어가 균형을 이루어야 한다. 필자는 아리스토텔레스의 로고스, 파토스, 에토스를 각각 육의 언어, 혼의 언어, 영의 언어라는 관점으로 설명하고자 한다.

설교 언어의 세 가지가 균형을 이루어야 한다

설교자의 언어전달은 이 3가지 요소의 균형이 매우 중요하다. 설교의 로고스(육의 언어)가 강하면 그 설교에 빛이 있고 논리적 설득이 가능하다. 하지만 아무리 논리적으로 탁월한 설교라도 그 논리에 불이 붙지 않으면 지성에는 영향을 주지만 마음까지 와닿지 않는다. 마틴 로이든 존스가 설교를 '불붙는 논리'라고 표현한 이유가 여기에 있다. 마음에 와닿는 것은 설교자의 파토스(혼의 언어)이다.

설교자의 언어에는 빛과 함께 뜨거운 열이 동반되어야 한다. 언어의 날카로움이란 빛이 주는 통찰의 언어이며 동시에 열정과 상상력으로 빚어진 감성의 언어이다. 더 나아가, 설교의 가장 깊은 영향력은 에토스가 결정한다. 설교의 진정한 힘은 설교자의 인격으로부터 흘러나오기 때문이다.

회중은 설교자의 말만 듣는 것이 아니라 설교자의 삶을 본다. 팀 켈러는 《팀 켈러의 설교》에서 다음과 같이 말한다. "청중은 우리 말 뒤에 감추어진 모종의 에너지나 그 부재를 능히 감지할 수 있다. 우리 안에 있는 불안함, 인상을 남기려는 욕구, 확신의 부재, 혹은 독선까지도 간파할 수 있다. 결국은 이런 것으로 인해 그들은 마음과 관심을 닫아 버린다."[73]

팀 켈러는 3가지 설교 언어를 3가지 텍스트라는 관점으로 설명한다. "설교를 깊이 들여다보는 하나의 길은 세 가지 텍스트라는 틀을 통하는 것이다. 세 가지 텍스트는 성경 본문인 텍스트, 청중이 처한 정황과 환경인 콘텍스트(context), 설교자의 숨은 마음인 서브 텍스트(subtext)다. 서브 텍스트는 우리 메시지 저변에 흐르는 메시지다. 그것은 그 메시지가 의도한 진정한 의미로서 단어의 표면적인 의미보다 깊다. 설교자의 어조, 표정, 자세, 제스처가 청중을 향한 설교의 실질적인 목표에 큰 부분을 차지할 것이고 선포된 메시지와 상관없이 그 목표가 커뮤니케이션을 장악할 수 있다."[74]

팀 켈러의 관점으로 본다면 설교란 종합예술이다. 설교자는 텍스트, 컨텍스트, 서브 텍스트의 전문가가 되어야 한다. 설교자는 육의 언어를 사용하여 텍스트인 성경을 연구하여 적확하게 전달해야 한다. 또한, 혼의 언어를 사용하여 컨텍스트인 청중의 마음과 문화를 잘 이해하여 적실하게 전달해야 한다. 무엇보다 설교자는 서브 텍스트인 설교자 자신의 인격과 영성을 지켜내는 싸움을 해야 한다. 이것이 설교자로부터 흘러나오는 영의 언어를 힘있게 한다. 영의 언어는 성령께 사로잡힌 설교자의 강단에서 흘러나오는 향기다.

김영봉은 설교자의 냄새와 설교자의 향기를 구분한다. 냄새는 사람을 밀어내지만, 향기는 사람을 매료시킨다고 말한다. "믿는 사람들 가운데 '예수 냄새' 피우는 사람이 있는가 하면 '예수 향기' 나는 사람도 있다. 목사도 마찬가지다. '목사 냄새' 피우는 사람도 있고 '목사 향기'가 흘러나오는 사람도 있다.[75] 설교자의 냄새와 향기를 구분하는 것은 강단으로부터 인성이 흘러나오는가 신성이 흘러나오는가에 달려 있다. 신성은 인간 본성에서 나오는 것이 아니라 성령으로 충만한 설교자의 인격으로부터 흘러나오는 것이다.

그렇다면 설교자는 어떻게 이 3가지 언어의 전문가가 될 수 있는가?

세 가지 언어를 개발해야 한다

육의 언어

설교란 언어를 통해 진리를 청중에게 전달하는 작업이다. 설교를 통해 전달하는 진리는 일차적으로 성경 안에 숨겨져 있다. 성경 안에 숨겨진 진리를 발견하려면 반드시 성경을 연구하고 분석하는 작업이 필요하다. 성경연구가 탄탄하지 않으면 설교는 텅 빈 열정으로 가득 찬 혼의 언어에 지배받는다.

육의 언어가 없는 혼의 언어는 금방 식어버리는 냄비처럼, 잠시 청중의 가슴을 뜨겁게 달굴 수는 있지만, 영원히 꺼지지 않는 불길이 되지는 못한다. 불길이 지속해서 타오르기 위해서는 반드시 진리의 장작들이 청중의 지성 안에 차곡차곡 쌓여야 한다.

어떤 사람이 계속되는 설교사역에 그만 지쳐버렸다. 자신에게는 더는 아무것도 줄 것이 없다는 허탈감이 엄습해 왔다. 마음 한구석이 텅 빈 것 같은 허전함을 견딜 수가 없어서 그는 짐을 싸 들고 깊은 산 속 기도원을 찾았다. 거기서 한 경건한 수도사를 만나 자신의 고민을 털어놓았다. "저는 이제 완전히 고갈되었습니다. 어떻게 해야 합니까?" 수도사의 대답은 간단했다. "고갈되었다면 더 깊이 파십시오." 그렇다 더 깊이, 더 깊이 파야 한다.[76]

육의 언어는 성경연구에 대한 설교자의 헌신으로부터 나온다. 더 깊이 파고 들어가야 성경 안에 숨겨진 진리의 광맥을 발견할 수 있다. 설교자가 갖추어야 할 육의 언어는 관찰 작업의 토대 위에서 형성된다.

관찰은 성경 안에 숨겨진 숨은 보화를 찾아내는 작업이다. 모든 위대한 창조물은 언제나 이성이 행하는 섬세한 관찰 작업을 통해 만들어졌다. 강해 설교에서 '강해'는 영어단어 'exposition'이다. 여기서 'ex'는 '밖으로'라는 뜻으로 강해 설교란 관찰을 통해 성경 안에 있는 어떤 것을 '밖으로 꺼내놓는 작업'을 의미한다.

관찰이 없는 설교는 설교자 자기 생각을 성경 안에 투입하는 'imposition'으로 전락한다. 한진환 교수는 설교의 관찰 작업을 이렇게 정의한다. "관찰이란 주어진 본문 안에 감추어져 있는 특징이나 강조점이나, 구조나, 의문점 등을 발견해 내는 작업을 말한다. 과학자들이 새로운 이론을 내세우기 위해서는 우선 현상에 대한 정확한 관찰이 전제되어야 하듯이, 설교자에게도 본문의 해석 작업에 들어가기 전에 본문에 대한 철저한 관찰이 필요한 것은 두말할 필요가 없다. 설교란 오직 본문 속에 감추어져 있는 진리를 발굴해서 전하는 것이기 때문이다."[77]

관찰을 위해 가장 중요한 것이 질문하는 기술이다. 성경은 질문을 통해 열리는 책이다. 질문을 던지는 순간 성경은 자신의 진면목을 드러내기 시작한다. 본문을 앞에 두고 질문하라. 사소한 것 하나까지도 질문해보라. 관찰자는 질문하는 사람이다. 질문하면 보이지 않는 것들이 보이기 시작한다. 설교자는 질문과 연구라는 작업을 통해 성경에 대한 육의 언어를 발전시킬 수 있다.

혼의 언어

설교자는 성경의 진리를 청중의 두뇌를 넘어 청중들의 마음까지 뚫고 들어가게 해야 한다. 왜냐하면, 사람은 아는 것에 의해 움직이는 것이 아니라 욕망하는 것에 의해 움직이기 때문이다. 제임스 스미스는 《하나님을 욕망하라》에서 "내가 아는 것이 내가 아니라 내가 욕망하는 것이 나다"라는 명제를 던진다. 사람은 생각하는 존재 이전에 욕망하는 존재이다. 그러므로 설교가 인간의 욕망을 바꿀 때 비로소 참된 변화를 산출할 수 있다.

혼의 언어, 즉 파토스가 필요하다. 사람은 머리가 아니라 마음으로 선택하고 결정한다. 사람들은 옳고 그름보다, 소위 '필이 꽂히는' 대로 선택하는 경우가 더 많다.[78] 설교자가 감정을 조작하는 것은 잘못된 일이지만 감정에 호소하는 것은 설교의 목적을 이루는 일에 있어서 대단히 중요하다. 따라서 육의 언어가 관찰을 통해 개발된다면 혼의 언어는 묵상을 통해 개발된다. 하나님의 말씀이 좌우의 날선 검처럼 살아 움직이려면 단순한 지적 작용이나 기계적인 연구만으로는 부족하다. 본문에 담긴 영적 진리를 묵상과 상상력을 통해 청중의 마음까지 전달하는 혼의 언어로 재구성해야 한다. 말씀의 칼은 기도와 묵상의 시간을 통해 날카롭게 벼려진다. 혼의 언어란 곧 공감의 언어요, 관계의 언어를 의미한다.

필자가 설교 준비에서 가장 중요하게 여기는 시간은 언제나 기도의 자리에서 본문을 묵상하는 시간이다. 묵상은 고대의 성경을 오늘의 청자와 연결하는 시간이다. 묵상을 통해 성경은 고문서가 아니라 오늘 살아 움직이는 생명의 언어로 빚어지기 시작한다. 묵상을 통해 성경은 가장 먼저 오늘 나에게 주시는 하나님의 음성이 된다. 그 진리는 내 인격과 마음을 관통하면서 누군가의 마음에 가 닿을 수 있는 새로운 언어로 재탄생한다.

보통 설교는 각 대지마다 설명, 증명, 적용의 단계로 구성된다. 설명은 육의 언어 곧 로고스이다. 성경이 말하는 객관적 진리를 이성적으로 전달한다. 증명은 혼의 언어 곧 파토스이다. 설명을 통해 두뇌에 전달한 진리가 청중의 마음 안에 확신으로 타오르도록 증명해야 한다. 적용은 영의 언어 곧 에토스이다. 머리와 가슴을 장악한 진리가 청중의 손과 발을 움직이는 추진력이 되려면, 성령께서 설교자의 언어에 기름 부어주셔야 한다. 그렇다면 혼의 언어는 구체적으로 어떻게 개발될 수 있을까? 대표적으로 은유, 상상력, 그리고 내러티브의 기술이다.

은유란 연관 짓기다. 워렌 위어스비는 《상상이 담긴 설교》에서 은유란 '연관 짓기'라고 정의를 내린다. 은유란 서로 무관해 보이는 두 사물을 한 데 엮어서 현실을 새롭게 바라보게 하는 힘이라고 말한다. 그런 점에서 성경의 진리는 은유적 방식으로 전달되어야 한다. 성경이 탁월한 은유로 전달될 때, 과거의 진리가 오늘 나의 삶과 연관되면서 "아, 이 성경 말씀이 나에게 말을 걸어오는구나!"라고 느끼게 한다. 워렌 위어스비는 "은유는 고대 본문과 현대 독자를 연결시키는 다리이자 듣는 사람의 머리와 가슴을 연결시켜주는 다리다"[79]라고 말한다. 사고와 감정, 과거의 성경과 오늘의 삶이 연결되어 성경의 진리가 청중의 가슴에 살아 움직이기 위해서는 반드시 은유의 방식으로 설교가 전달되어야 한다. 즉 은유란 성경의 추상적 진리를 청중들의 감각적 경험 안에서 포착되는 사물과 연관 지어 설명하는 방식이다. 예수님께서 하늘의 진리를 전달하기 위해, 청중들에게 익숙한 사물(겨자씨, 누룩, 새, 등불, 소금 등등)들을 사용하신 이유다. 어쩌면 성경은 추상적 진리가 아니라 역사 안에서 행하신 하나님을 전달하는 점에서 거대한 은유의 체계이다. 역사에서 실존했던 누군가의 삶을 통해 하나님의 진리가 전달됨으로써 모든 시대, 모든 사람은 진리를 체감하고 체득하게 된다.

성경을 청중과 연관 짓는 은유로 전달하기 위해서는 설교자의 거룩한 상상력이 필수적이다. 워렌 위어스비는 말한다. "성경을 주석하고 분석하는 것만을 의지하면, 그 내용을 어떻게 효과적으로 전달해야 할지 알지 못한다. 주석과 분석은 단지 발판에 불과하다. 주석과 분석을 했다고 해서 끝났다고 생각하면 큰 오해다. 주석과 분석에 상상력이 들어가야 불이 붙게 되고 로켓 발사가 이루어진다."[80]

다시 말해서, 혼의 언어란 성경의 영원한 진리를 청중들의 현재의 언어, 감각의 언어, 체험의 언어로 옷 입히는 과정이다. 유진 피터슨은 은유의 힘에 대해 이렇게 말한다. "메타포는 감각 체험의 언어를 사용하여 우리를 보이지 않는 세계로 인도한다. 믿음, 죄책감, 마음, 하나님 등과 같은 보이지 않는 세계 말이다. 죄로 말미암아 갈라져 있는 보이는 세계와 보이지 않는 세계는 이제 메타포로 인해 하나가 된다."[81]

설교에서 가장 위대한 은유는 설교자의 네러티브이다. 설교자가 전하는 성경의 진리가 설교자의 삶과 현실 안에서 어떻게 연결되었는지를 들려주는 순간, 성경의 진리는 살아 움직이는 은유가 되어 청중들의 마음 깊이 파고 들어간다. 즉 성경의 진리가 설교자의 인격을 관통하여 흘러나오는 고백적 설교가 될 때 강력해진다. 캘빈 밀러는 《내러티브 강해 설교의 기술》에서 설교자의 자기 내러티브의 중요성을 이렇게 말한다. "고백적인 설교자들은 청중들의 신뢰를 얻는다. 이러한 투명함에 이르는 유일한 방법은 위험을 감수하면서 자기 드러냄을 설교 가운데 시도하는 것이다. 투명함은 항상 어떠한 고백적 설교를 포함한다."[82]

설교에는 반드시 명제로 설명하는 이성적 영역과 이야기로 풀어내는 감성의 영역이 균형을 이루어야 한다. 명제들이 청중의 삶을 지탱하는 견고한 영적 지식을 제공한다면, 이야기들은 청중들이 그러한 삶을 살고 싶다는 거룩한 열망과 동기를 만들어 낸다. 따라서 청중을 움직이는 최상의 설교방법은 교훈들과 그 교훈들에 생명을 불어넣는 이야기들을 적절하게 섞는 것이다.

영의 언어

팀 켈러는 좋은 설교(good preaching)와 위대한 설교(great preaching)를 구분하는 단 하나의 차이점은 성령의 기름 부으심에 있다고 말한다. 좋은 설교를 만드는 것은 전적으로 설교자에게 속한 그의 자질과 능력이다. 하지만 좋은 설교를 넘어 위대한 설교를 만드는 것은 전적으로 성령님의 임재와 능력이다. 성령에 사로잡힌 인격을 통해 논리와 감정을 관통하여 인간의 영혼을 뒤흔드는 강력한 메시지가 선포된다. 사도바울은 고린도전서 2장 4절에서 이렇게 말한다. "내 말과 내 전도함이 설득력 있는 지혜의 말로 하지 아니하고 다만 성령의 나타남과 능력으로 하여." 바울은 설교의 가장 중요한 열쇠가 성령의 나타남과 능력이라고 말한다.

바울이 말하고 있는 지혜의 말이란 수사학적 기술을 말한다. 당시 희랍 수사학의 영향을 받은 연사들은 미사여구로 장식된 웅변술에만 신경을 썼다. 아름다운 말로 사람들을 움직이려고 한 것이다. 설교자는 성령이 없어도, 자신만의 로고스와 파토스만으로 좋은 설교를 할 수 있다. 하지만 로고스와 파토스가 인간을 근본적으로 변화시킬 수 없다.

천로역정의 저자 존 번연은 당대 최고의 설교자였다. 그 시대에는 학문과 지식이 탁월한 수많은 설교자가 있었지만, 사람들은 존 번연의 설교를 듣기 위해 몰려들었다. 유명한 청교도 신학자 존 오웬도 그의 설교를 듣기 위해 번연이 인도하는 예배에 자주 참석했다. 한번은 찰스 2세가 오웬 같은 학식 있는 사람이 어째서 "떠돌이 설교꾼"의 설교를 경청하는지 궁금해하자 오웬은 이렇게 대답했다고 한다. "전하, 제가 만약 떠돌이의 능력을 가질 수만 있다면 기쁘게 제 학식을 포기하겠나이다."[83] 존 오웬은 위대한 설교의 이면에는 인간이 가진 모든 자질과 능력을 초월하는 성령의 비범함이 있음을 인정한 것이다.

우리가 영의 언어로 설교하기 원하는 설교자는 반드시 두렵고 떨림으로 성령의 은혜와 도우심을 구해야 한다. 설교자가 가장 위험한 상태에 처하는 것은 성령이 아니라 익숙함과 능숙함에 자신을 맡겨버리는 것이다. 듣기 좋은 매끄러운 설교는 부드러운 꿀처럼 영혼의 목을 타고 들어가지만, 아무런 변화를 만들어 내지 못한다. 설교자의 영적 투쟁 속에서 성령이 설교에 임하면 설교는 날카로운 칼이 되어 영혼을 깨뜨리고 흔들어 근본적 회심으로 인도한다.

마틴 로이드 존스는 설교문과 설교행위를 구분한다. 설교자는 설교 작성에서도 성령의 은혜를 구해야 하지만, 설교를 전달하는 과정에서 전적으로 성령님의 능력에 사로잡혀야 한다고 강조한다. 부흥사 무디는 자신은 똑같은 원고를 들고 설교하는데, 성령이 자신을 사로잡으실 때는 완전히 달랐다고 고백한다. 진실한 설교자라면 누구나 경험하는 공통의 고백이다. 로이든 존스는 그 같은 현상을 이렇게 표현한다. "어떻게 그것(성령의 역사)을 아는가? 그것은 설교할 때 명료하게 강설할 수 있게 하고, 쉽게 말할 수 있게 해주며, 권위와 확신을 깊이 의식하게 해주고 설교자 자신의 것이 아닌 어떤 힘이 그의 전 존재를 전율케 하는 것을 느끼게 하며, 말로 설명할 수 없는 환희를 느끼게 한다. 이런 느낌이 있을 때 설교자는 사실상 자신이 설교를 하는 것이 아니라 자신은 그저 이 놀라운 광경을 바라보고만 있는 것이라는 느낌이 들게 된다. 사람들이 동조를 해줄 때의 우쭐한 느낌과 성령의 역사에 의한 전율과는 다르다. 성령께서 당신에게 기름 부으실 때, 당신은 스스로를 아주 사소하고 중요치 않은 인물로 느끼게 된다."[84]

영의 언어는 설교자가 전적으로 성령에 사로잡히는 순간 터져 나온다. 영의 언어는 육의 언어와 혼의 언어에도 기름을 부어 설교의 논리를 예리하게 만들 뿐 아니라 설교자의 감성과 청중의 감성을 하나로 연결하여 말씀 안에서 소통하게 하는 기적을 일으킨다. 그렇다면 설교자가 육의 언어와 혼의 언어를 살려내는 영의 언어를 사용하려면 어떻게 해야 하는가? 성령님은 겸손하고 목마른 자의 영혼 속에 임한다. 심령이 가난한 자 복이 있나니 천국이 저희 것이라는 말씀은 설교자가 날마다 경험해야 하는 복이다. 성령님은 자신의 강함보다 약함으로 설교하는 자를 도우신다. 그러므로 설교자는 본문 연구하는 시간 이상으로 기도로 엎드릴 수 있어야 한다. 최상의 설교 준비는 책상에서 이루어지는 것이 아니라 기도의 자리에서 이루어진다. 어떤 신학자는 "설교학은 무릎학이다"라고 말했다. 무엇보다 설교자는 거룩한 도구로 자신을 지켜내야 한다. 로버트 맥 체인은 이렇게 말한다. "당신은 하나님의 검임을 기억하라. 도구가 순수하고 온전할 때 성공이 따른다는 것은 분명하다. 하나님은 위대한 은사의 사람보다는 진정으로 예수를 닮은 사람을 축복하신다. 거룩한 사역자는 하나님의 손에 붙들려 있는 강력한 무기이다."[85]

오늘, 당신의 설교는 어디로 향하고 있는가

설교자는 청중을 전인격적으로 다루고 감동시켜야 한다. 육의 언어인 로고스는 인간의 지성을 만지고, 혼의 언어인 파토스는 인간의 감성을 만지며, 영의 언어인 에토스는 인간의 영을 만진다. 설교자가 이 세 가지 언어를 균형 있고 자유롭게 사용할 수 있을 때 청중은 전인적인 변화를 경험할 수 있게 된다. 그러므로 설교자는 평생에 걸친 지성훈련, 감성훈련, 영성훈련을 통해 자신을 만들어가야 한다.

예배 후에 한 교인이 목사에게 다가와서 물었다. "목사님, 그 설교 준비하는 데 몇 시간이 걸렸습니까?" 목사가 대답한다. "몇 시간이라니요? 45년이 걸렸습니다." 자신이 걸어온 인생 전체가 고스란히 녹아 있는 것이 설교라는 말이다. 하나님의 말씀은 인간 설교자를 도구로 전파되므로 설교의 수준은 곧 설교자의 인격, 인격적 수준과 직결된다. 필립 브룩스가 "사역의 준비는 참된 인격을 만드는 것 외에 아무것도 아니다"[86]라고 한 것은 바른 지적이다.

이 글을 읽는 모든 설교자에게 묻는다. 당신의 강단은 어떤 언어로 가득 차 있는가? 당신의 설교는 듣는 이의 지성만을 건드리고 있는가, 아니면 감성을 흔들고 영혼 깊숙이 파고들어 삶의 변화를 일으키고 있는가? 우리는 이 세 가지 언어를 통해 하나님과 깊은 교제를 경험하고, 청중에게 생명의 길을 제시할 수 있다. 이것이야말로 우리에게 맡겨진 가장 영광스러운 사명이다. 오늘 당신의 설교는 어디를 향하고 있는가? 그리고 내일 당신의 삶은 어떤 언어로 채워지기를 소망하는가?

권오국 목사

이리신광교회 담임이다.
저서로 《행복, 다시 정의하다》, 《목회트렌드 2026》 등이 있다.

스피치를 훈련하라

호흡은 보이지 않는 언어다

스피치에서 호흡은 보이지 않는 또 다른 언어다. 발성과 발음을 담는 그릇이다. 목소리는 호흡 없이 만들어지지 않는다. 스피치 할 때 호흡은 기본훈련이다. 호흡에는 흉식호흡이 있고 복식호흡이 있다. 흉식호흡과 복식호흡, 둘 다 공기를 담는 부분은 폐다. 다만 담는 방식이 다르다. 흉식호흡을 하면 횡격막이 가슴 쪽으로 올라가서 폐가 충분히 부풀지 못해 공기를 많이 담을 수 없다. 복식호흡을 하면 횡격막이 내려가면서 폐가 부풀 수 있는 공간이 생겨 공기를 많이 비축할 수 있다.

설교할 때는 복식호흡을 해야 한다. 왜 복식호흡을 해야 할까?

평상시 대화 때는 문제가 없다. 성량이 크지 않아도, 호흡량이 많지 않아도 불편하지 않다. 하지만 청중 앞에서 설교할 때는 상황이 다르다. 소리에 힘이 있어야 한다.

성량을 키우려면 호흡이 뒷받침되어야 한다. 호흡이 모자라면 원하는 곳까지 소리를 끌고 가지 못한다. 말이 끊어지고 숨이 찬다. 긴장이라도 하면 호흡이 더 가빠진다. 설교할 때 사용하는 공기의 양은 병사가 가진 총알의 양과도 같다. 전투에 임할 때 총알을 준비하듯이 설교를 할 때도 공기의 양이 충분해야 원하는 만큼 이끌어 갈 수 있다.[87]

복식호흡과 발성법을 이렇게 훈련해보라. 먼저 편안하게 선다. 몸이 구부러지면 소리가 온전히 나오는 데 방해가 되므로 반듯하게 선다. 턱을 살짝 당기고 어깨는 힘이 들어가지 않도록 편안히 푼다. 머리가 헬륨가스를 넣은 풍선처럼 가볍다고 생각한다. 혹은, 정수리에 실이 달려 천장에 매달려 있다고 상상한다. 다리는 어깨너비 정도로 벌리고 안정되게 선다.

둘째, 가슴이 아닌 배로 숨을 쉰다고 생각하며 숨을 천천히 들이마신다. 숨을 들이마시는 것은 코나 입이나 편한 대로 하면 된다. 한 손은 가슴 위에, 한 손은 배 위에 올려놓고 숨을 들이마실 때, 배 위에 얹은 손만 움직인다면 제대로 하는 것이다. 하복부에 집중하면서 '후~'하면서 숨을 천천히 내쉰다. 뱃속의 모든 공기를 다 뱉어낸다는 생각으로 호흡을 최대한 내뱉는다.

셋째, 발성한다.

1) '부' 발성(4분): 입을 바늘구멍 정도로 작게 하고 바람은 세게 내뿜어 본다. 복어처럼 볼이 부푸는 느낌으로 '부~' 소리를 내면서 최대한 오랫동안 호흡을 내보내며 배에 힘이 들어가는 것을 느껴본다.

2) '흥' 발성(3분): 갈비뼈가 갈라지는 곳과 배꼽 사이에 두 손을 올린다. 콧방귀를 뀌는 느낌으로 세게 '흥'하고 소리를 내본다. 배에 힘이 들어가는 것이 느껴질 것이다. '흥! 흥! 흥! 흥!'하고 소리 내며 복식 발성을 해본다.

3) '가' 발성(3분): '흥' 발성의 느낌을 살려서 '가! 갸! 거! 겨! 고! 교! 구! 규! 그! 기!' 발성해본다. 한 음씩 딱딱 끊어서 스타카토 발성을 한다. 맞은편 벽에 상상으로 점을 하나 찍고 내 소리가 화살이 되어 그 점에 박힌다는 생각으로 발성한다. 목과 상체에 힘이 들어간다면 몸을 털어서 힘을 빼고 발성을 이어 간다. ㄱㄴㄷㄹ 순으로 '가! 갸!…그! 기!'에서 '하! 햐!… 흐! 히!'까지 발성한다.[88]

CBS 장주희 아나운서는 설교 코칭에서 복식호흡의 중요성을 필수 요소로 강조한다. 그녀에 따르면, 스피치의 80%는 호흡에 달려 있으며, 안정된 호흡은 울림 있고 듣기 좋은 목소리를 만드는 데 결정적이다. 발성 역시 중요하지만, 호흡이 뒷받침되지 않으면 좋은 발성을 구현하기 어렵다고 한다.[89] 복식호흡과 발성에 익숙하지 않은 설교자에게는 훈련이 쉽지 않지만, 하나님의 말씀을 효과적으로 전달하기 위해 반드시 익혀야 할 기본이다. 이는 메시지에 생명력을 불어넣는 핵심 기술이다.

또렷한 발음이 메시지를 명확하게 한다

설교자는 또렷한 발음을 통해 메시지를 명확하게 전달해야 한다. 발음은 소리의 음가를 만들어 내는 것으로 혀와 입안의 공간, 입술 모양을 통해 이루어진다. 말은 하는데 무슨 말인지 알아듣기 힘든 사람이 있다. 설교는 하는데 알아듣기 힘든 설교자가 있다. 목소리가 작아서 그럴 수도 있지만, 발음이 좋지 않을 때도 그렇다. 알아듣기 힘든 웅얼거림으로 말끝을 흐리는 설교자도 있다. 발음을 만드는 데 중요한 역할을 하는 것이 모음이다. 발음이 부정확하다면 대부분 원인은 모음에 있다. 자음은 입안의 어느 지점에서 소리가 만들어지는지 이해하면 조음점을 알게 되지만 모음의 발음은 정확한 위치를 파악하는 한편 부지런히 움직여야 하는 수고가 따른다.[90]

경상도 사람은 '으'와 '어' 발음을 비슷하게 한다. 필자도 경상도 사람이다. '승리'는 '성리'로, '성금요일'은 '성검요일'처럼 들린다. 이는 '으'와 '어'의 장음이 나는 위치가 비슷해서이다. 두 모음 모두 혀의 중간 부분에서 소리가 난다. 다른 점은 혀의 높낮이 차이다.

'으'보다 '어' 발음을 할 때 입의 공간이 더 넓어지고 혀는 아래쪽으로 더 떨어진다.[91] 필자와 같은 경상도 설교자는 '으'와 '어' 구분해서 발음할 수 있도록 연습을 많이 해야 한다. 모음의 발음은 국어 시간에 배웠던 모음 삼각도를 참고하면 도움이 될 것이다.

설교자는 설교 시간에 명료한 발음으로 청중의 귀에 쏙쏙 들리도록 발음훈련을 해야 한다. 발음훈련의 3가지 원칙은 다음과 같다. 첫째, 천천히 발음해야 한다. 발음을 잘한다는 것은 "경찰청 창살은 철창살이고 철도청 창살은 겹창살이다"와 같은 문장을 1초 안에 빠르고 명확하게 읽는 것이 아니다. 빨리 말해야 한다는 강박관념을 버려야 한다. 얼른 해치워 버려야 하겠다고 생각하는 순간 혀가 꼬이기 시작한다. 어렵고 부담스러운 발음일수록 마음을 편안하게 하고 천천히 발음해야 한다.

둘째, 입을 크게 벌려 발음해야 한다. 발음 연습을 할 때는 누가 봐도 "왜 저리 입을 크게 벌리며 오버하지?"라는 소리가 나올 정도가 되어야 한다. 음가 하나하나를 크고 정확하게 발음하려고 노력해야 한다. 크게 입을 벌리며 발음 연습을 해야 실제 설교에서는 70-80%가 발휘되어 제 발음이 나온다.

셋째, 잘되지 않는 발음을 지속해서 연습해야 한다. 설교자 자신은 어떤 발음이 잘되지 않는지 잘 알고 있다. 어떤 발음이 까다로운지를 잘 알고 있다. 이 부분을 지속적인 훈련으로 고치지 않으면 그 발음이 나올 때마다 자신감을 잃어버린다. 소리는 작아지고 듣는 사람은 답답함을 느낀다. 습관으로 정착되기 전까지 사람의 몸은 편하던 이전으로 돌아가려는 성질이 있다. 복식 발성 훈련과 마찬가지로 발음 연습도 무의식에 박힐 때까지 의식적인 훈련을 계속해야 한다.[92] 명품 설교자는 그냥 만들어지는 것이 아니다. 피나는 연습과 훈련이 필요하다.

입술에 근육이 붙는 순간, 말씀은 검이 된다

설교 연습을 통해 입술에 근육이 붙는 순간, 말씀은 검이 된다. 청중의 혼과 영과 관절과 골수를 쪼개는 검이 된다. 검이 되게 하는 설교 스피치는 반복이 답이다. 어미 닭이 알을 품을 땐 21일간 자리를 뜨지 않는다. 알이 부화 될 때까지 수탉에게 곁을 내주지도 않고, 심지어는 먹는 것마저도 포기하고 반복해서 품는다. 그렇게 반복해서 품음으로 알이 병아리로 변한다. 설교 스피치도 반복할 때 말씀의 능력이 설교자를 통해 나타난다. 설교 스피치를 반복하다 보면 설교자가 먼저 은혜받는다. 이후 머리로 말씀을 전하는 것이 아니라 가슴으로 전하게 된다.

말씀이 검이 되게 하기 위해서는 첫째, 실전처럼 연습해야 한다. 적어도 주일 낮 예배만큼은 철저하게 연습하고 강단에 서야 한다.

연습은 실제로 설교를 하는 것처럼 똑같이 해야 한다. 강단에 올라가 실제로 설교하는 것처럼 소리를 내어 연습해야 한다. 연습할 때 잘되던 설교도 강단에 섰을 때 긴장감이나 청중의 시선, 딴짓하는 청중의 모습 등, 변수를 만나면 준비한 대로 안 나온다. 이런 변수에 민감한 설교자라면 평소에 더 열심히 연습해야 한다. 실전에서는 연습한 것보다 실력 발휘가 안 되는 것이 일반적이다. 자신의 생각하는 것보다 많은 130% 연습해야 한다. 그래야 실전에서는 90% 정도 발휘된다.

둘째, 완벽주의를 가지면서 버려야 한다. 미국의 정치가인 다니엘 웹스터는 "완전한 준비 없이 청중 앞에 서는 것은 반나체를 여러 사람 앞에 내보이는 것과 같다."라고 한다. 설교자는 아무리 익숙한 내용이거나 동일한 청중이라도 오만을 버리고 겸손함으로 철저하게 연습해야 한다. 일단 청중 앞에 서면 완벽주의는 버려야 한다. 철저함의 대가인 시스코(CISCO) 회장인 좀 챔버스도 계획한 것을 스피치에서 70%만 달성해도 성공적인 연설이라고 자평한다. 강단에 섰을 때 완벽주의는 '독'이 된다. 중간에 말이 꼬여도 괜찮다. 사소한 실수는 잊어야 한다. 준비한 내용을 좀 빼먹어도 괜찮다. 준비는 철저해야 하지만, 시종일관 자신에게 완벽주의의 잣대를 가져다 대는 것은 오히려 설교의 활력을 떨어뜨리는 저해 요인이 될 수 있다.

셋째, 시간을 체크해야 한다. 스피치는 정해진 시간에 콘텐츠를 전하는 기술이다. 설교도 마찬가지다. 감동적인 스토리를 완벽하게 설교를 준비했다고 해도 시간 안에 전달하지 못하면 효과는 떨어진다. 정해진 시간을 초과하는 설교는 최악이다. 데일 카네기는 주어진 시간을 넘기는 스피치가 '다른 사람의 시간을 훔치는 것'이라고까지 말하며, 10분 스피치면 11분을 하기보다는 차라리 9분을 하라고 한다. 설교를 연습할 때, 시간을 재면서 연습하라. 설교 연습은 설교자 자신과의 싸움이다. 이 싸움에서 이겨야 한다. 이기는 자만이 말씀의 검을 가지게 된다.

김병석은 평범한 공무원이지만 25년간의 강의와 교육 경험을 통해 '대한민국 명강사 230호'로 인정받았다. 그는 말하기 능력이 타고난 재능이 아니라 꾸준한 훈련으로 얻는 후천적 노력의 결과라고 강조한다.[93] 김미경 역시 독학으로 강의를 시작해 16년 만에 국민강사로 자리매김했으며, 프로가 되기 위해서는 최소 20번의 연습이 필요하다고 조언한다. 그녀의 성공 뒤에는 치열한 준비와 반복된 연습이 있었다.[94]

전문 강사들도 이렇게 치열하게 준비하는데, 하나님의 말씀을 전하는 설교자가 반복해서 설교 스피치를 연습하지 않는다는 것은 엄연한 직무 태만이다. 탁월한 하나님의 스피커는 훈련과 반복을 통해 만들어진다.

이재영 목사

〈아트설교연구원〉 부대표이다.
저서로 《말씀이 새로운 시작을 만듭니다》, 《신앙은 역설이다》 등이 있다.

비언어적 표현을 하라

언어만이 말하기가 아니다

말은 언어만으로 하지 않는다. 단어와 문장을 넘어 몸과 눈빛, 호흡, 표정, 목소리의 떨림, 말의 속도나 강약, 손짓 하나, 시선의 움직임 등으로 한다. 말보다 말 없는 표현이 더 강하다는 말이 있다. 설교자가 말로만 전하는 자가 아니다. 만약 그렇다면, 설교는 쉽게 공허해진다. 비언어적 표현은 자칫 공허해질 수 있는 설교를 살아 움직이게 만드는 숨겨진 힘이다.

허은아는 이를 유명한 '메라비언의 법칙'을 예로 들어 설명한다. "그의 연구에 따르면 서로 대화하는 사람들을 관찰한 결과, 상대방에 대한 호감을 결정하는 데 있어 목소리는 38%, 보디랭귀지는

55%의 영향을 미치고, 말하는 내용 자체는 겨우 7%만 작용했다… 효과적으로 의사소통하는 데 있어 '비언어적' 요소가 차지하는 비율이 무려 93%나 된다."[95]

설교자의 말하는 비언어적 요소가 중요하다. 만약 설교자가 차렷 자세로 손 하나 까딱 않고 원고만 읽는다면 청중은 금세 심연에 빠져버린다. 우습지 않은가? 우리가 뉴스를 통해 자주 마주하는 아나운서는 발음과 톤을 정밀하게 조절해 신뢰를 준다. 즐거움을 주는 개그맨은 타이밍과 몸짓으로 공감을 이끈다. 설교자는 이 둘의 장점을 활용할 수 있어야 한다. 오프라인에서만 그럴까? 아니다.

2022년 《Journal of Communication Studies》[96]에 따르면 온라인 참여형 영상 콘텐츠에서도 비언어적 요소가 청중의 몰입도를 결정짓는다고 분석한다. 청중의 감각에 스며드는 설교는 말뿐 아니라 온 몸을 통한 외침이 되어야 한다. 온몸으로 외치려면 말의 강과 약도 빠질 수 없다.

강약과 리듬으로 감정을 전달하라

강약 조절은 단순한 말의 고저차를 뜻하지 않는다. 설교자의 감정이 실린 선율이다. 말씀은 청중의 심령에 닿는 리듬이어야 한다. 해돈 로빈슨은 이 강약을 위해 《성경적인 설교와 설교자》에서 자기 태도를 조절할 줄 아는 것이 필수[97]라고 말한다. 목소리의 높낮이에 반응하기 위해 청중은 방어벽을 형성하든, 듣게 되든 피드백이 형성된다.

베토벤의 〈운명교향곡〉이 빠빠빠밤의 강렬함 이후에 이어지는 잔잔함이 없다면, 감동이 사라질 것이다. 설교도 그렇다. 한 가지 톤으로만 이어지면 청중은 스마트 폰을 뒤적이기 시작한다. 강약의 조절이 시작되어야, 설교가 청중의 감정에 울림을 일으킨다.

설교자는 한 문장이라도 같은 어조로 반복해선 안 된다. 강조할 대목에서는 의도적으로 속도를 늦추거나 목소리를 낮출 수 있다. 반대로 고백이나 절규는 한 번에 몰아치는 격정으로 표현할 수도 있다.

중요한 부분에서 잠시 멈춤으로 청중의 귀를 모아야 한다. 특히 침묵은 그 자체로 매력적인 메시지이다. 설교 도중 핵심을 전달하려는 중요한 순간에 잠시 멈춤이 있어야 한다. 침묵은 청중의 닫힌 귀를 힘차게 여는 마중물이기 때문이다. 침묵이 안개처럼 좌중을 감싸면, 서서히 그 여운이 청중의 가슴에 스며든다. 크리스 앤더슨은 《테드 토크》에서 침묵의 힘을 이렇게 말한다. "이 경우 연설자들이 연설에서 아주 드물게 사용하는 도구의 힘을 이용해 그 영향력을 폭발적으로 끌어올리는 게 좋다. 이 도구는 다름 아닌 '침묵'이다."[98] 필자 역시 설교 중 '예수님의 침묵'을 전하다가 울컥하는 마음에 몇 초간 말문이 막힌 적이 많다. 그 순간 청중 중 몇 명은 눈시

울을 붉히며 훌쩍인다. 진심에서 나온 침묵은 청중의 마음을 흔든다. 이 경험을 통해 강약 조절이 설교의 감동을 어떻게 증폭시키는가를 깊이 체험했다.

이 침묵 속에 설교자는 자신의 선율을 넣을 수 있다. 소프라노처럼 높이고, 테너처럼 깊게, 알토처럼 무게를 실어야 한다. 다르게 말한다면, 절박함을 외치고, 고요함을 관조하며, 분노의 무게를 담는다. 이 목소리의 스펙트럼으로 설교는 음악이 된다.

강약은 강약으로만 그치지 않는다. 음악적 요소를 갖춘 리듬으로 이어진다. 설교가 멜로디까지 포함되면 청중은 그 멜로디로 전해지는 설교에 흠뻑 빠진다. 음악가가 음을 조절하듯, 설교자는 말씀의 선율을 다룰 줄 알아야 한다. 음악을 들을 때 사람은 긴장을 푼다. 말씀의 선율에 청중은 억누르려던 마음도 풀어놓는다. 하나님의 말씀 앞에 마음의 여리고 성이 무너진다. 마침내 그 선율 속에서 성도는 눈물을 흘리고, 자신의 영혼의 울림을 돌아보게 된다.

강약과 리듬이 없는 설교는 영혼의 울림이 없다. 떨림이 없으면, 삶 속의 희로애락을 건드리지 못한다. 설교에는 반전, 강약, 고저 등의 리듬이 있어야 한다. 그렇지 못하다면, 설교는 청중의 마음에 머무르지 않는다. 청중 마음에 머물지 못하면 청중은 집중하지 못해 최선으로 준비한 설교는 허공을 맴돈다. 마틴 로이드 존스는 "단조로움이 설교의 최대의 적"[99]이라고 말한다. 설교가 강약과 리듬으로 청중의 심장을 뛰게 해야 한다.

같은 내용이라도 리듬이 다르면 청중의 반응은 완전히 달라진다. 문장과 전달에 리듬을 타는 것은 청중을 하나님의 사람으로 만들 것인가를 결정할 수 있는 중요한 요소이다. 신현석은 "감정을 담당하는 리듬 체계로서의 숨쉬기는 뇌의 신경 시스템에 규칙적인 영향을 준다. 느낌이 사고와 행위에 영향을 주며 이 세 가지는 상호작용한다"[100]라고 말한다. 리듬이 사고와 행위에 영향을 줌으로 설교자는 리듬을 연구해 적절하게 활용할 수 있어야 한다.

기상캐스터의 멘트를 들을 때 어떤가? 그들의 말이 귀에 쏙쏙 들어오는 이유가 있다. 정보 단위별로 끊어, 높낮이와 강약이 조절된 말이다. 청중의 귀와 마음에 함께 들리는 리듬을 사용해 설교해야 한다.

몸짓과 표정에 진심을 담아라

설교자의 비언어적 표현에 진심을 담아 해야 한다. 진심은 감추려 해도 표정에 나타나고, 마음이 담긴 말은 손끝에도 떨림을 전하기 때문이다. 설교자가 사용하는 비언어는 연습의 결과가 아니라 진정성의 결과다. 설교자의 제스처는 특정 메시지를 시각적으로 강조하는 선택적 표현이다.

제스처 즉, 표정, 손짓, 고개, 끄덕임, 시선의 방향, 눈썹의 올림, 눈빛은 모두 설교의 또 다른 문장이다. 보이는 설교인 제스처를 통한 메시지의 전달이 중요하다.《백 마디 말보다 강력한 행동의 심리학》에서 한 화장품 광고[101]를 소개한다. 유명 여배우는 광고 중 '번개 눈썹'이라 불리는 제스처, 즉 양쪽 눈썹을 빠르게 올렸다 내리는 행동으로 구매자들의 긍정 반응을 이끈다. 여배우가 보여준 1~2초의 짧고도 숙련된 제스처가 강력한 설득의 도구가 된 것이다.

제스처는 감정의 흐름을 시각화한다. 두 손을 모으면 기도를 보여준다. 하늘을 향한 손은 하나님을 보여준다. 청중을 향한 손은 마음을 여는 것을 보여준다. 이 중 우리가 특히 주목해야 하는 것은 눈빛이다.《침묵의 몸짓, 소리없는 외침》에서 서술하는 것은 역사적으로 상대방의 눈을 바라보는 대화는 용기와 진실성의 표현[102]이라고 한다.

설교자의 눈빛은 숙인 고개를 들어 청중을 바라보아야 한다. 복음을 전하며 눈을 맞추고, 그 눈에 눈물을 흘리고, 쉼 없이 떨리는 손끝과 목소리로 고백한 모습은 청중에게 오래 남는다. 설교자의 비언어는 청중에게 감화를 전하는 수단이다. 청중은 설교자의 말보다 그 말하는 모습을 더 기억한다. 그렇다면 설교자는 거울 앞에서, 영상을 통해 스스로의 제스처를 복기해야 한다. 청중에게 제스처를 훈련으로 단련해야 한다. 그 제스처로 청중에게 마음과 진심이 담긴 진정성을 보여주어야 한다.

설교자는 배우가 아니다. 몸을 통해 '사는 배우'다. 연기하는 자가 아니라, 몸으로 사는 자로서 무대에 서는 존재다. 설교자는 대본을 외워 말하는 자가 아니라, 말씀을 살아내며 증언하는 자다. 그 삶이 얼굴에 묻어 있고, 그 고백이 눈빛에 담겨 있어야 한다. 그래서 설교는 연극이 아니다. 그러나 살아있는 설교자는 언제나 '보이는 존재'다. 청중은 설교자의 말뿐 아니라 진심으로 사는 삶인가를 보려 한다.

보여지는 존재 전체로 설교하라

언어가 설교의 뼈대라면, 비언어는 그림자다. 눈에 보이지 않지만, 삶으로 보여주는 진정성은 가장 강력한 비언어적 메시지다. 현실에서 '진정성'이란 단어는 많이 소비된다. 그 진정성은 존재가 어떠냐를 말해준다. 감정이 담긴 말이 아니다. 설명도 아니다. 삶으로 드러내야 한다. 즉 설교 안에는 진정성이 담겨 있어야 한다. 진정성 없는 설교는 모래 위에 빈 소라 껍데기와 같다.

설교는 표정, 톤, 눈짓, 몸짓만으론 안 된다. 설교자가 인생 자체를 보여주는 일련의 과정이다. 아무리 좋은 목소리와 표정을 보여주어도 메시지가 흔들리면 공허한 쇼에 불과하다. 반대로 메시지가 분명하면, 약한 목소리도 울림이 크다. 설교자는 목소리와 몸짓, 표정과 시선을 통해 메시지를 입체화한다. 평면적인 텍스트가 설교자의 인생의 에너지로 살아 움직이는 순간, 성도는 말씀을 눈으로 보고 귀로 듣는 입체화가 만들어진다. 제임스 H. 길모어, B. 조지프 파인 2세의 《진정성의 힘》에서 "리얼리티 프로그램의 성공은 사람들이 진실에 목마르다는 것을 보여준다"103라고 말한다. 세상에 진정성이 사라지자, 사람들은 진정성을 갈망하고 있다고 한다. 공정과 정직이 땅에 떨어진 시대에 설교자의 진정성은 세상과 청중을 일으킬 힘이다.

이사야 59장 14절에 "정의가 뒤로 물리침이 되고 공의가 멀리 섰으며 성실이 거리에 엎드러지고 정직이 나타나지 못하는도다." 공정과 진정성이 사라진 시대에 목회자는 그 진실, 정의 즉 진실성을 회복시키는 사람이어야 한다.

필자가 언젠가 교도소에서 설교했을 때, 메시지를 고민하다가 자신의 수술과 회복의 여정을 고백했다. 그때 재소자들은 하나님 앞에서 눈물을 흘리며 반응했다. 메시지가 진정성이 담기면 비언어는 저절로 메시지의 그림자처럼 따라온다. 복음이 진리라면, 그 진리는 설교자의 눈빛과 동작에서 증거를 얻는다.

설교자는 말의 유창함보다 삶의 진실함으로 설교해야 한다. 설교자의 전 존재가 메시지여야 한다. 그러면 청중의 마음을 움직인다. 삶이 메시지를 증명해 줄 때, 설교는 비로소 청중을 울린다. 진심으로 강단에 설 때, 청중은 가까이 다가오고, 하나님의 말씀은 그들의 심령에 파고 든다.

설교는 단지 '잘 말하는 것'이 아니다. 말보다 더 큰 비언어적 표현, 즉 몸과 눈빛과 침묵과 고백으로 하나님의 말씀을 '살아 움직이게' 하는 사람이다. 비언어적 표현은 도구가 아니다. 만약 도구라면 도구가 되는 순간 설교와 반응이 따로국밥이 된다. 무협지에 '신검합일(身劍合一)'이 최고의 경지라 하지 않는가? 비언어적 표현은 설교가가 어떤 존재인가에 대한 표현이다. 설교자는 아나운서처럼 정확하게, 개그맨처럼 타이밍 있게, 음악가처럼 리듬감 있게, 배우처럼 훈련된 몸을 써서 설교해야 한다. 말씀을 자기의 전 존재로 '전달'해야 한다. 청중은 그제야 설교자의 말하기에 반응 보인다.

하나님은 설교자에게 필요한 도구를 이미 다 주셨다. 도전해 볼 거친 환경도 허락하셨다. 그럼 이제는 온몸으로 그 복음을 외칠 차례다.

이지철 목사

Next 세대 연구소 연구원이다.
저서로 《우리는 장난감과 산다》, 《설교트렌드 2025》 등이 있다.

청중이 설교로부터 에너지를 얻어야 한다

설교는 삶에 에너지를 공급한다

살아가면서 한 번쯤은 "삶이 이렇게 버거운데 어떻게 계속 힘을 얻어 살아갈까?"라는 질문을 던진다. 삶이 힘들고 무거워질 때, 길을 잃고 무기력에 빠질 때, 다시 일으킬 힘을 필요로 한다. 세상의 자기계발서나 명사의 명언은 일시적인 동기를 줄 수는 있지만, 신앙인은 더 깊은 영적 에너지를 필요로 한다. 청중은 그 에너지를 설교로부터 공급받고 싶어 한다.

청중은 믿음을 가진 신앙인이다. 신앙인은 영적인 언어를 통해 삶의 동력을 얻고자 한다. 신앙인에게 말씀의 동력이 필요한 것은 연단을 만나기 때문이다. 신앙인은 자신만의 연단을 겪는다. 지치고 힘든 순간, 모든 것을 포기하고 내려놓고 싶을 때를 만난다. 이럴 때 신앙인에게 필요한 것은 세상의 말이 아닌 영적인 말이다. 이때 깨달은 말씀에서 삶의 활력을 얻는다.

성경은 하나님의 말씀이 우리의 삶에 힘이라고 말한다. "구하라 그리하면 너희에게 주실 것이요 찾으라 그리하면 찾아낼 것이요 문을 두드리라 그리하면 너희에게 열릴 것이니 구하는 이마다 받을 것이요 찾는 이는 찾아낼 것이요 두드리는 이에게는 열릴 것이니라 (마 7:7-8)." 이 말씀처럼, 설교는 일상에서 고갈된 영적 에너지를 충전케 해준다. 설교를 듣는 청중에게 갈 길을 밝혀준다. 또다시 사역할 수 있는 새로운 힘을 얻는다. 설교자의 책무가 무거운 것이 여기에 있다. 청중은 설교를 통해 하나님의 말씀으로 삶의 에너지를 얻고자 한다.

청중에게 삶의 에너지를 줘야 하는 무거운 책무를 짊어진 설교자는 설교 준비를 철저히 해야 한다. 자신이 하고 싶은 것이 아니라 청중에게 힘이 되는 설교를 하기 위해 남다른 연구를 해야 한다.

설교자의 말이 중요하다. 그 말에 따라 청중의 반응은 달라진다. 청중이 그 설교가 '나에게 하는 말씀이다. 나의 마음을 어떻게 알았지? 이제는 그렇게가 아닌 이렇게 살아가야 하구나.'라며 변화된 삶을 살 수 있는 에너지를 공급해 주어야 한다.

영적 스피치를 통해 에너지를 공급한다

청중이 건강한 삶을 지속하기 위해서는 에너지가 필요하다. 현대사회에서 에너지란 단순히 신체적 힘만을 의미하지 않는다. 삶에서 겪는 피로와 무기력, 마음의 침체를 극복하기 위해서는 심층적인 '영적 에너지'가 필요하다. 설교는 이 영적 에너지를 공급하는 하나의 중요한 통로이다.

설교란 성경의 진리를 해설하고, 청중에게 삶의 방향과 의미를 제시하는 영적 스피치다. 단순한 정보 전달을 넘어서 사람의 마음 깊숙이 자리한 존재의 질문을 던짐으로 답을 제시하고 신앙적 확신을 심어주어야 한다. 그것은 설교가 말씀 안에 담긴 소망, 위로, 도전의 메시지를 전달하여 청중을 새롭게 거듭나게 하는 목적이 있기 때문이다.

설교자의 말은 영적이어야 한다. 이 영적 스피치에는 네 가지 주요 특징을 가진다. 첫째, 성경에 근거한 확신이다. 설교는 설교자의 생각을 주장하는 것이 아니다. 여기저기서 따온 정보를 제공하는 강의가 아니다. 설교는 말씀에 기초한 진리를 선포해야 한다. 둘째, 공감과 소통이 있다. 설교자는 단순히 설명과 논리, 통계로 청중을 설득하지 않는다. 감동적인 이야기를 전하는 것도 아니다. 설교자의 경험과 청중의 삶을 연결하여 청중이 자신의 이야기라고 느끼도록 하는 것이다. 즉 설교로 설교자와 청중의 삶 속에서 일하시는 하나님을 경험하게 해야 한다. 셋째, 변화의 도전으로 이끈다. 설교는 단순한 위로를 넘어서 삶을 변화시키는 도전과 결단을 촉구한다. 사람의 의지와 힘이 아닌 하나님의 힘으로 살아갈 수 있도록 한다. 넷째, 설교자는 자신의 태도와 음성을 통해 하나님의 마음을 전하려 노력한다. 일반 강연자의 몸짓과 목소리에는 자신의 연구와 경험에 의한 확신이 있다. 자신이 이루어낸 것을 사람들이 받아들이게 하려는 목적을 지닌다. 설교자의 몸짓에는 자신에게서 나오는 확신은 존재하지 않는다. 오직 주님께 의지하는 겸손한 태도와 청중을 사랑하시는 주님의 눈빛이 있을 뿐이다. 주님께서 말씀하시는 것을 전달하는 통로여야 한다. 이처럼 영적 스피치는 감정적·지적·의지적 차원에서 일반 강의 스피치와는 다르다.

설교자의 영적 스피치가 중요하다. 그 이유는 혼자가 아닌 공동체 안에서 듣는 말씀이기 때문이다. 청중은 함께 예배하는 이들과 서로 영적으로 연결된다. 공동체적 에너지는 격려와 위로, 연대의 힘을 불러일으킨다.

설교에서 선포되는 하나님의 말씀은 청중이 깨어 있기를 바란다. 청중은 일상 속에서 지치고 무뎌진 상태에 있다가, 설교를 통해 다시금 삶의 이유와 목적을 발견한다. "믿음은 들음에서 나며 들음은 그리스도의 말씀으로 말미암는다(롬 10:17)"처럼, 말씀을 듣는 것은 신앙의 각성과 회복의 첫걸음이다.

    설교는 종교적 행위가 아니라, 영적 스피치로서 우리의 마음과 삶에 깊은 에너지를 공급하는 수단이다. 청중이 설교를 들으면 영적 각성, 공동체적 연대, 실천의 동기 부여를 통해 새로운 힘을 얻는다.

    강연자와 설교자의 차이가 있다. 강연자는 지식과 경험을 전달하지만, 설교자는 말씀을 통해 청중의 내면을 일깨운다. 책임이 큰 설교자는 성령의 인도하심을 받아 말씀을 준비하고 청중의 마음과 영혼을 이해하여 메시지를 전해야 한다. 설교자는 자신의 삶과 경험을 영적스피치로 드러나게 해야 한다. 그럴 때 청중에게 공감과 진정성이 전달된다.

영적 언어를 통해 에너지를 공급한다

설교에는 청중의 내면을 움직이는 강력한 언어의 힘이 내재되어 있다. 일반 강연에는 없는 '하나님, 말씀. 은혜, 생명, 성령님, 십자가, 부활, 기도 등의 언어 말이다. 일반 강연에서는 정보 전달 중심의 언어를 사용한다. 그들은 공감보다는 설득을 목적으로 한다. 공동체적 성장 보다는 개인적인 성장을 도모한다.

    설교는 다르다. 설교에서 쓰이는 언어는 하나님과의 관계에서 나오는 영적인 언어이다. 하나님과 연결한다. 교회와 연결하는 것을 목적으로 한다. 영적 언어는 마른 뼈를 살리고 골수를 쪼개는 영의 언어이다. 영적 언어는 설교자가 하나님과의 깊은 관계 속에서 빚어진다. 진리의 언어로 진솔함이라는 옷을 입고 있다.

설교자는 청중이 현실적인 어려움, 실패와 두려움 앞에서 일어날 수 있도록 꿈, 희망, 용기를 북돋워 주고 구체적 삶의 방향성을 영적 언어로 제시한다. 조용기 목사는 《꿈, 희망, 용기를 갖고 살아라》에서 "설교는 언제나 꿈과 희망과 용기를 주어서 절망에서 소망을, 패배에서 승리를 가져올 수 있는 힘을 줍니다."[104]라고 역설한다. 이 말을 증명하듯이 설교를 듣고 '절망에서 소망을, 패배에서 승리를 이끌 힘을 얻었다'라는 신앙인의 고백을 종종 들을 수 있다. 이는 단순한 감정의 변화가 아니라, 말씀을 통해 공급되는 영적 언어로 영적 에너지를 얻은 결과이다.

영적 언어로서 설교는 청중에게 '살아갈 이유', '다시 일어설 힘'을 준다. 예수님께서는 광야의 시험에서 "사람이 떡으로만 살 것이 아니요 하나님의 입으로부터 나오는 모든 말씀으로 살 것이라(마 4:4)."라고 하셨다. 이런 말씀이 삶에서 이루어지게 한다.

영적 언어는 청중에게 구체적인 삶의 변화를 촉진한다. 단순히 고개를 끄덕이는 것으로 그치지 않는다. 예배 중 선포되는 말씀은 행동으로 나아갈 수 있도록 한다. 실패의 자리에서 용기 내어 다시 시작할 수 있게 한다.

　영적 언어로 인한 청중은 자신의 신념과 가치관에 힘을 불어넣어, 실생활에서 지속 가능한 동력으로 전환하게 한다. 김덕수는《개혁주의 설교》에서 "설교는 청중의 인생에서 무엇이 가치 있고 진짜 중요한가를 깨닫게 하며, 이 교훈은 결국 삶의 변화와 헌신으로 이어진다."[105]라며 설교의 역할과 영향에 대해서 강조했다.《어제보다 조금 더 깊이 걸었습니다》의 저자 김용규는 문자나 말로 성립하지 않는 채널을 영적 채널[106]이라고 지칭한다. 그는 영적 채널을 통해 삶의 근원을 바라볼 수 있는 눈이 뜨였다고 한다.

　설교는 하나님께서 청중에게 제공하시는 영적 채널이다. 이는 설교가 단순한 언어전달을 넘어, 성령의 감동을 통해 마음 깊은 곳에 닿는 통로임을 의미한다. 영적 언어로 전달되는 설교는 청중이 삶의 지혜를 찾게 해준다.

　설교의 영적 언어는 각 개인뿐 아니라 공동체 전체에 활력을 불어넣는다. 청중은 설교를 통해 함께 도전받고, 서로를 격려하며, 공동의 목표를 세워나간다. 영적 언어로 공동체를 함께 세워 나간다.

　설교의 일차적 결과는 개인의 삶의 변화이다. 장기적으로는 건강한 공동체, 곧 그리스도의 몸을 세운다. 설교는 이러한 공동체적 실천을 촉진하는 영적 언어의 중심이다. 청중은 설교자가 말하는 영적 언어를 통해 세상에서 신앙인으로 살 수 있는 영적 에너지를 공급받아야 한다.

황상형 목사

대구동서연경교회 교육목사이다.
저서로 《출근길 그 말씀》, 《설교트렌드 2025》 등이 있다.

자기만의 목소리로 말해야 한다

설교자는 자기 목소리가 있어야 한다

설교자는 두 가지 소리가 분명해야 한다. 첫 번째는 소명에 대한 소리다. "여호와의 말씀이 내게 임하니라 이르시되 내가 너를 모태에 짓기 전에 너를 알았고 네가 배에서 나오기 전에 너를 성별 하였고 너를 여러 나라의 선지자로 세웠노라 하시기로 내가 이르되 슬프도소이다 주 여호와여 보소서 나는 아이라 말할 줄을 알지 못하나이다 하니 여호와께서 내게 이르시되 너는 아이라 말하지 말고 내가 너를 누구에게 보내든지 너는 가며 내가 네게 무엇을 명령하든지 너는 말할지니라(렘 1:4-7)." 설교자는 누가 뭐래도 하나님께서 부르셔서 말씀을 전하라는 소명 의식이 선명해야 한다. 예레미야에게 '무엇을 명령하든지 너는 말할지니라.'라는 말씀 전파자의 소명이 주어졌음을 잊지 말아야 한다. 설교자는 동서남북 어디를 가든지 말씀 전파자로서 소명 받은 자임을 기억해야 한다. 말씀의 원본을 전하는 하나님 나라 아나운서임을 잊지 않아야 한다.

두 번째는 설교자는 사명이 분명해야 한다. "주께서 이르시되 가라 이 사람은 내 이름을 이방인과 임금들과 이스라엘 자손들에게 전하기 위하여 택한 나의 그릇이라 그가 내 이름을 위하여 얼마나 고난을 받아야 할 것을 내가 그에게 보이리라 하시니(행 9:15-16)." 이 말씀은 예수께서 사울을 사명자로 부르실 때, 그 사실을 부인하던 아나니아 선지자에게 들려주신 주님 음성이다.

사울이 교회를 핍박하고 예수를 박해하는 주동자였지만 예수께서 직접 사울에게 사명을 주셨다고 아나니아에게 전하는 장면이다. 설교자는 비록 온전치 못한 모습이 있었다 할지라도 목회자로 기름 부으심을 받으면 '이방인과 임금들에게 말씀을 전하기 위한 사명자임을 기억하고 고난 받을 각오로 청중들에게 말씀을 전해야 한다. "고난당하는 것이 내게 유익이라 이로 말미암아 내가 주의 율례들을 배우게 되었나이다(시 119:71)."라는 말씀처럼 설교자는 고난 앞에서 도망자가 아니라 하나님 나라 소명자임을 명심하고 생명의 언어를 전해야 한다.

20년 이상 교육 사업을 하는 사람에게 '직원 채용할 때 무엇을 가장 중점적으로 보는가? 어떤 사람을 뽑는 게 정답일까?'라고 물었을 때, 능력, 인성, 성실함 등의 답변이 나온다. 한 원장은 달랐다. 그는 '목소리를 유심히 듣습니다.'라고 답변했다. "목소리를 들으면 그 사람이 어떤 사람인가가 보입니다. 목소리의 높낮이 변화가 너무 큰 사람은 성격도 변덕스럽고 한 곳에서 오래 일을 하지 않지요."[107]

원장은 목소리로 생업을 이어가는 사람이기에 소리에 대한 철학을 분명히 가지고 있다. 설교자 또한 목소리로 평생 목회해야 한다. 하나님 말씀을 전하는 자로서 청중에게 들려지는 설교자만의 '소리 신학'을 가지고 살아야 한다. 어떤 소리 신학을 가지고 있어야 할까? 하나님께서 맡겨주신 소명 신학과 예수께서 부탁하신 사명 신학을 가슴에 품어야 한다.

잠언은 소리에 관해 말씀한다. "이른 아침에 큰 소리로 자기 이웃을 축복하면 도리어 저주같이 여기게 되리라(잠 27:14)." 상대방을 축복하는 말일지라도 때와 장소, 시간을 고려하지 않은 큰소리는 역효과를 가져온다. 목소리가 큰 것이 나쁜 것이 아니다. 지나치게 큰 목소리는 심리적으로 상대방을 억누르고 제압한다.

강단은 설교자가 큰 소리로 청중을 제압하는 장소가 아니다. 큰 소리로 힘주어 강조해야 할 때도 있다. 반면에 청중에게 다정다감하게 잘 들리면 된다. 마티아스 뇔케의 《결정적 순간, 나를 살리는 한마디 말》에 "'초콜릿 톤'이라는 용어가 나온다. 크지도 작지도 않고 부드럽지만, 적당한 힘이 실린 최적의 음높이를 말한다. 사람마다 체격이 다르듯 그 적정 높이의 초콜릿 톤도 자신에게 맞추어야 한다."[108] 설교자가 청중들에게 설교할 때 부드러운 감성과 진정성 있는 목소리로 해야 한다.

과거엔 남 앞에서 말하는 연습을 위해 웅변학원에 다녔다. 웅변을 배우는 대상은 '자신감 없는 어린이', '발표력이 약한 학생'이다. 설교자는 웅변적인 것이 아니라 어떤 내용인가가 중요하다. 청중의 마음을 움직여야 하기 때문이다.

성경에 듣는 자의 마음을 움직인 '나단' 선지자가 있다. "다윗이 나단에게 이르되 내가 여호와께 죄를 범하였노라. 하매 나단이 다윗에게 말하되 여호와께서도 당신의 죄를 사하셨나니 당신이 죽지 아니하려니와(삼하 12:13)." 나단 선지자는 다윗의 죄를 알고 난 다음 '기회는 이때다'하고 큰소리치지 않는다. 범죄 한 사실을 꼬투리 잡고 제압하지 않는다. 다윗의 실책을 추궁하지 않는다. 죄인 취급하지 않는다. 칠 계명을 범한 사실을 양 비유를 통해 다윗에게 전할 뿐이다.

설교자는 목소리의 높낮이보다 중요한 것이 진정성이다. 진정성 있게 청중의 마음을 움직여야 한다. 큰소리로 제압하는 것이 아니라 초콜릿 톤으로도 청중의 마음을 얻을 수 있어야 한다.

설교자는 '홀리 톤'을 조심하라

설교자에게 좋지 않은 버릇이 있다. 홀리 톤(holy tone)이다. '홀리 톤'은 거룩한 목소리 톤으로 분위기를 제압하려는 버릇 같은 것이다. 설교 시간에 '할렐루야', '축원합니다.' 같은 특정 언어로 홀리 톤으로 분위기를 통제하려고 한다. 기도할 때, 바리톤 목소리로 홀리 톤을 사용하기도 한다. 어떤 설교자는 방언 기도 홀리 톤으로 청중을 사로잡으려고 한다.

성령의 은사인 방언은 하나님께서 주신 은혜다. 그리스어 'glossa'는 '혀' 또는 '방언', lalia는 '말함'이라는 뜻이다. "어떤 사람에게는 능력 행함을, 어떤 사람에게는 예언함을, 어떤 사람에게는 영들 분별함을, 다른 사람에게는 각종 방언 말함을, 어떤 사람에게는 방언들 통역함을 주시나니 이 모든 일은 같은 한 성령이 행하사 그의 뜻대로 각 사람에게 나누어 주시는 것이니라(고전 12:1-11)." 하나님께서 주신 방언을 남용하여 홀리 톤으로 자기과시를 하면 안 된다. 청중을 홀리 톤으로 제압하기보다는 삶으로 보여주려 해야 한다.

홀리톤은 일종의 가성이다. "사람마다 목소리가 다른 것은 성대 때문이다. 성대는 길이나 두께, 팽창 상태 등 똑같은 성대는 하나도 없다. '가성'을 쓰면 성대를 긴장시킨다. 가성을 쓰는 사람은 자기도 모르게 신체적으로 정신적으로 스트레스를 받는다는 것이다."[109]

가성인 홀리 톤을 사용하면 청중이 스트레스를 받는다.

어떤 설교자는 가성을 사용하는 것이 청중에게 거룩한 하나님의 소리로 들을 것이라는 착각을 하는데 이를 버려야 한다. 홀리 톤!, '가성'으로 설교한다고 청중들이 은혜 받지 않는다. 청중들은 소리보다 설교자가 전하는 말씀의 내용이 더 중요하다. 청중들은 설교자의 목소리보다 전하는 내용에 관심이 크다. 설교자는 '가성'으로 영향력을 일으키려는 욕심이나 야망보다 영양가 있는 하나님 말씀으로 청중에게 다가가야 한다. 홀리 톤이 아닌 진리 톤으로 말해야 한다.

설교자에게 고쳐야 할 소리가 있다

목소리는 하루아침에 바뀌지 않는다. 입에 베인 작은 습관 때문이다. 우리가 하는 같은 말이라도 분위기에 따라 180도 달라진다. 나쁜 습관이라면 빠르게 고치는 것이 좋다. 설교자가 고쳐야 할 말하기 습관이 있다.

첫 번째는 자신감 없이 말 끝부분을 흐리는 습관이다. 안녕하세요? 저는 대구에 사는 60대 남자 ○○○입니다. 말 끝부분을 작게 말하거나 또박또박한 목소리가 아닌 끝을 흐리게 발음하는 습관을 버려야 한다. 필자가 알고 있는 선배는 부흥 강사로 전국을 다니는 분이지만 '예수 그리스도의 이름으로 기도합니다'라고 하는데 단한 번도 '스'자 발음을 정확하게 들어본 기억이 없다. 항상 '예수 그리-도' 이름으로 기도합니다. 이렇게 들렸을 뿐이다.

설교자는 청중에게 선명한 소리로 전달하기 위해 신경 써야 한다. 비트겐슈타인은 '언어의 세계는 그 사람의 세계다'라고 한다. 흐릿하게 말하는 사람은 흐릿한 사고를 하는 사람일 가능성이 크다. 살아 운동력 있는 하나님 말씀을 전하는 설교자는 선명하고 분명하게 말해야 한다.

설교자가 고쳐야 할 두 번째 습관은 끝말에 힘을 주며 억양을 올리는 습관이다. 끝말을 살짝 올리면 친절한 느낌을 준다. 서비스업 계통에 있는 사람들의 소리는 "안녕하십니까? 고객님!, 오늘도 방문해 주셔서 감사합니다."라며 끝말을 올려 잔잔한 파도를 타는 느낌으로 말한다. 말끝을 살짝 올리면서 친근감을 준다. 끝말을 올리면 친근감 있게 들리지만, 또 한 편으로는 억지로 강요하는 소리로 들린다. 한 문장 안에 끝말을 올리는 습관이 지속되면 안정감이 사라지고 초등학교 어린아이가 발표하는 것처럼 들린다.

설교자가 세 번째로 다듬어야 할 습관은 하지 않아도 될 말을 덧붙이기 하는 습관이다. 개인마다 습관적으로 반복하는 말이 있다. 필자는 '오늘'이란 말이다. 돌이켜보면 '오늘'을 시제로 사용하는 게 아니라 '접속사'로 사용하고 있다. '오늘'이라는 접속사를 사용하지 않으려고 의식하지만, 아직도 완전히 고쳐지지 않았다. 부교역자에게도 불필요한 '덧붙이기 말 습관'을 이야기해 준다. 고쳐지는 부교역자도 있지만 수용하지 않고 버릇처럼 여전히 사용하는 이들도 있다. 전달하고자 하는 말씀이 제대로 준비되지 않거나 자신감이 떨어지면 자신도 모르게 이런 '덧붙이기 말 습관'이 나온다. 이런 버릇은 내용을 흐리게 한다. 청중들에게 전달할 내용을 방해한다. 세련된 말을 깔끔하게 전달하지 못하게 한다.

설교자는 청중들에게 하나님 말씀을 전할 때 고무줄 기법을 사용하면 좋다. 고무줄은 탄력성 때문에 팽팽하게 늘이거나 느슨하게 줄일 수 있다. 길게 짧게, 굵고 가늘 게, 수시로 조절할 수 있는 고무줄 기법으로 말하는 습관을 길러야 한다. 사람이 입는 옷 중에 '스판(spandex)'으로 된 옷은 몸을 편안하게 한다. 설교자는 언어의 스판(spandex)을 사용하여 청중들의 마음을 불안에서 평안으로 이끌어야 한다.

설교자가 빠져들 수 있는 버릇인 '끝말을 흐리는 습관, 끝말을 올리는 습관, 군더더기 같은 덧붙이기 습관'을 고쳐야 한다. 못자리판에서는 벼가 제대로 자라지 못한다. 모내기할 무렵 벼가 쑥쑥 자란다. 설교자는 청중에게 정해진 시간에 많은 것을 전하려는 욕심 때문에 못자리판 설교가 된다. 모내기하는 농부처럼 간결하게 전달해야 한다.

설교자는 자기가 한 말에 책임져야 한다

설교자는 자기가 한 말에 책임져야 한다. 그럴 때 청중에게 신뢰감을 준다. 무책임한 말 때문에 설교자의 신뢰가 추락한다. 세계적인 경영 사상가 피터 드러커는 신뢰감을 이렇게 말한다. "군사훈련에서 제 1 규칙은 사병들에게 지휘관에 대한 신뢰를 불어 넣는 것이다. 지휘관에 대한 신뢰가 없으면 나가 싸우지 못한다."

설교자가 어떻게 하면 청중들에게 신뢰감을 주며 책임질 수 있을까? 첫 번째는 정직성이다. 성경은 정직성을 강조한다. "하나님이여 내 속에 정한 마음을 창조하시고 내 안에 정직한 영을 새롭게 하소서(시 51:10)." 설교자의 정직한 소리는 듣는 모든 이들에게 하나님 말씀으로 새롭게 한다. 설교자가 지녀야 할 두 번째 소리는 유연성이다. 정신과 의사 와다 히데키는 분노, 불쾌감, 두려움' 등의 감정 상태는 전달을 방해하는 적이라고 한다. '불쾌한 감정을 안은 채로 정보를 들으면 그 정보 자체를 부정적으로 인식하게 된다고 한다.' 설교자가 유연성을 상실하면 청중 반응이 싸늘해진다.

세 번째는 소통성이다. 요한복음 4장은 예수님과 사마리아 여인의 소통 장면을 보여준다. 당시 사마리아인은 유대인을 상종하지 않는다는 거부반응이 있었다. 거부반응으로 가득한 사마리아 여인에게 예수님은 '선물'이라는 단어를 사용한다. '뇌물은 재판을 굽게 한다(잠 17:23).'라고 했다. 예수님은 여인에게 선물이라는 단어를 사용하며 마음을 기피하지 않고 깊이 있게 대화를 이어간다. 설교자는 말하는 자다. 말에 대한 책임을 져야 하는 위치에서 정직성, 유연성, 소통성으로 말씀을 전할 때 청중의 마음이 움직인다.

석근대 목사

대구동서교회 위임목사이다.
저서로 《삶을 쓰는 글쓰기》, 《일상에서 신앙 찾아가기》 등이 있다.

Chapter 3

**설교 내용이
말하기를 결정한다**

설교트렌드
2026
- 말하는 설교

내용은 성경적이어야 한다

강단에 하나님의 말씀이 울려 퍼지지 않는다

C.S 루이스의 책 《스크루테이프의 편지》를 읽으면 섬뜩하다. 1942년도에 처음 쓰인 이 책의 내용이 현재 한국교회를 꿰뚫어 보고 있는 것 같다. 이 책은 인간이 참된 믿음을 가지지 못하도록 사단이 교인 자신, 가족, 이웃, 심지어 교회 공동체, 목회자까지 교묘하게 이용하고 있다는 것을 잘 보여준다. 그중에서도 목회자의 모습은 현재 강단의 문제를 정확하게 묘사하고 있다. "그 목사의 견해는 너무나 광범위해서 종종 사람들을 당황스럽게 만들지. 하루는 공산주의자에 가까운 말을 하는가 하면, 다음 날엔 신정주의적 파시즘에서 멀지 않은 말을 해대니 왜 안 헷갈리겠어. 하루는 스콜라 철학자가 되었

다가 다음 날엔 인간 이성을 통째로 부인해 버리기도 하고, 하루는 정치에 푹 빠졌다가 다음 날엔 세상 나라는 똑같이 '심판'을 면할 길이 없다고 단언하거든."[110]

현재 한국교회의 강단에서도 이런 일이 자행되고 있다. 공의와 사랑의 하나님 말씀이 선포되는 것이 아니라 설교자의 견해와 취향이 선포된다. 일부 설교자는 청중이 설교자의 말대로 움직이도록 강단을 이용해 세뇌한다. 설교자가 후원하고 지지하는 세력의 추종자들이 되도록 부추긴다. 민주주의를 지키겠다는 그럴싸한 명분을 내세워 극우 극좌세력이 되도록 조장하기도 하고, 잘못된 역사 인식을 심기도 한다. 기복주의를 전면에 내세워 설교자의 말에 순종하는 이들은 하늘의 복을 받는다고도 한다.

설교자는 하나님 앞에 정직해야 한다. 간혹 잘 알려진 목회자들이 한순간에 실족해서 많은 사람을 혼란에 빠뜨리는 일도 이것의 실패에서 기인한다. 특히 하나님 말씀을 듣고 강단에 서는 설교자는 강단을 하나님 말씀, 말씀을 삶으로 살아내려고 노력하는 모습, 설교자에게 주시는 지혜로 가득 채워야 한다.

어떤 목사님의 설교를 들은 한 교인이 했던 말이 생각난다. 그는 목사님의 설교를 듣고 있다 보면 무슨 스포츠 중계를 듣고 있는 것 같다고 한다. 설교가 끝나고 나면 하나님의 말씀은 온데간데없고 설교자의 취미만 남는 것이다. 또 다른 교인은 교회 출석 2년쯤이 되자

처음의 기쁨은 사라지고 너무나 큰 갈급함이 그의 마음을 괴롭혔다고 고백했다. 그는 이런 원인이 무엇일까 고민하며 기도했다. 원인은 바로 그 목사님의 설교에 '예수님'이 빠져있었다는 것이다. 설교자의 말에 정보의 유식함은 있었지만 진짜 가치는 존재하지 않았다.

　설교자는 늘 경고등을 켜고 있어야 한다. 십자가의 도를 미련한 것으로 받는 자가 설교자 자신이 되면 안 된다. 설교에 하나님의 말씀이 사라지면 청중의 마음에는 메마름만이 남는다. 설교자의 말이 재미있는 예화와 분노를 일으키는 정치적 견해, 세상의 지식에서 따온 여러 가지 지식으로 포장될 때, 청중의 귀에 잠깐 듣기 좋을지 모른다. 그러나 청중의 마음에는 아무런 은혜도 남지 않는다. 강단에서 선포되는 말씀은 오직 하나님의 말씀이어야만 한다. 하나님의 말씀이 선포될 때 역사는 일어난다. 청중은 살아난다.

설교 본문에 충실해야 한다

설교자는 종종 청중을 오해한다. 청중이 성경 말씀을 원하기보다는 재미있는 이야기, 괜찮은 이야기를 듣고 싶어 한다고 생각한다. 성경 말씀을 전하면 고리타분해 할 것이라고 여긴다. 재미있는 예화를 따오거나 유명인의 말이나 책에서 교훈을 가져오려고 애쓴다. 사실은 그렇지 않다. 청중은 설교자 개인의 말을 듣기보다 하나님의 말씀을 듣기 원한다.

재미있는 통계가 있다. 목회트렌드연구소에서 시행한 조사[111]에 따르면 81%의 설교자는 설교가 하나님의 말씀이라고 생각하는 반면, 교인의 57%만 설교는 하나님의 말씀이라고 생각한다. 설교자는 하나님의 말씀을 전한다고 생각하지만, 절반의 교인만 그렇게 믿는 현실은 설교의 본질에 대한 오해 혹은 신뢰 부족을 시사한다. 왜 이런 결과가 나왔는지 돌아봐야 한다. 하나님의 말씀을 설교자 자신의 주장을 뒷받침하기 위해 끌어온 것은 아닌지 따져봐야 한다. 혹은 적용은 없는 좋은 말 대잔치에 불과했을 수도 있다. 하나님 말씀보다는 청중이 듣고 싶어 하는 내용, 청중의 귀를 즐겁게 하는 내용이었을 수도 있다.

설교자는 먼저 설교 본문에 충실해야 한다. 설교가 전하고자 하는 주제, 중심 문장이 하나님 말씀이어야 한다. 설교 내용이 설교자의 말이 아닌 성경 말씀으로 채워져야 한다. 그러기 위해서는 설교의 메시지가 성경 본문 중심이어야 한다. 이를 위해 설교자는 본문을 철저히 연구해야 한다.

하나님께서는 고대 근동의 시대에서부터 AI 시대에 이르기까지 장구한 시간 속에서 성경을 읽는 사람들이 시대에 맞는 의미를 발견하게 하신다. 이것이 성령의 역사하심이다. 5천여 년에 걸친 동일한 본문은 시대별 독자의 상황에 맞게 재해석된다. 성경 말씀이 오늘을 사는 우리에게 전하려는 진의를 파악하기 위해서는 말씀이 쓰인 시대, 상황, 역사적 배경, 비유, 상징 등의 연구에 공을 들여야 한다. 설교자에게 제일 기본적으로 필요한 문해력이다.

배성현의 《존 파이퍼에게 설교를 묻다》에서는 설교의 대가 존 파이퍼가 주장한 성경 텍스트 연구의 객관성이 가지고 있는 힘에 대해 역설한다. "설교자는 성경의 저자가 원래 의도한 바가 무엇인지를 알아내기 위하여 성경을 연구해야 한다. 파이퍼는 저자의 의도는 우리 앞에 있는 본문의 언어에서 찾을 수 있고 저자가 도달하고자 의도한 내용을 일회적인 역사적 사건이기에 언제나 동일하다고 말한다. 나아가 설교자는 성경 저자의 의도를 발견한 후 그 의미를 자신의 삶과 주변 상황에 적응할 수 있고 그 적용의 힘은 변치 않는 객관적인 의미에 근거를 두고 있기에 강력하다고 강조한다."[112] 설교자가 전하고자 하는 말씀이 변함없는 텍스트에 기반을 두고 있을 때, 청중은 설교에 대한 권위를 인정한다. 설교가 성경을 중심으로 풀어지지 않을 때, 청중은 설교의 진정성을 의심한다.

성경에 근거한 적용이어야만 힘이 있다

설교는 말씀과 개인, 말씀과 사회를 엮어야 한다. 본문 연구가 끝났다면, 묵상을 통해 현시대를 사는 설교자 자신과 청중에게 어떻게 적용할 것인지 고민해야 한다. 그렇지 않으면 아무리 골수를 쪼개고 마른 뼈를 살리는 성경 말씀일지라도 변화를 가져오지 못한다.

최종원은 《텍스트를 넘어 콘텍스트로》에서 성경을 현시대에 적용하지 못하는 설교의 문제점을 다음과 같이 지적한다. "적어도 한국교회가 안고 있는 문제는 대체로 주류 교회가 시대의 문법을 읽지 못하거나 읽고자 하지 않기 때문에 생긴다. 그 도피처로 제한된 경전 텍스트에 자신을 가두고 붙잡고 씨름한다. 그러나 시대의 콘텍스트에 대한 고민에 기반을 두지 않을 경우, 루터도 칼뱅도, 심지어 성경 텍스트도 해답을 줄 수 없다."[113] 설교자는 오늘을 사는 청중에게 깊은 묵상으로 발견한 영적 진리를 적용할 수 있게 해야 한다. 설교자가 직접 공동체적으로 함께 행동할 적용점을 전할 수 있다. 또, 열린 질문으로 청중이 스스로 생각하여 청중 개인이 삶의 적용점을 찾을 수 있도록 유도할 수 있다.

설교자가 적용점을 선포하기 위해 두 가지 조건이 있다. 첫째 조건은 설교자의 시범이다. 설교자가 먼저 본문을 붙들고 씨름하면서 자신의 삶에 적용하기 위해 치열하게 애써야 한다. 설교자도 청중과 같은 연약한 인간임을 드러내며 주신 말씀을 통해 얻은 깨달음과 작은 것에라도 순종한 삶의 한 자락을 나눌 때, 청중도 변화한다. 김영봉 목사는 《설교자의 일주일》에서 회중이 설교자에게 기대하는 것은 완벽한 정답이 아닌, 복음의 진리를 향한 거룩한 존경심과 그 진리를 이해하려는 진지한 탐구심을 기대한다고 강조한다.[114] 설교자가 믿으려고, 살아내려고 발버둥 쳐 본 경험이 있는 말씀은 청중에게 진정성 있게 다가간다. 설교자 자신은 그렇게 하지 않으면서 어떤 목적을 이루기 위해서 성경 말씀을 이용한다든지, 설교자와 교회의 사익을 추구하기 위한 말씀을 전하면 청중은 단번에 알아차린다. 하나님은 사라지고 설교자만 남는 설교로 전락한다.

둘째 조건은 청중이 쉽게 적용할 수 있어야 한다. 〈아트설교연구원〉에서는 설교자가 좋은 적용을 도출해 내기 위해 '낯설게 보기'를 가르친다. 설교를 단 한 문장으로 집약시키고, 일상의 언어와 연결하여 청중의 기억에 남게 하는 것이 목적이다.

설교가 청중의 귀에 잘 들리고 마음에 꽂혀 적용점을 만들기 위해서는 청중이 추상적인 내용에 머무르게 해서는 안 된다. 실생활에서 쉽게 찾아볼 수 있는 단어를 통해 영적 진리를 끌어내도록 해야 한다. 예를 들면 '카드'라는 한 단어의 특징을 찾는다. 그런 후에 '감사'를 '카드'로 설명하도록 한다. 이를 설명하면 다음과 같다. '감사는 미리 하는 것이다. 카드로 미리 결제한다. 감사는 카드다. 하나님께서 이루신 다음에 감사하는 것이 아니라 하나님께서 일하시기 전에 감사하는 것이다. 카페를 가더라도 결제를 먼저 하고 커피를 받는다. 무엇을 한 다음에 감사드리는 것이 아니라 받은 줄 믿고, 주신 줄 믿고, 사랑을 경험한 줄 믿고 미리 감사하는 것이다.' 이런 연결에서 '감사는 카드결제입니다.'라는 적용 문장을 도출할 수 있다. 청중은 한 주간의 삶에서 이 문장을 기억하며 쉽게 감사할 수 있다. 100원도 카드로 결제하는 요즘, 결제할 때마다 감사를 떠올릴 수 있기 때문이다.

성경을 전할 때 설교자도 살고 청중도 살아난다

설교자가 청중에게 성경 말씀만을 전하려고 노력할 때, 교회 안에 자정작용이 일어난다. 자신을 향한 비판과 성찰은 청중에게만 필요한 것도 아니다. 설교자에게만 필요한 것도 아니다. 설교자와 청중 모두에게 필요하다. 설교자의 의도를 관철하기 위해 성경 말씀을 끌어 온다면 그 공동체에 자정작용은 작동하지 않는다. 하나님의 말씀을 빙자한 말씀 선포는 청중의 귀와 눈을 멀게 해 비판적 사고 능력을 잃게 한다.

번영신학으로 변질한 복음, 세상과 분리되어 자신만의 고고함으로 높은 곳에 있다고 자처하는 교만에서 벗어나기 위해서는 성경으로 설교를 채워야 한다. 김형익 목사는 《우리가 하나님을 오해했다》에서 메신저로서의 그리스도인에 대해서 다음과 같이 역설한다. "그리스도인은 원하든 원치 않든 설교자로 이 땅을 살아가도록 부르심을 입은 사람들이다. 사람들은 우리의 얼굴에서, 말에서, 행동에서, 품위에서 끊임없이 무언가를 듣는다. 언제나 메시지는 전달되고 있다."[115] 설교자가 하나님의 충성된 통역가로 하나님의 말씀을 전할 때, 청중은 하나님 말씀으로 변화된다. 세상이 닮고 싶어 하는 본이 된다.

청중의 삶의 변화는 하나님의 말씀에 달려 있다. 설교자가 하나님의 말씀을 충실히 연구하고 가르칠 때 세상은 변화될 것이다. 이신화의 《소중한 지혜의 한 줄》에서는 "말로 용감하다고 해서 용감한 것이 아니다"[116]라고 한다. 말로만 용감하고 실제로 행동은 그렇지 못한 비겁한 사람이 되면 다른 사람의 놀림감이 될 뿐이다.

설교자는 아무런 변화도 만들어 내지 못하는 빈말을 전하지 않도록 주의해야 한다. 빈말은 듣기에는 번지르르하고 맞는 말 같아서 권위가 있어 보인다. 사실은 아무런 영향력도 없는 말이다. 하나님의 말씀인 것 같지만 하나님은 그 가운데 계시지 않는 것과 같다. 하나님의 말씀을 전한다고 해서 그 말씀이 하나님의 말씀이 아닐 수도 있는 것이다. 설교자는 늘 깨어 있어 두려운 마음과 겸손한 마음으로 하나님 말씀 앞에 엎드려야 한다. 그럴 때, 설교자 자신을 살리고 듣는 이를 살리는 하나님의 말씀이 선포될 것이다.

이문이 목사

목포큰기쁨의교회 담임이다.
신안에서 다문화 이주노동자 대상 사역을 한다.

구성은 다양해야 한다

구성은 내용을 돋보이게 한다

콘텐츠(contents) 시대가 도래했다. 인류는 역사를 B.C와 A.D로 나누었다. 지금의 인류는 코로나 19 이전과 이후로 나눌 정도 코로나 19의 파장은 대단했다. 포스트 코로나 시대는 뉴노멀의 시대가 되었다. 언택트 시대와 온택트 시대가 되었다. 이런 시대에 가장 중요한 것은 콘텐츠다. 카피라이터 박웅현은 《여덟 단어》에서 콘텐츠가 본질이라고 하면서, "콘텐츠는 '사람을 어떻게 움직이는가'에 대한 메커니즘"이라고 말한다.

홍익대학교 영상 커뮤니케이션대학원 성열홍 교수도 이렇게 말한다. "재미와 감동을 주는 이야기는 인류가 태동한 이래 시작된 가장 오래되고 가치 있는 산업이다. 이제 농업, 제조업, IT 등 어떤 분야의 산업이든지 그 속에 이야기, 즉 콘텐츠가 없으면 새로운 시장을 확보할 수 없다. 그래서 우리는 콘텐츠 사업을 인류의 마지막 산업이라고 부르기도 한다."[117] 콘텐츠 사업은 인류의 마지막 산업이라고 부를 정도로 중요하다.

교회가 세상에 내놓을 수 있는 콘텐츠는 설교다. 세상은 설교 콘텐츠를 보고 어떤 곳인가를 평가한다. 이미 교회에 세계 최고의 콘텐츠가 있다. 성경이다. 설교자는 최고의 콘텐츠인 성경을 더 돋보이게 하기 위해 설교도 최고의 콘텐츠로 만들어야 한다.

콘텐츠에는 두 가지 요소가 있다. 하나는 내용이다. 또 다른 하나는 구성이다. 둘 중에 내용이 더 중요하지만, 내용을 돋보기에 하는 것은 구성이다. 설교는 구성을 어떻게 하느냐에 따라 관심을 끄는 콘텐츠가 되기도 하고, 외면받는 콘텐츠가 되기도 한다. 그동안 설교자는 설교의 내용에만 집중했다. 이제는 달라져야 한다. 내용도 중요하지만, 구성도 중요한 시대가 되었다. 설교 구성이 잘 돼야 설교 내용이 돋보이고 생동감 있게 전달된다.

〈더 글로리〉, 〈미스터 션샤인〉, 〈도깨비〉, 〈태양의 후예〉 등은 엄청난 인기를 끌었던 드라마다. 모두 김은숙 작가가 쓴 작품이다. 김은숙 작가는 드라마 회당 원고료를 1억 원 넘게 받는다고 한다. 드라마가 인기를 누리기 위해서는 주인공의 연기, 조연의 감초 역할, 감독의 촬영기술, 스텝들과의 협업 등이 조화를 이루어야 한다. 하지만 무엇보다 중요한 것은 작가다. 김은숙 작가 작품의 백미는 구성이다. 한 회가 끝날 때마다 빨리 다음 회가 궁금해지고 보고 싶은 마음이 생긴다.

설교도 구성이 중요하다. 설교자는 설교 작가라고 할 수 있다. 설교 작가는 내용도 좋아야 하지만 청중이 설교에 몰입할 정도로 구성을 잘해야 한다. 내용이 아무리 좋아도 구성이 제대로 되지 않으면 잘 들리지 않는다. 몰입감이 떨어진다. 〈아트설교연구원〉 대표인 김도인 목사도 설교 내용이 제품의 '성능'이라면 설교의 구성은 '디자인'[118]이라며 설교 구성의 중요성을 강조한다. 설교자는 설교 내용도 잘 준비해야 하지만 구성에도 많은 시간을 투자해야 한다. 구성을 어떻게 하느냐에 따라 설교 내용이 돋보일 수 있기 때문이다.

원포인트로 구성하라

설교자는 설교를 원포인트 구성으로 바꾸어야 한다. 한국교회에서는 삼대지 설교가 설교의 정석으로 여겨져 왔다. 지금도 설교자 대부분이 삼대지 설교를 하고 있다. 이제는 원포인트 설교로 전환해야 한다. 버트릭은 《시대를 앞서가는 설교》에서 "삼대지 설교와 같이 중간에 끊기는 설교는 이제 현시대와 미래 시대에는 설득적이지 못하다."[119]라며 단정한다. 장로회신학대학교 김운용 총장도 이렇게 말한다. "한국교회 대부분의 설교자는 설교 형태의 다양성이라는 측면에서 보면 어느 한 형태에 고착되어 왔던 것이 사실이다. 어떤 설교자는 언제나 첫째, 둘째, 셋째…하는 형식의 대지설교, 혹은 주제설교의 형식에서 벗어나지 못하는 경우가 있는가 하면, 한 절을 읽고 강해하고 적용하는 형식에만 고착되어 있는 경우도 있다. 본문의 특성이나 설교의 내용, 그리고 청중들은 거의 고려하지 않은 채 자신이 선호하는 방법에만 고착되어있는 경우가 허다하다."[120]

영화 〈쇼생크 탈출〉에서 흑인 죄수 레드는 "이 담들이 참 웃긴 게… 처음엔 싫지만, 차츰 길들여지지. 그리고 세월이 지나면 벗어날 수 없어. 그게 길들여진다는 거야."라고 말한다. 레드의 말처럼 설교자기 삼대지 설교에 길들어 있지 않나? 라는 생각이 든다. 필자도 예외가 아니었다. 신학교 때 삼대지 설교를 배웠다. 목사고시에서 삼대지 설교를 작성해서 합격할 수 있었다. 필자도 10여 년 전까지 삼대지 설교를 했다. 담임목사 3년 차에 설교의 한계를 느꼈다. 설교를 더는 할 수 없겠다는 생각과 함께 목회를 그만두고 싶었다. 하지만 〈아트설교연구원〉에서 공부하면서 설교에서 자유로워졌.

삼대지 설교에서 원포인트 설교로 구성을 바꾸었다. 원포인트 설교로 구성을 바꾼 이후 청중의 반응은 뜨거웠다. 한 청중의 이야기다. "목사님 설교는 쉽고 잘 들립니다. 설교를 듣고 나면 한 가지 메시지가 머리에 남고 그렇게 살아보고 싶은 마음이 듭니다." 복잡하고 빠른 시대를 살아가는 현대 그리스도인들에게 원포인트가 삼대지 설교보다 훨씬 장점이 많다.

좋은설교만들기연구소 소장인 박영재 목사는 원포인트 설교의 장점을 열 개나 언급한다. 열 한 가지 중에서 몇 가지만 살펴보자. 첫째, 쉽고 간결한 메시지를 전할 수 있다. 현대인은 복잡하고 어려운 메시지를 싫어한다. 단순한 것을 좋아한다. 둘째, 메시지가 선명하다. 포스트모더니즘 시대는 '이것'도 '저것'도 가능한 모호한 혼돈의 시대이다. 이런 시대 원포인트 설교는 선명한 메시지를 전달한다. 셋째, 단순하지만, 깊고 넓게 터치할 수 있다. 현대인은 그 어느 때보다 지식의 폭이 넓고 깊다. 원포인트 설교는 한 주제를 다루기 때문에 설교 내용이 넓고 깊다. 넷째, 모든 사람에게 쉽게 이해된다. 현대 청중은 다양하다. 원포인트 설교는 쉽게 이해할 수 있도록 구성하기 때문에 다양한 청중을 만족시킬 수 있다.[121]

김영봉 목사는 《설교자의 일주일》에서 "삼대지 설교가 뷔페 식탁이라면, 한 주제설교는 코스 요리라고 할 수 있다"[122]라고 한다. 현대 그리스도인들은 뷔페 설교보다 코스 요리 설교를 좋아한다. 원포인트설교는 삼대지 설교보다 준비하는 것이 힘들다. 제대로 준비하지 못하면 원포인트 설교는 지루한 설교가 된다.

'사랑'이라는 주제로 25-30분 정도 청중이 설교를 듣는다고 생각해 보라. 구성을 제대로 하지 않으면 같은 말을 반복하게 된다. 설교가 늘어지고 지루해진다. 하지만 구성을 제대로 하면 원포인트는 강력한 설교가 된다. 드라마틱한 설교가 된다.

다양한 구성요소를 활용하라

설교 구성은 다양해야 한다. 구성이 다양해야 한다는 것은 다양한 구성요소를 효율적으로 사용해야 한다는 것이다. 한때 전국에 1,176개에 달했던 지방 축제는 현재 898개로 줄었고, 그중 대부분은 특색 없는 행사와 모방의 남발로 인해 외면받고 있다. 축제들이 비슷한 시기, 양식, 방식으로 열리면서 창의성과 감동을 잃었기 때문이다. 반면, 성공한 축제들은 예외 없이 다양한 독창성과 공감의 창조력이 돋보인다.[123]

설교도 마찬가지다. 설교자가 매일, 매주 설교를 하지만 청중에게 외면당하고 있다. 여러 가지 이유가 있겠지만 가장 중요한 이유는 설교 구성이 다양하지 못하기 때문이다. 어떤 설교자는 한 가지 구성으로만 설교한다. 청중이 이런 설교를 몇 개월 들으면 다음 설교가 예상된다. 예상되는 설교는 청중의 관심에서 밀려난다. 구성이 단조로운 드라마는 시청률이 떨어질 수밖에 없다. 이미 예상이 되기 때문이다. 설교도 마찬가지다. 설교자가 같은 구성으로만 설교하면 청중에게 외면당한다.

성경은 다양한 작품들로 구성되어 있다. 예수님은 다양한 방법으로 말씀을 전하셨다. 하지만 설교자는 다양한 방법으로 설교하지 않는다. 다양한 구성이 아니라 똑같은 구성으로 설교한다. 부산 장로회신학대학교 조성현 교수는 이렇게 말한다. "성경 저자는 그 당시 회중에게 하나님의 말씀을 전하기 위하여 시, 서신, 이야기, 잠언 등과 같은 다양한 장르로 저작하였다. 그런데 설교자가 천편일률적으로 한 가지 설교 형태로만 설교를 구성하는 것은 견강부회(牽强附會)이다."[124]

설교자는 구성을 다양하게 해야 한다. 곧 다양한 구성요소를 설교 본문에 따라 활용해야 한다. 설교자가 설교에 사용할 수 있는 구성요소는 이렇다.

1. 도입하기(가능하면 낯설게 도입하기) 2. 본문의 역사적 배경 설명하기 3. Why로 질문하기 4. What으로 질문하기 5. How로 질문하기 6. 개념 활용하기, 개념 활용에는 두 가지가 있다. 유사한 개념과 반대의 개념이다. 7. 본문과 연결하기 8. 하나님의 나타난 사랑 발견하기 9. 하나님께서 역사하신 것을 발견하기 10. 예수그리스도와 연결하기 11. 제목 잡게 된 동기(이유) 쓰기 12. 현실과 연결하기 13. 예수님의 비유법 중 한 단어 사용하기 14. 예수님의 비유법 중 두 단어 사용하기 15. 영적 연결 16. 자기와의 연결 17. 전문가 견해(인용) 18. 명문장 사용 19. 책 인용 20. 단어 혹은 구절 설명과 주석 21. 적용 22. 등장인물 마음을 연결하기 23. 제목을 마음으로 읽어내기 24. 하나님의 마음과 의도 찾아내기 25. 결론(마무리)[125]

설교자는 위에서 언급한 구성요소를 설교에 다 사용할 수도 없고, 사용해서도 안 된다. 복잡해지기 때문이다. 그러므로 설교자는 여러 가지 구성요소 중에서 설교를 준비하면서 본문에 맞게 복잡하지 않게 적절하게 사용해야 한다. 〈아트설교연구원〉에서는 원포인트 설교를 원칙으로, 8면 구성을 설교의 기본 틀로 훈련한다. 8면 구성은 다음과 같다. 1면-서론(낯설게 도입하기), 2면-본문 보기, 3면-제목 심화(제목을 잡은 이유-Why로 질문하기), 4면-현실과 연결하기, 5면-개념 활용, 6면-본문과 연결하기, 7면-하나님의 사랑 이야기, 8면-예수그리스도와 연결, How로 질문하기(적용)이다. 8면 구성은 말 그대로 기본 구성이다. 8면이 익숙해지면 원포인트 설교를 원칙으로 구성을 다양하게 해야 한다.

구성에는 순서가 정해져 있는 것이 아니다. 본문에 맞게 구성순서를 다양하게 하면 된다. 구성요소를 몇 개 사용해야 한다는 기준도 없다. 설교자가 설교를 준비하면서 적절하게 구성하면 된다. 단, 구성은 논리가 뒷받침돼야 한다. 논리가 맞지 않는 구성은 지루해진다. 설교가 길을 잃고 산으로 가게 된다.

좋은 구성은 청중의 심장을 두드린다

구성에도 좋은 구성이 있고 나쁜 구성이 있다. 좋은 구성은 반전이 있다. 곧 역동성이 있다. 반면 나쁜 구성은 반전이 없다. 밋밋하다. 시청률이 높은 드라마에는 반전이 있다. 반전이 있어야 감동과 재미가 있기 때문이다. 예전에 〈개그콘서트〉의 '시청률의 제왕' 코너에서는 박 대표가 드라마 시청률을 '반전'을 활용해 끌어올리는 과정을 코믹하게 그렸다. 예상대로 흘러가던 이야기가 전혀 다른 방향으로 전개되면 시청자의 관심이 높아진다. 영화, 드라마, 소설 모두 반전이 없으면 감동과 재미가 떨어진다. 김영하, 김진명 작가의 소설이 베스트셀러가 된 것은 그들이 반전의 귀재이기 때문이다. 지금은 유튜브 시대다. 콘텐츠는 재미, 유익함, 그리고 반전을 갖춰야 한다. 3분 영상이라도 반전이 없으면 시청자는 10초도 머물지 않는다. 짧은 영상도 드라마틱함이 기본인데, 30분짜리 설교에 반전이 없다면 청중의 외면은 당연하다.[126]

성경은 절망 속에서 하나님의 개입으로 상황이 반전되는 이야기의 연속이다. 출애굽 사건에서처럼, 이스라엘 백성이 위기에 처할 때마다 하나님은 기적을 통해 구원을 베푸신다. 이러한 반전은 성경 전체에 걸쳐 나타나며, 그것이 성경이 오랫동안 사랑받는 이유다.

예수님의 설교도 반전의 연속이다. '씨 뿌리는 자의 비유'에서는 씨 대부분이 허비된 상황 속에서, 좋은 땅에 떨어진 소수의 씨가 풍성한 열매를 맺는 반전을 보여주신다. '선한 사마리아인의 비유'에서는 제사장과 레위인이 강도 만난 사람을 외면한 뒤, 청중이 기대하지 않았던 사마리아인이 등장해 그를 살리는 반전이 펼쳐진다. 당시 유대인에게 사마리아인은 잠재적 범죄자로 여겨졌기에, 이 이야기는 더욱 강한 반전으로 다가온다. 예수님의 설교는 이렇게 예상 밖의 전개로 깊은 울림을 준다.[127]

삼대지 설교에서는 반전을 주기 힘들다. 세 주제를 다루기에 반전을 줄 수 있는 시간이 없다. 하지만 원포인트 설교에서는 한 주제를 다루기 때문에 얼마든지 반전을 줄 수 있다. 반전을 통해 설교를 역동적으로 구성할 수 있다. 반전이 있는 설교 구성은 청중의 심장을 두드린다. 재미와 감동을 준다. 설교자는 반전 있는 설교 구성을 위해 성경을 더 깊이 묵상해야 하고 생각해야 한다.

설교 내용도 중요하지만, 설교 구성이 중요한 시대가 되었다. 설교자는 설교 내용도 충실히 준비하고 구성도 역동적으로 해서 청중의 심장을 두드리는 감동과 재미를 선물해야 한다.

이재영 목사

〈아트설교연구원〉 부대표이다.
저서로 《말씀이 새로운 시작을 만듭니다》, 《신앙은 역설이다》 등이 있다.

매일이 설교여야 한다

설교자의 영감은 하루아침에 찾아오지 않는다

모든 설교자는 이런 상상을 한다. 설교를 위한 묵상할 때 하나님의 거룩한 영감이 머릿속을 채운다. 컴퓨터 앞에서 설교원고는 물 흐르듯 작성된다. 설교 내용을 뒷받침할 만한 예화와 일상의 은유가 적절히 떠오른다. 작성된 원고를 다시 보아도 설교 본문과 전하고자 했던 의도가 명확히 드러난다. 청중이 듣게 될 하나님의 말씀이 그들의 삶에 유익이 될 것이라 확신한다. 이제 따뜻한 커피를 마시며 여유롭게 설교원고를 외운다. 그러곤 남는 시간은 기도나 심방, 다른 일을 위해 사용한다. 설교 준비가 이처럼 쉬웠으면 좋겠다. 이렇게 쉽게 설교 준비할 수 있는 설교자가 얼마나 될까? 예배 직전까지 준비해도 시간이 모자란 것이 설교 준비다.

설교적 영감을 위해 설교자는 노력해야 한다. 무작정 기다린다고 해서 설교적 영감은 주어지지 않는다. 어떤 설교자는 설교가 하나님의 영감에 의해 쉽게 전할 수 있다고 역설한다. 그는 일주일 동안 설교 준비도 없이 강단에 올라선다. 준비 안 된 설교이기에 중언부언한다. 좋은 이야기를 하는 거 같은데 요점이 무엇인지 도통 알 수가 없다. 오늘날 많은 설교자가 이런 설교를 반복적으로 한다.

설교자의 영감이 떠오르도록 하나님께 마음을 모아 집중해야 한다. 오늘날 설교자의 영감은 구약 예언자들의 영감과는 다르다. 구약 예언자들의 영감은 하나님의 말씀 하나하나를 온전히 전하는 측면이 중요했다. 오늘날 설교자의 영감은 성경의 진리를 함축적으로 담을 수 있는 개념이나 언어를 찾는다. 그렇기 때문에 더 많은 시간과 생각을 말씀에 집중하는 시간이 필요하다.

광고인 박웅현과 디자이너 오영식은 《일하는 사람의 생각》에서 카피라이터가 창작해 내는 문구의 영감은 지속된 관심의 결과로서 찾아온다고 말한다. "계속 관심을 갖고 집중하고 생각하는 가운데에 영감이 다가오지, 절대로 날로 오지는 않아요." 이들은 창작자를 순수 창작자와 해결해야 할 숙제가 있는 창작자로 구분한다. 자신들과 같이 해결해야 할 목표가 있는 창작자들은 정해진 기간 안에 창작물을 만들기 위해 엄청난 관심과 집중을 해야 한다. 그러다 보면 길을

가다 어떤 사물과 마주쳤을 때 무심코 영감이 떠오른다고 말한다.[128]

설교자는 매주 설교 숙제를 안고 산다. 하나님의 말씀을 더 쉽게 풀어 청중들에게 전달해야 한다. 이를 위해 설교자는 하나님의 영감이 찾아오기를 구한다. 이럴 때, 노력 없이 영감만 구하고 있지는 않았는지 돌아봐야 한다. 영감도 구하지만, 설교자는 주일 설교 준비는 주일 오후 예배가 끝나자마자 시작하려 해야 한다. 그렇게 하지 않으면 시간에 쫓겨 설교를 제대로 준비하지 못한다. 설교한 당일 주일 오후부터 준비한 설교는 한 주간을 설교 가운데 살게 만든다.

설교자의 하루에서 설교 내용이 나온다

설교는 밥상 차리기다. 청중들과 한 식탁에 둘러앉아 영적 잔치를 누리는 시간이다.[129] 가끔 아내가 밥상 차리기가 어려운 점을 이야기한다. 끼니마다 똑같은 음식을 내놓을 수 없다는 이유다. 필자는 김치찌개 하나만 있어도 이틀은 먹을 수 있다. 그러나 아내는 같은 반찬은 질려서 먹을 수 없다며 매 끼니는 조금씩 다르게 먹어야 한다고 말한다. 이것이 밥상을 차리는 주체가 가지는 마음이 아닐까?

설교자는 바로 영적 밥상을 차리는 주체다. 영적 밥상을 차리기 위해 설교자는 바쁠 수밖에 없다. 매 끼니 좋은 것으로 대접하고 영적 잔치를 성대하게 차려 내기 위해서다. 밥상은 설교이고 반찬이 설교 내용이다. 설교자의 하루는 설교 반찬을 차리는 삶이 되어야 한다.

설교 내용은 매일 성경을 봄으로 준비가 된다. 설교자의 설교 원천은 성경이다. 설교자는 설교를 위해서 읽을 뿐 성경을 가까이하지 않는다. 성경을 읽지 않으니 설교할 내용이 잡히지 않고 개인의 영적 성숙도 거의 없다. 마틴 로이드 존스 목사는 《목사와 설교》에서 "나는 설교 본문을 얻기 위해 성경을 읽는 나쁜 버릇에 대해 경고했고, 우리 자신의 선과 덕성 함양을 위해서 늘 성경을 읽어야 함을 강조했던 것입니다. 그렇게 하면 어떤 말씀이 여러분에게 부딪쳐 오게 될 것을 지적했습니다. 누구든지 그 실제를 따라가는 자는 결코 설교 본문이 모자라지 않는다는 것을 발견할 것이요, 자기의 신앙을 위해서 성경을 읽는 동안에 준비한 설교 안들을 한 묶음 비축하게 될 것입니다."[130]라고 확언한다.

설교자가 매일 성경 읽기를 한다면 부딪치는 말씀이 있다. 읽은 말씀은 좋은 설교 내용으로 비축된다. 설교자의 매일 성경 읽기는 설교 내용을 고갈시키지 않고 풍성하게 해준다.

낯설게 볼 때 설교 내용이 풍성해진다

우리가 보낸 하루 속에 설교 내용이 있다. 아침 눈을 떴을 때의 기분, 새벽기도 속의 잔잔한 은혜, 피로한 오전, 계속 이어지는 회의와 심방, 전도 가운데 만난 사람들, 정치·사회 이야기, 텅 빈 예배당에서 바라보는 십자가, 지친 일과 속에 누리는 행복 등, 수많은 이야깃거리가 설교자의 삶 속에 담겨있다. 설교자의 이러한 일과 중의 내용을 색다르게 엮어 설교 소재로 만들어 내야 한다.

작가 유미는 《글쓰기에 진심입니다》에서 하루에 쌓이는 글감에 대해서 말한다. "글감은 우리가 보낸 하루 속에 있다. 오늘이 지나고 다음 날이 되면 다시 또 하루만큼의 이야기가 우리를 기다린다"라고 말한다.[131] 작가는 글쓰기를 어려워하는 이들에게 하루의 삶 속에서 글감을 발견할 것을 주장한다. 글감은 오늘은 물론 내일도 찾아온다.

설교자 중에서도 자신의 삶을 설교로 잘 녹여내는 사람들이 있다. 이들의 설교는 쉽고 청중 친화적이다. 삶 속에서 찾아내었기 때문이다. 니코스 카잔차키스의 소설 《그리스인 조르바》에서 주인공 조르바는 매일의 반복되는 삶 속에서 그만의 기쁨을 발견한다. "그는 자주 눈을 동그랗게 떴는데, 그러면 우리가 습관적으로 주의하지 않고 보아 넘기는 것들이 그의 앞에서 엄청난 수수께끼로 되살아났다. (중략) 그는 어떤 때는 사람을, 어떤 때는 꽃이 핀 나무를, 또 어떤 때는 시원한 물이 담긴 컵을 보고 눈을 동그랗게 떴다. 조르바는 매일같이 모든 것을 처음 보는 듯 봤다."[132] 설교자도 조르바와 같은 시각을 가져야 한다. 아무 의미도 없을 것 같은 매일에서 새로운 의미를 발견하겠다는 삶의 자세로 살아야 한다. 설교자의 하루는 설교 글감이 가득한 영적 저장소이기 때문이다.

매일 준비하는 설교가 설교의 격을 높인다

설교는 매일 준비해야 한다. 매일 준비하는 설교가 설교의 격을 높인다. 설교자는 평가받기 쉬운 위치에 있다. 그만큼 압박감도 심하다. 그러나 꾸준히 매일을 살아갈 때 위대한 설교를 할 수 있다.

설교자의 매일은 자기와의 싸움이다. 현역 축구 선수인 호날두는 마흔이다. 아직도 그는 정상급의 실력을 유지하고 있고 그의 식스팩은 유명하다. 그는 설탕과 탄산음료를 먹지 않는다. 닭고기, 생선, 신선한 채소로만 식사한다. 물론 술은 절대 입에 대지도 않는다. 잠은 90분씩 하루 5회에 걸쳐서 잔다. 이는 신체의 자연스러운 리듬을 최적화하는 방법이다. 양보다 질을 우선시하는 수면법이다.

그는 운동을 위해 자신이 없는 삶을 산다. 그런데도 그는 그것을 꾸준히 유지한다. 호날두는 이런 식으로 삶을 사는 것에 대해 이렇게 말한다. "내 친구들은 '넌 너만의 삶이 없다'라고 말하지만, 나는 만족한다. 언젠가 끝이 날 걸 안다. 그게 1년 후일지, 3년 후일지는 모르지만, 상관없다"[133]라고 말한다. 그는 경기로 뛰는 선수로 남아 있는 한 그러한 자기관리를 계속할 것이라고 다짐한다. 설교자는 호날두처럼 살겠다는 다짐을 해야 한다. 자기관리 없는 설교자는 설교가 빈약해질 수밖에 없다.

매일 꾸준히 준비하면 위대한 설교자가 된다. 위대한 설교자는 태어나는 것이 아니라 만들어진다. 위대한 설교자는 특별한 은사와 선천적 능력이 도움이 된다. 그러나 태어남보다 중단 없는 노력을 통해 만들 수 있다. 최인철 교수는 《프레임》에서 2006년 뉴욕에서 말콤 글래드웰의 강의 내용을 소개한다. "강연자 글래드웰은 어린 시절 마라톤 챔피언이었다. 그러나 그는 15세 때에 챔피언 자리에서 밀려나게 되었고 흥미를 잃었다. 그는 대학에서 다시 마라톤을 도전했지만 더는 뛰어난 마라토너가 될 수 없다는 것을 깨달았다. 어릴 때 마라톤에 천재성을 가지고 태어났다고 생각했던 그가 왜 성인기에는 밀려나게 되었을까. (중략) 글래드웰을 비롯하여 여러 심리학자의 연구에 따르면, 성인기의 성취라는 것은 그것이 어떤 영역이든 '중단 없는 노력'에 의해 이루어진다는 것을 알 수 있다. 반복의 위력은 결코 과소평가될 수 없다."[134] 이 연구 결과를 보아도 꾸준히 노력하는 자가 성인기의 성취를 이루어냄을 알 수 있다.

설교자는 믿음의 사람이다. 포기하지 않고 때가 이를 때까지 꾸준히 연마해야 한다. 이런 설교자를 하나님께서 쓰실 것이다.

김선우 목사

주성성결교회 담임이다.
서울신학대학교 신학대학원(M.Div)을 졸업했다.

좋은 글이 좋은 말하기를 만든다

설교자의 말하기는 좋은 글로 시작된다

설교자는 말에 책임이 있는 사람이다. 그 말에 영향력이 있다. 설교자의 말에 노예해방 운동이 일어나기도 하고 설교자의 말에 회개와 부흥의 역사가 일어나기도 한다. 설교자의 생각이 청중에게 영향을 미친다.

세상에서 청중을 향해 정기적으로 말할 수 있는 특권을 가진 사람은 드물다. 설교자는 정기적으로 설교를 통해 말하는 특권이 있다. 이 특권을 청중이 주님과의 관계를 회복하고 성화의 길로 인도하는 데 사용해야 한다.

설교자의 말하기에는 막중한 책임이 뒤따른다. 이런 설교자는 말하기 전에 글쟁이다. 말하려면 설교원고를 준비해야 한다. 글로 준비되지 않은 설교는 청중에게 제대로 전달되기 어렵다. 설교자의 일차적인 준비는 글이다. 글이 준비되지 않으면 좋은 설교가 되지 않는다.

좋은 글이 준비되면 비록 외부 상황이 좋지 않더라도 좋은 설교를 할 수 있다. 이미 말하고자 하는 바가 글로써 잘 준비되어 있기 때문이다. 설교자는 말하기 전에 좋은 글을 먼저 준비해야 한다. 좋은 글로 준비된 설교에 청중은 듣기를 즐거워하고, 기대한다. 잘 준비된 설교 내용을 기억하고 이웃에게 전하려고 애쓴다.

좋은 글은 재미가 있다

좋은 글은 어떤 글일까? 좋은 글은 메모하며 남기는 글이다. '호랑이는 죽어서 가죽을 남기고, 사람은 죽어서 이름을 남긴다'라는 속담처럼 설교자의 설교를 청중은 메모하려 한다. 동시에 즐겁게 들을 수 있어야 한다. 좋은 설교는 재미가 있기 때문이다.

설교자의 메시지는 청중에게 재미있어야 한다. 필자는 어릴 때 불렀던 노랫말 가사를 기억한다. 어린이 찬송가 407장이다. '아! 재미있어라. 선생님의 말씀 아! 어쩌면, 어쩌면 그렇게도 잘하시나 고맙습니다.' 농촌교회 아저씨 교사가 들려주던 성경 이야기는 귀에 쏙쏙 들렸다. 그 선생님은 공과 책을 각색해서 아이들 눈높이에 맞게 재미있게 전해주었다. 당시 필자에게 성경 이야기는 입체영화를 보는 것 같았다. 마치 영화나 드라마에 나오는 좋은 글과 자막처럼 마음에 남았다.

잘 들리는 말은 재미가 쏠쏠하다. 설교자는 재미있게 성경을 말하는 사람이다. 유익하게 쓰인 글을 청중에게 말한다. 좋은 글과 재미있는 말을 전한 설교자는 임무를 마친 뒤 한 가지 명심해야 한다. 청중의 비평을 듣는 자세다.

비평의 사전적인 의미는 '어떤 대상에 대하여 미추, 선악, 장단, 시비, 우열 등을 평가하여 논함'이다. 설교자는 청중으로부터 비평의 소리를 들을 수 있어야 한다. 비평을 수용할 때 좋은 글을 쓰려 한다. 그 글을 재미있는 말을 우려낸다. 청중의 비평은 설교자에게 좋은 글, 재미있는 말을 만들어 내는 담금질이기 때문이다.

은유의 《글쓰기 상담소》에서 이런 내용이 나온다. 그는 어느 대학 강연에서 글쓰기가 재밌냐는 질문을 받는다. 그는 다음과 같이 답한다. "글쓰기는 저를 다른 세계로 데려갑니다. 한 사람을 알게 되면 또 한 세계가 열리고, 열리면 보이고, 보이면 알게 되는 것들이 있더라고요. 예전엔 나만 힘들고 나만 아프다고 느꼈다면 글쓰기를 통해 타인의 고통도 보이고 삶을 관조하게 됐죠. 세상의 넓음을 아는 동시에 자기의 작음을 보게 되는 것, 이게 글쓰기가 주는 아주 귀한 재미가 아닐까 싶습니다. '내가 모르는 게 아직 너무 많다'는 사실을 글쓰기가 알려 주기에 저는 계속 씁니다."[135] 그는 글쓰기는 고통이 주는 재미라고 한다. 읽는 재미는 누구나 느낄 수 있지만, 쓰는 재미는 아무나 느끼는 것이 아니다.

설교자는 쓰는 고통을 선물로 받아들여야 한다. 좋은 글을 좋은 말로 전해야 한다. 이런 선순환이 이루어지려면 글을 지속해서 써야 한다. 글을 쓰는 고통은 설교의 리허설이다. 청중이 메모하게 하는 설교는 쓰는 고통의 리허설을 거친 후 나타난다.

좋은 글은 의미가 있다

좋은 글은 의미가 있다. 의미 있는 글에는 진심이 담겨있다. 진심은 사람의 감정 속에 소중하게 들어 있다. 김종원은 《말의 서랍》에서 '감정의 단서' 찾는 법을 말한다. 언젠가 러시아 방송에 귀화해 러시아 국가대표 소속이 된 대한민국 출신의 쇼트트랙 선수 빅토르 안이 나왔다. 귀화를 신청한 지 얼마 지나지 않은 시점이라 표정이 낯선 환경에 적응하지 못해 불안해하는 느낌이 전해졌다. 하지만 진행자가 던진 한마디에 얼굴에는 생기가 돌았고 자신감 넘치는 목소리로 대답하기 시작했다. 그의 태도를 바꾼 마법의 한마디는 단순하지만, 상대를 완벽하게 배려하는 표현이었다. "당신은 러시아인 중에서 한국어를 가장 완벽하게 구사하는 사람이니까 우리가 특별히 당신을 위해 통역을 준비했습니다." 보통 진행자라면 이렇게 말했을 것이다. "당신이 한국인이라서 통역을 준비했습니다."[136] 전자는 상대를 특별하게 대하는 마음이며 후자는 상대를 형식적으로 대하는 마음이다.

좋은 글은 청중에게 감정을 만지면서 의미 있게 전달된다. 의미 있는 설교는 설교자 자신만 생각하거나 자기가 섬기는 교회 울타리만 보살핌에서 나오지 않는다. 세상 밖의 사람까지 생각해서 나오는 말이다. 설교자는 청중이 살아가는 삶의 현장을 떠올리며 청중들의 감정을 고려해 메시지를 전해야 한다.

좋은 글은 재미도 있어야 하지만 의미도 있어야 한다. 설교자는 그런 글을 써야 한다. 의미 있는 글은 '진심'이 담긴 글이다. 진심이 담기지 않으면 오래 가지 못한다. 의미 있는 글은 진심이 담겨 글에 힘이 있다. 예수님께서도 70인 전도 대원들의 반응에 대하여 이렇게 말씀하셨다. "칠십 인이 기뻐하며 돌아와 이르되 주여, 주의 이름이면 귀신들도 우리에게 항복하더이다. 예수께서 이르시되 사탄이 하늘에서 번개같이 떨어지는 것을 내가 보았노라. 내가 너희에게 뱀과 전갈을 밟으며 원수의 모든 능력을 제어할 권능을 주었으니 너희를 해칠 자가 결단코 없으리라. 그러나 귀신들이 너희에게 항복하는 것으로 기뻐하지 말고, 너희 이름이 하늘에 기록된 것으로 기뻐하라(눅 10:17-20)." 칠십인 전도 대원들 앞에 펼쳐진 기적도 중요하지만,

전도 대원들의 이름이 하늘에 기록된 것이 더 의미 있다고 한다.

설교자는 의미를 살리되 진심이 담겨야 한다. 그런 설교를 청중은 듣고 또 듣고 싶어 한다. 설교자의 설교는 '의미와 진심'이 생명이다. 성경 지식을 전달하는 것도 중요하지만 청중들의 마음도 담아야 한다. 성경 지식을 담은 좋은 글을 써야 하지만 더 중요한 청중의 마음을 얻는 게 우선이다. 의미 있는 글과 진심이 담긴 말로 청중들의 마음을 움직여야 한다.

좋은 글은 흥미가 있다

좋은 글은 흥미가 있다. 신문의 손바닥 크기 만평은 짧지만, 독자에게 강한 흥미를 준다. 예를 들어, 신동아 만평 〈안마봉〉[137]에서는 아파트가 넘쳐나지만 정작 서민 가족은 집이 없다는 현실을 어린아이의 질문을 통해 날카롭게 드러낸다. 좋은 글은 짧아도 흥미로워야 하며, 잠언처럼 간결하면서도 특별한 관심을 불러일으켜야 한다. 설교자의 글 역시 흥미를 담고 있어야 한다. 흥미 있는 글이 되기 위해 활용할 수 있는 것이 몇 가지 있다.

군더더기 없이 핵심만 전달하는 짧은 문장을 활용한다. 짧은 문장은 독자의 집중력을 유지한다. 잠언처럼 짧지만, 의미가 깊은 문장이 효과적이다. 그렇다고 설교문 전체를 짧은 문장으로만 도배할 수 없다. 단문과 장문의 조화를 이룰 때 글에 역동성이 드러난다. 손바닥만 한 만평처럼, 시각적이고 구체적인 장면은 독자의 상상력을 자극한다. 추상적인 말보다는 눈앞에 그려지는 묘사가 더 강력하다. 설교자가 답을 제시하기보다 독자가 스스로 생각하게 만드는 질문을 던진다. 〈안마봉〉 만평에서 어린아이가 "왜 우리는 집이 없어요?"라고 엄마에게 묻는 질문은 그 글을 보는 독자를 글로 초대한다. 단순한 정보 전달을 넘어 감정까지도 건드린다. 독자의 경험이나 감정과 연결되는 내용은 공감과 흥미를 유발한다.

흥미 있는 글을 쓰려면 글쓰기를 즐겨야 한다. 글쓰기 연습을 통해 촌철살인의 시각을 키워야 한다. 목회 경력이 많다고 좋은 글을 쓰는 것은 아니다. 설교 이력이 많다고 좋은 글을 쓰는 것도 아니다. 은유는 《글쓰기 상담소》에서 글을 쓰는 사람이 되려면 기존 활동 중 일부를 줄이고 글쓰기를 최우선에 둬야 한다고 말한다. 좋은 글은 저절로 만들어지지 않는다. 흥미 있는 글은 글쓰기를 즐길 때 쓸 수 있다. 즐기는 것이 흥미 유발이다. 좋은 글에 대한 흥미가 청중들에게 좋은 말로 들려진다.

좋은 글은 풍미가 있다

좋은 글은 풍미가 있다. 풍미는 음식의 고상한 맛이다. 좋은 글은 고

상한 풍미를 낸다. 베이비붐 세대는 한국의 전통음식인 간장, 된장 맛을 잊을 수 없다. 설교자가 전하는 글도 간장, 된장처럼 깊은 풍미가 있어야 한다. 풍미는 오래 가듯이, 좋은 글은 기억에 오래 남는다.

어릴 적 불렀던 동요가 있다. '원숭이 엉덩이는 빨갛고, 빨간 것은 사과이고, 사과는 맛있고 맛있는 건 바나나고, 바나나는 길고 긴 것은 기차다.' 이 동요는 오래되었지만 생생하게 기억한다. 이 동요가 "유치하고 긴 문장이지만 한국인의 확고한 집단 기억으로 남게 되었을까? 연쇄적인 글이기 때문이다. 빨간 것과 맛있는 것과 긴 것으로 자연스럽게 연쇄적이다. 이는 마치 한 줄로 꿰어 연결한 진주 목걸이 같다. 이런 연결성은 문장의 통일성을 낳고 통일성은 잊을 수 없는 기억이 되었다."[138] 끝 낱말을 계속 이어가는 글은 글의 풍미를 더한다. 원숭이, 사과, 바나나, 기차를 이어간다. 전혀 다른 물체를 끝 낱말 이어가기로 글을 시작하고 글을 마무리하니 풍미 있게 느껴진다.

설교자는 한 주제로 글을 쓰되 다양한 단어를 활용하여 풍미 있는 글을 써야 한다. 무수한 단어들을 MSG로 사용하며 글 양념으로 글맛을 살려 청중에게 전해야 한다. 좋은 글이 좋은 말하기를 만든다. 좋은 글은 재미로 싹 틔우며, 의미 있는 줄기를 세우고, 흥미로운 꽃을 피우며, 풍미 있는 열매를 맺을 때 향기로운 말이 된다.

설교자는 사계절 글 농사를 짓는 농부로 살아야 한다. 좋은 글이 좋은 말이 된다. 이런 글은 청중에게 튼실한 열매를 맺게 한다. 설교자의 말은 열매가 있어야 한다. 열매가 있으려면 좋은 글이 뒷받침되어야 한다. 설교자가 좋은 글을 쓰려면 성경이나 명문장, 명대사를 베껴 쓰기 하거나 바꿔 쓰기를 통해 훈련해야 한다. 설교자는 좋은 글쓰기를 위해 지상에 존재하는 모든 단어를 사냥해야 한다. 사냥한 단어들을 그대로 전하는 게 아니라 상냥한 말로 다듬어 전하면 청중에게 기억되는 메시지가 된다.

석근대 목사

대구동서교회 위임목사이다.
저서로 《삶을 쓰는 글쓰기》, 《일상에서 신앙 찾아가기》 등이 있다.

05

퇴고가 탁월한 설교를 만든다

환골탈태(換骨奪胎)의 연금술이다

퇴고는 죽어가는 설교의 심장을 다시 뛰게 하는 영적 소생술이다. 단순히 오탈자를 잡는 소일거리가 아니다. 문장 몇 개 그럴싸하게 다듬는 기술도 아니다.

초고는 생각의 파편이 뒤섞인 원재료 같은 덩어리다. 엄청난 가치를 가졌다고 해도, 일반인들은 알지도 들어보지도 못한 채 해저에 묻혀있는 '망간단괴'에 불과하다. 유명한 작가 앤 라모트는 《쓰기의 감각》에서 "모든 명문도 형편없는 초고에서 시작한다"[139]라고 말한다. 당신이 밤새 씨름하며 써낸 첫 설교원고도 예외는 없다. 그것을 부끄러워할 필요는 없다. 그 원석을 눈부신 보배 덩어리로 바꾸는 연금술을 펼쳐야 할 때다. 퇴고는 선택이 아니라 사명이다.

신대원을 다닐 때 원고를 쓰지 않고, 기도하고 성령으로 설교한다는 동기들이 있었다. 그의 기도는 빌 바를 알지 못했고, 그의 설교는 길 잃은 배처럼 방향을 잃었다. 퇴고하지 않은 원고는 설교자 자신에게도 청중에게도 재앙이다. 사역으로 바쁜 와중에도, 퇴고에 공을 들여야 하고 시간을 들여야 하는 이유다. 이제 이 연금술을 시작해 볼 때다.

금과옥조(金科玉條)처럼 다듬는 일이다

퇴고는 가장 귀하게 여겨 반드시 이뤄져야 하는 원칙이다. 메시지의 칼날을 벼리고 논리의 척추를 곧게 세우며 죽은 표현에 생명을 주어 청중을 향한 사랑을 증명하는 거룩한 연금술이다. 퇴고가 가져오는 영향력이 크다. 첫째, 퇴고는 메시지를 벼려 칼날같이 만든다. 흐릿한 메시지는 이가 나간 검과 같다. 이런 메시지는 누구의 마음도 꿰뚫지 못한다. 윌리엄 진서는 "좋은 글쓰기의 비결은 모든 문장에서 가장 분명한 요소만 남기고 군더더기를 걷어내는 데 있다"[140]라고 말한다.

퇴고는 설교의 군살을 모조리 제거한다. 지방을 걷어내고 순도 높은 근육질의 메시지만 남긴다. 청중은 명료한 메시지 앞에서 길을 잃지 않는다. 그들의 뇌리에 당신의 메시지가 화인(火印)처럼 새겨진다. 영국의 설교 황태자 찰스 스펄전은 단 한 편의 설교를 위해 원고를 수십 번 고치고 또 고친다. 퇴고로 단순함의 극치를 보여준다. "말씀은 단순해야 하지만, 그 단순함의 극치를 위해 나는 가장 복잡하고 치열한 과정을 거친다." 그의 설교가 어떻게 19세기 런던의 거리를 뒤흔들었는가? 어떻게 수많은 영혼을 하나님께로 인도했을까? 답은 자명하다. 퇴고를 통해 메시지를 정금 같이 정련했기 때문이다. 당신의 설교는 어떤가? 안개 속에 갇혀 있는가, 태양처럼 빛나고 있는가?

둘째, 퇴고는 논리의 척추를 바로 세운다. 뜨거운 열정, 폭포수 같은 심령도 엉킨 논리의 설교로 청중을 단 한 걸음도 움직일 수 없다. 퇴고는 주장의 뼈대를 세우고, 각 논지를 강철 고리로 연결한다. 빈틈없는 논증의 실을 붙여나간다. 마치 건축가와 같다. 청사진 없이 감으로만 집을 짓지 못하듯 치밀한 논리 구조 없이 설교는 세워지지 않는다.

요한복음 3장 16절 "하나님이 세상을 이처럼 사랑하사 독생자를 주셨으니" 이 유명한 구절을 설교한다고 하면, 초고에는 하나님이 세상을 사랑하심에 복받쳐 이런저런 말을 덧붙인다. 퇴고는 거기서 시작한다. 왜 하나님이 그토록 세상을 사랑하셨는가? 그 결과가 무엇인가? 무엇을 우리에게 요구하는가? 이 질문에 하나하나 답하며 논리가 쌓아질 때, 설교는 깨달음을 넘어선 결단으로 청중을 이끌어간다. 나의 설교가 단순한 감정의 파도인지 반석 위의 집인지 생각해보자.

셋째, 퇴고는 죽은 표현에 생명을 불어넣는다. 죽은 단어, 진부하기 짝이 없는 표현, 판에 박힌 문장에 한 청중이 외쳤다. "귀에 피나는 줄 알았어요!" 설교자는 퇴고를 통해 문장 하나하나에 심폐소생술을 해야 한다. 청중의 상상력을 살리고 감각을 살려야 한다.

설교자가 들려주고 싶은 말을 100번 한다면? 청중은 하품을 참기 위해 진땀을 뺀다. 새롭지 못하기 때문이다. 죽은 표현은 퇴고로 새 심장을 이식해야 한다. "하나님이 위대하시다."가 아니라. "우리의 작은 믿음을 보신 분이 앞을 막는 태산을 들어 옮기시고, 마음을 잠기게 하는 홍해를 갈라 길을 내시는 전능한 위대함으로 오늘 우리를 절망의 자리에서 소망의 자리로 부르십니다!"로 바꿔야 한다. 살아있는 비유, 손에 잡힐 이미지, 심장을 두드리는 리듬으로 말해야 한다.

김영봉 목사는 "성경을 읽고 묵상할 때 보통 사람들보다 한두 겹만 더 파고들도록 힘쓰십시오.…다 알고 있던 개념이 실은 잘못된 개념이라는 사실이 드러납니다. 그러한 식으로 반전 포인트가 만들어질 때 회중은 '아!' 하면서 감탄하고 몰입합니다."[141]라고 말한다. 퇴고로 생명의 깨달음을 갖게 해 청중의 감탄사를 유발해야 한다.

넷째, 퇴고는 청중을 향한 설교자의 뜨거운 사랑이다. 대충 준비하고 퇴고하지 않은 설교는 청중에 대한 무례이자 기만이다. "시간이 없어서", "사역이 너무 바빠서" 이런 변명은 설교자의 자기 합리화이다. 강단에서는 통하지 않는다. 청중은 당신의 변명을 들으러 온 것이 아니다. 살아있는 하나님의 말씀을 통해 위로받고 도전받기 위해 그 자리에 앉아 있다.

퇴고는 그들을 향한 당신의 진심과 사랑을 증명하는 행위다. 존 맥아더 목사는 자신의 설교 예화로 청중을 위해 시편 23편을 낭독한 노목사의 이야기를 다룬다.[142] 배우가 낭독한 글에 청중은 박수를 치나, 노목사가 낭독한 시편에 청중은 눈물을 흘린다. 누가 하나님의 진심을 담은 자일까?

거경궁리(居敬窮理)의 자세로 함께 성장하는 길이다

버리고 채울 줄 알아야 한다. 스티븐 킹은 자신이 초고를 쓰는 방식을 이렇게 말했다. "나는 어떤 소설이든 한 계절에 해당하는 3개월 이내에 초고를 끝내야 한다고 믿는다. 그보다 오래 걸리면 마치 루마니아에서 날아온 공문서처럼, 또는 태양의 흑점 활동이 심할 때 단파 수신기에서 나오는 소리처럼 이야기가 왠지 낯설어진다."[143] 무슨 말일까? 처음 쓴 원고는 아이디어가 뒤섞인 원형질, 감정의 분출구일 수 있다. 완성된 것이 아니다. 많은 설교자가 이 초고의 덫에 걸린다. 시간에 쫓겨서, 자기 글에 대한 어설픈 애정으로 퇴고라는 고통스러운 과정을 건너뛴다. 그 결과는 참혹하다. 청중은 설교의 홍수 속에 잠기고, 메시지는 공허 속에 힘을 잃는다.

초고는 최종 목적지가 아니라 출발선이다. 초고 쓰기가 얼마나 힘든지 맷 벨도 말한다. "빈 종이를 수천수만 개의 단어로 채우는 일은 경험이 아무리 쌓여도 도무지 만만해질 기미조차 보이지 않는다. 초고를 쓰는 내내 나를 짓누르는 불확실성은 더 말할 것도 없다."[144] 그렇기에 더욱 버려야 할 용기가 필요하다. 밤새 고심하며 써낸 문장, 스스로 감탄했던 멋들어진 표현이 메시지의 핵심을 흐리고 청중의 이해를 방해할 수도 있다. 과감하게 삭제해야 한다. 보태야 할 기술도 필요하다. 비어있는 논리를 채우고 부족한 근거를 보강해야 한다. 메마른 감정의 생명의 물을 붓고 흐릿한 이미지에 색을 입혀야 한다.

앤디 스탠리 목사는 자신의 설교 스타일을 이렇게 밝힌다. "사람들이 본문에 흠뻑 적셔지고 나면 그때 나는 잘 다듬은 한 문장을 제시한다. 본문의 요지에서 끌어낸 그 말이 그들에게 착 달라붙도록 혼신을 다한다."[145] 퇴고는 이 하나의 아이디어를 날카롭게 벼리고, 강력한 메시지로 응축하는 지적이고 영적인 탐구 과정이다.

효과적인 퇴고의 네 가지 방법이 있다. 첫째, 귀로 퇴고해야 한다. 설교는 귀로 듣고 가슴으로 느끼는 살아있는 말이기 때문이다. 귀는 어떤 첨단 장비보다 뛰어난 퇴고 도구다.

둘째, 입으로 퇴고해야 한다. 원고를 소리 내어 읽어보라. 마치 강단에 선 것처럼, 청중이 바로 앞에 앉아 있는 것처럼. 입에 착착 감기지 않는 문장, 숨이 턱까지 차오르는 길고 어색한 단락, 삐걱거리는 논리의 연결이 보이기 시작한다. 스티븐 킹도 여러 사람의 대화를 많이 듣는 것으로 글의 어색함을 찾아낸다고 한다.[146] 하물며 말로 전달되는 설교일까?

소리 내어 읽으면 설교의 전체적인 리듬과 속도를 자연스럽게 조절할 수 있다. 너무 빠른가? 너무 느린가? 청중이 집중할 구간은 어디인가? 당신의 들리는 목소리로 이것을 알 수 있다. 한 문장씩, 한 단락씩, 실제 설교하듯 읽고 또 읽어보라. 청중의 표정과 반응을 상상하며 읽어보라. 그 치열한 과정에 당신의 설교는 더욱 청중의 귀를 사로잡는 매력적인 언어로 다듬어진다.

셋째, 눈으로 퇴고해야 한다. 다른 눈을 빌려야 한다. 아무리 뛰어난 설교자도 자기 글의 약점에는 눈이 먼 상태다. 너무 익숙하기 때문이다. 자신이 쏟은 땀과 시간에 대한 애착으로 객관성을 잃는다. 그렇기에 다른 사람의 눈이 필요하다. 신뢰할 수 있는 동료 설교자, 신학적 분별력과 정직한 마음을 가진 청중에게 원고를 통해 피드백을 구하라. 따끔한 비판이 자존심을 건든다. 겸손한 경청과 수용의 과정을 통해 빚어진 당신의 설교는 비교할 수 없을 정도로 완성도가 높아진다.

넷째, 피드백을 받아야 한다. 다른 사람의 피드백은 당신에게 주어진 값진 선물이다. 당신이 미처 보지 못한 맹점을 본다. 새로운 관점도 제시한다. 하지만 최종결정은 당신의 몫이다. 다만 겸손히 경청하고 숙고하는 자세는 절대 필요하다. 아름다운 퇴고를 원하는가? 지혜로운 동역자들과 함께 당신의 설교를 빚어가라.

심기일전(心機一轉)의 기도로 설교를 거룩하게 세우는 일이다

퇴고의 가장 중요한 단계는 하나님 앞에서의 점검이다. 과연 하나님께서는 이 시대, 이 공동체가 이 메시지를 듣기를 원하시는가? 나의 인간적인 생각, 야망, 경험만이 과장되어 들어 있지는 않은가? 궁극적으로 하나님께서 영광 받으시는가?

퇴고는 하나님 앞에서 자신의 동기를 살피고, 성령의 인도하심을 구하는 치열한 영적 작업이다. 기도하며 퇴고하라. 무릎이 닳도록 기도하며 성령의 조명하심을 구하고, 그 빛 아래 한 문장, 한 문장을 정직하게 살펴보라.

하나님 앞에서 당신의 설교는 발가벗겨진다. 불필요한 인간적 자랑, 값싼 감상주의, 왜곡된 적용이 힘을 잃는다. 순전하고 능력 있는 말씀만이 남는다. 바로 생명을 낳는 기적을 일으키는 설교가 된다. 당신의 퇴고는 지금 골방에서, 하나님 앞에서 이뤄지고 있는가? 그분의 세미한 음성에 귀 기울이며 메시지를 조율하고 있는가?

퇴고는 궁극적으로 결코 귀찮고, 부수적인 과정이 아니다. 설교를 살리고, 설교자를 살리며, 청중을 살리는 생명의 과정이다. 잘 구운 커피콩으로 만든 커피의 향이 깊듯이, 잘 퇴고된 설교는 명확하고, 강력하고, 아름답고, 진실하다. 청중의 머리, 가슴 깊이 울림을 남긴다. 메시지가 칼날처럼 선명하고 논리가 반석처럼 단단하며 표현이 시냇물처럼 생생하다. 무엇보다 청중이 살아계신 하나님을 인격적으로 만나게 된다.

18세기 미국의 대각성 운동을 촉발한 조나단 에드워드의 역사적 설교, "진노하시는 하나님의 손안에 있는 죄인들" 역시 치열한 지적 탐구, 영적 고뇌, 수많은 퇴고의 결과다. 당시 회중들의 심령을 뒤흔들고, 영적인 대각성을 일으켰다. 당신의 설교 목표가 그리되어야 한다.

더는 변명은 그만두자. 당신의 설교, 퇴고 되었는가? 칼날이 여전히 무딘 채로 녹슬어 강단에 방치되어 있는가? 오늘 당신의 책상 위에 놓인 그 원고를 다시 펼쳐보자. 퇴고라는 거룩한 불로 당신의 설교를 정금처럼 단련하고 보석처럼 빛나게 하라. 당신의 입에서 선포되는 하나님의 말씀이 살아있는 능력으로 청중의 삶을 변화시키는 기적을 목도하길 바란다.

이지철 목사

Next 세대 연구소 연구원이다.
저서로 《우리는 장난감과 산다》, 《설교트렌드 2025》 등이 있다.

명문장이 설교를 돋보이게 한다

명문장은 시대와 함께 살아간다

명작은 장수한다. 명작은 시간을 이겨 살아남았기에 존경받아 마땅하다. 명작 안에 특별함이 숨어 있기 때문이다. 명작의 특별함은 명문장에서 시작된다. 명문장은 생명력이 있다. 그렇다면 설교도 명문장이 많아야 한다.

명문장은 단순한 문장이 아니다. 마음을 흔드는 힘이자, 작품을 오래 숨 쉬게 하는 생명의 씨앗이다. 명문장이 없거나 적으면 단기간에 반짝하다가 사라지기 쉽다. 때론 아예 빛을 보지 못하고 창고로 들어간다. 명문장이 부족하면 곧 사라지거나 잊힌다.

2024년 대한출판문화협회의 통계에 따르면, 한 해 동안 신간 도서가 약 6만 권 발행되었다.[147] 하지만 그 가운데 오랫동안 독자의 기억에 남는 책은 극소수다. 작가가 심혈을 기울인 작품이지만, 명문장을 담지 못했다면 반짝이는 금속에 불과할 뿐이다.

이런 현상은 설교에서도 나타난다. 교회에서도 매 주일 새로운 설교가 선포된다. 선포된 설교 가운데 청중에게 오랫동안 남은 설교는 얼마나 될까? 설교 제목조차 기억나지 않는 경우도 많다. 심지어 어떤 설교는 다음 주일까지 기억되면 성공이라고 말하기도 한다. 왜 이런 일이 벌어질까? 설교가 명문장을 담아내지 못했기 때문이다.

명문장이 없는 설교는 청중의 뇌리에 남지 않는다. 눈앞에 앉아 있는 청중일지라도 전혀 상관없는 이야기가 된다. 비록 청중이 고개를 끄덕이며 수긍하더라도, 그 말은 머리에서 가슴까지 내려오지 못한 채 길을 잃는다. 재미있고 유익한 정보, 한바탕 웃고 끝나는 이야기에는 명문장이 없다. 이런 설교는 청중의 마음을 두드리지 못한다. 문을 두드리지 못한 설교는 청중의 마음 문을 열지 못한다. 가슴까지 내려가는 설교, 청중의 마음에 닿는 설교가 되기 위해서는 명문장이 필요하다.

명문장은 시대와 함께 살아간다. 시대 안에 뿌리를 내리고 살아가는 청중에게 실질적인 도움을 준다. 독자가 고전을 읽는 것은 명문장이 수두룩하기 때문이다. 이런 고전은 시대를 넘어 지금도 영향을 끼치며, 삶의 선택지를 넓혀준다.

공자가 쓴 《논어》는 인문학 붐과 함께 꾸준히 읽힌다. 헤르만 헤세가 쓴 《데미안》은 자아를 찾는 과정의 성장 소설이다. 생텍쥐페리가 쓴 《어린 왕자》는 인생의 철학을 담은 작품이다. 이 고전들 안에는 시대를 넘나드는 통찰과 명문장이 살아 숨 쉰다. 고전이 지금도 생명력이 넘치는 것은 명문장을 통해 세대를 뛰어넘는 관계를 만들었기 때문이다. 설교도 명문장이 많아야 한다. 명문장을 남긴 설교는 세월이 흐른 지금도 청중의 마음을 감동으로 적신다.

명문장은 관계를 남긴다

명문장은 관계를 남긴다. 관계가 깊은 사람에게 연락할 때는 일반 우편이 아닌 등기로 보낸다. 중요한 내용이고 상대방을 존중한다는 친밀하다는 관계의 표현이다. 등기로 보낸다는 것은 신뢰하고 좋은 관계를 보여준다. 일반 우편은 수신 여부와 상관없이 발송하면 끝나 관계로 이어지고자 하지 않는다.

설교도 그러하다. 설교 안의 명문장은 일반 우편이 아니라 등기와 같다. 반드시 청중에게 도착해야 한다. 이 책임감은 관계를 확장한다. 명문장이 그 확장의 도구다. 설교자와 청중 사이에 다리를 놓고, 하나님의 마음과 청중의 마음을 연결하는 통로가 된다.

명문장이 빈약한 설교는 관계를 만들지 못한다. 아무리 많은 말을 해도 본문과 제목조차 기억나지 않을 때가 있다. 이는 설교가 청중의 마음에서 벗어났기 때문이다.

예수님의 말씀은 관계를 만든다. 명문장이기 때문이다. "수고하고 무거운 짐 진 자들아 다 내게로 오라(마 11:28)." 이 명문장은 관계를 향한 초대장과 같다. 지식전달이 아니라 수고한 자에 대한 위로의 서신이다. 지친 자를 품어주는 관계를 만든다. 청중은 예수님의 문장을 기억해서가 아니라 새로운 관계로 초대받았기에 예수님께 나아간다.

김춘수 시인이 쓴 〈꽃〉은 관계를 만드는 명문장이 있다. "내가 그의 이름을 불러주었을 때 그는 나에게로 와서 꽃이 되었다." 이 시구는 시인과 독자, 나와 너의 관계를 깨닫게 하는 문장이다. 꽃 이름을 불러줌으로써 '꽃'과 '내'가 서로 연결된다.

김도영은《기획자의 독서》에서 기획을 이렇게 설명한다. "기획은 물속 깊은 곳에 들어가 바닥에 떨어진 동전을 줍는 일"[148]이다. 어떤 것이든 깊이 들어가야 관계가 생긴다. 설교자도 청중의 삶으로 깊이 들어가야 한다. 단순한 몰두가 아니라 몰입으로 관계를 형성해야 한다. 사람의 마음 깊은 곳으로 들어가면 관계가 형성된다. 설교는 청중의 삶에 깊이 공감되어야 한다. 들어간 깊이만큼 청중 마음에 명문장을 남긴다.

설교를 통해 더 좋은 관계를 원한다면, 그 관계에 어울리는 명문장을 청중에게 말해야 한다. 명문장은 설교자와 청중을 이어주고, 하나님과 사람을 잇는 동아줄이다. 명문장이 싹을 틔우는 토양 위에서 설교자와 청중, 하나님과 사람이 함께 은혜라는 열매를 맺는다.

공들인 만큼 명문장이 탄생한다

명문장은 공들인 만큼 탄생한다. 노력을 통해 만들어지지, 저절로 만들어지지 않는다. 사람 관계에서 하루아침에 급속도로 좋아지는 관계는 거의 없다. 노력하고 준비하며 꾸준히 다가갈 때 서서히 좋아진다. 오랜 공들임과 애씀으로 좋아진다. 중국 극동지방에서만 자라는 희귀종인 '모소 대나무'가 있다. 이 대나무는 씨앗에서 싹이 트고 매일 정성을 들여도 4년간 고작 3cm밖에 자라지 못한다. 그러나 5년째 되는 해부터 하루에 30cm 이상씩 자라기 시작한다. 6주 만에 15m 이상 자라며 빽빽한 대나무 숲을 이룬다. 농부들은 모소 대나무가 어떻게 자라고 있는지 알고 있기에 지금 당장 큰 성장이 없어도 꾸준히 물과 양분을 주며 가꾼다.

설교자도 청중과의 관계를 아름답게 가꾸기 위해서는 꾸준한 공들임이 있어야 한다. 모소 대나무도 5년이 걸리는데, 청중과의 관계도 적어도 그 절반쯤은 정성과 인내가 필요하다. 김종원은 《내 언어의 한계는 내 세계의 한계이다》에서 말한다. "더 좋은 인생을 원한다면, 그 인생에 맞는 언어를 사용하라."[149] 청중과의 관계를 지속하기 위해서는 그에 맞는 명문장을 사용해야 한다. 한 번 듣고 연기처럼 사라지는 문장이 아니라, 오래도록 기억에 남는 명문장이어야 한다.

 명문장은 생각의 결정체다. 여러 문장을 하나로 집약시켜야 한다. 예를 들면, "예수님은 우리를 위해 많은 일을 하셨고, 우리가 그분의 사랑을 기억해야 한다."라는 문장을 "예수님의 사랑은 기억이 아니라 반응이다."처럼 핵심 메시지를 압축해 청중에게 정확하게 전달해야 한다. 필자는 "고난을 잘 견디면 좋은 소리가 난다."라고 표현했다. 같은 메시지를 〈아트설교연구원〉의 부대표인 이재영 목사는 "사람의 인생에도 고난이라는 돌맹이가 있기 때문에 아름다운 소리를 낼 수 있다."라고 비유로 남긴다. 필자의 글이 광석이라면 이재영 목사의 문장은 보석이다.

 비유와 이미지로 문장을 만들면 청중의 머리에 오래 남는다. 오래 남는 문장이 곧 명문장이다. 이런 명문장은 설교자가 오랜 시간 품고 다듬은 결과다.

명문장이 설교를 돋보이게 한다

명문장은 설교를 돋보이게 한다. 곧 설교자가 설교원고를 작성하는 힘이 되고, 청중에게는 삶을 다시 일으키는 에너지가 된다. 나쓰카와 소스케는 《책을 지키는 고양이》에서 "펼쳐보지 않는 명문장은 머릿속에 쌓인 백과사전이나 빛을 잃어버린 골동품에 불과할 뿐이다."[150]라고 말한다.

설교자는 청중에게 명문장을 펼쳐주어야 한다. 명문장을 남겨주려면 설교자는 큰 노력을 기울여야 한다. 타인이 만들어 놓은 골동품을 감상이 아니라 자신만의 안목으로 새로운 문장을 빚어내야 한다. 자신이 가치 있다고 여기는 명문장을 만들 수 있어야 한다.

명문장에 청중은 변화한다. 설교가 끝난 후, 은혜받은 청중은 이렇게 말한다. "오늘 말씀, 제게 꼭 필요했어요.", "말씀 듣다가 눈물이 났습니다." 명문장으로 인해 청중에게 감동과 감사가 일어난다. 어떤 청중은 "여전히 내일 출근해야 하지만, 그 말씀 붙들고 다시 일어서겠습니다", "오늘부터 바꿔야겠다는 마음이 들었어요."라며 명문장을 붙잡고 살겠다는 의지를 표출한다. 다른 청중은 "들리기만 한 게 아니라, 울렸습니다.", "마음에 콕 박혔습니다."라고 말한다. 명문장에 마음이 녹아든 청중의 짧지만, 여운 있는 평가다. 명문장이 청중에게 선한 영향력을 끼쳤다는 것을 보여준다.

설교 문에 명문장은 필요하다. 그것은 청중이 일주일을 살아갈 에너지가 되고, 무수히 많은 선택의 순간에서 신앙과 삶의 기준을 제시한다. 사람은 오른손을 먼저 쓸지, 왼손을 먼저 쓸지 같은 사소한 일부터 생명과 직결되는 중대한 결정까지 선택의 갈림길에서 살아간다. 이때 명문장이 정확한 선택의 지렛대가 된다.

청중이 명문장을 많이 들으면 이웃에 전달하기 바쁘다. 그 전달로 복음이 전해지고, 그리스도의 향기가 가정과 일터에 스며든다. 이처럼 명문장은 관계를 깨우고, 세상에 생기를 불어넣는다.

꿈꾸는 명문장, 생동감 넘치는 관계에는 매력이 있다. 설교자는 시대의 매력가가 되어야 한다. 이런 명문장을 만들어 하나님과 청중의 관계를 이어줘야 한다.

명문장을 만드는 설교자만큼 행복한 이가 있을까. 그는 꿈꾸는 문장을 설교 시간에 선포하고, 생동감으로 청중을 살리는 설교자만큼 복 받은 사람이 있을까. 명문장은 설교자의 자존감이자 영원한 자긍심이다.

허진곤 목사

무주금평교회 담임이다.
저서로 《설교트렌드 2025》, 《다음 역도 문학녘》 등이 있다

이미지로 남게 해야 한다

청중은 설교를 기억하고 싶다

청중은 설교를 듣기 원한다. 가족과의 시간, 자기계발, 쉼과 여가를 포기하고 예배에 나오는 이유는 하나님의 말씀을 듣고 기억하고 싶기 때문이다. 그런데 30분 이상의 시간을 들이고도 설교는 쉽게 기억되지 않는다. 설교자의 언변이 문제인지 청중의 집중력이 문제인지 누구 한쪽의 탓으로 결정짓기 어렵다.

    설교자는 설교자대로 말씀 앞에서 겸손한 태도로 성령님의 임재하심을 구한다. 말씀 연구를 위해 애쓴다. 말씀을 잘 전달하고자 한다. 어떤 설교자가 설교가 기억되게 하려 하지 않겠는가? 청중은 청중대로 기억하기 위해 안간힘을 쓴다. 필기하면서 듣기도 한다.

유튜브를 통해 몇 번이고 반복해서 듣기도 한다. 교회에 와서 멀거니 앉아만 있다가 가고 싶은 청중은 없다. 설교자와 청자 모두 노력을 기울여도 기억되는 설교를 하고, 설교를 기억하기란 쉽지 않다.

사람들은 무엇을 잘 기억할까? 세상 사람들은 '이야기'를 기억한다. '이야기'를 통해 배우길 좋아한다. 자미라 엘 우아실, 프리데만 카릭은 《세상은 이야기로 만들어졌다》에서 흥미진진한 이야기의 힘에 관해 이야기한다. "이야기는 더 나은 삶을 위한 실질적 지침의 역할만 하는 것이 아니다. 근본적으로 모든 이야기는 문제를 해결할 수 있다는 것, 그리고 해결을 정확히 어떻게 해야 하는지를 말해준다. 모든 이야기는 우리에게 배움을 가르쳐준다."[151] 반대로 기억되지 않는 이야기는 더 나은 삶을 만들 수 있는 실질적 지침의 역할을 하지 못한다. 어떻게 문제를 해결해야 하는지 알려주지 못한다.

성경 말씀도 '이야기'다. 청중은 하나님께서 인간사에 허락하신 신구약의 역사 속에서 벌어진 다양한 이야기를 접한다. 성경 안에는 인물이 살고 있고 상황이 전개되는 배경, 인물이 겪는 사건과 그 안에서 느끼는 감정, 갈등을 딛고 성장하는 인물의 변화, 그 변화를 통한 교훈, 삶의 지혜가 있다. 청중은 이야기에서 가장 중요한 요소인 인물, 사건, 배경을 통해 현재를 살아가는 지혜와 방법을 알고 싶어 한다.

하나님의 말씀인 성경은 완벽하다. 골수를 쪼개고 죽은 뼈를 살아나게도 한다. 그런데 왜 설교자를 통해 전달되었을 때, 그 힘을 잃는 것일까. 청중은 신이 인간에게 내려준 이야기를 들었는데도 불구하고 왜 그 이야기를 기억하지 못하는 것일까. 설교자가 전하는 설교에 '살아있는 이야기'가 없기 때문이다. '무미건조한 교훈'은 설교를 기억하지 못하게 한다. '이야기'가 '이야기'답게 기억되려면 '이야기'에 생생함이 있어야 한다.

　기억에 남지 않는 말은 생명을 잃은 말이다. 하나 마나 한 말은 기억에 남지 않는다. 누구나 다 할 수 있는 말은 귓등을 스쳐 지나갈 뿐이다. 이야기에 생명을 불어넣을 비법이 있다. 바로 묘사와 비유이다.

청중의 마음에 이미지를 남겨라

기억에 남게 하기 위해서는 이미지를 활용해야 한다. 이미지는 쉽게 연상할 수 있게 한다. 이미지는 특정 개념이나 감정을 시각적으로 떠올릴 수 있도록 도와준다. 문학에서는 독자가 머릿속에서 인물이나 장면을 그리고, 인물의 감정을 생생히 느끼도록 묘사를 활용한다. 예를 들면 무라카미 하루키는 그의 소설 《도시와 그 불확실한 벽》에서 등장인물 소에다 씨에 대해 다음과 같이 자세히 묘사한다.

　소에다 씨는 대략 삼십 대 중반으로, 담백한 이목구비에 지적인 인상을 풍기는 여성이었다. 키는 160센티미터 정도, 체격도 얼굴처럼 가늘다. 자세가 바르고 등이 곧으며 걸음걸이도 반듯하다. 학창 시절에는 농구 선수였다고 한다. 항상 무릎 아래까지 오는 스커트 차림에 걷기 편하도록 굽 낮은 구두를 신었다. 화장기는 별로(거의) 없지만 피부가 맑다. 동그란 귓불이 바닷가의 자갈처럼 매끈했다. 목덜미가 가늘지만 약해 보이진 않는다. 블랙커피를 좋아해서 카운터 안쪽 책상에 늘 큼지막한 머그잔이 놓여 있었다. 머그잔에는 날개를 펼친 컬러풀한 들새 그림이 그려져 있었다. 보아하니 처음 만난 상대에게 쉽게 마음을 여는 타입은 아닌 듯했다. 눈에는 항상 주의 깊은 빛이 빈틈없이 떠 있고, 입술은 단호하고 도전적으로 다물려 있다. 하지만 나는 왠지 처음 대화를 나누었을 때부터 이 사람과는 곧 가까워질 수 있겠다는 기분이 들었다. 아마도 이 작은 마을에 '굴러들어온 돌' 동지로서.[152]

　소에다 씨가 마치 소설에서 나와 우리 눈앞에 생생히 살아있는 듯 느껴진다. 외형 묘사를 통해 소에다 씨의 단호한 성격과 깔끔한 일 처리 스타일까지도 미루어 짐작할 수 있다.
　정용진 작가의 《밑줄과 생각》에서는 두부를 굽는 일련의 과정[153]을 묘사한다. 말캉한 두부를 조심스럽게 잘라 프라이팬에 기름을 두르고 굽는 행위의 묘사가 독자의 마음을 위로해준다면 믿어지는가? 이처럼 문학적 묘사가 독자의 인물을 구체화하고 감정을 자극하듯, 설교자 역시 말씀을 청중의 정서에 밀착시켜야 한다.

설교자가 성경 인물이나 장면에 대해 묘사할 때, 청중의 마음에 이미지로 남아 기억장치에 저장된다. 성경에는 상황이나 배경, 인물의 외형이나 성격, 감정에 대해서 상세하게 쓰여 있지 않다. 역사서를 통해 기록된 말씀일 경우, 몇 문장의 짧은 설명만이 있을 뿐이다. 인물 묘사도 그렇다. 자세하고 세밀하게 쓰여 있지 않다. 어쩌면 하나님께서는 성경을 읽는 독자들에게 이미지를 만들 수 있는 여지를 남겨주셨는지 모른다.

소설가 이승우는《고요한 읽기》에서 성경 말씀을 인간의 언어로 다시 풀어내는 것을 '번역'이라고 말한다. 그 번역에는 풀어쓰기와 가필(加筆)이 동원된다고 강조한다. 풀어쓰기와 가필이 생겨나는 지점이 바로 성경 텍스트가 우리에게 남긴 여백이다. 그는 이 여백은 침묵이 아니라 어떤 말로도 옮겨지지 못해 유보된 말들이 발굴되기를 기다리며 대기하고 있는 공간이라고 한다. 풀어쓰기와 가필은 더 나은 이해를 위해서이지 훼손을 위해서가 아니[154]라고 재차 힘주어 강조한다.

풀어쓰기와 가필로 탄생한 상황과 인물 묘사는 청중이 성경 본문에 대하여 더 깊이 이해하도록 돕는다. 몰입하게 만든다. 일부는 성경에 상상을 덧붙이는 일에 조심스러워하지만, 이는 본문을 왜곡하려는 것이 아니라 그 안에 담긴 생동감을 회복하려는 '해석의 책임'의 한 부분이다.

다자이 오사무의 《인간 실격》에 수록된 〈직소〉라는 단편소설에서는 예수를 팔아넘기려고 하는 유다의 치밀한 감정선을 묘사한다. 성경에는 유다의 행적에 대해서는 기록되어 있지만, 그가 느꼈을 감정은 묘사되어 있지 않다. 독자는 일본 작가의 글을 읽으며 유다가 예수님을 팔아넘기기까지 얼마나 복잡한 감정을 경험했는지 간접적으로 체험할 수 있다. 매년 부활절이 될 때마다 유다는 설교의 주요 인물이었지만, '재물의 욕심에 눈이 멀어 예수를 팔았다'라는 것이 전부이다. 풀어쓰기와 가필이 가미된 유다의 독백으로 들어가 그의 심정을 느껴보자.

수많은 군중이 젊은이, 늙은이 할 것 없이 모두 그분 뒤를 쫓아왔고, 이윽고 예루살렘 성전이 가까워졌을 때 그분은 늙어 빠진 당나귀 한 마리를 길거리에서 발견하시고는 미소를 띠고 거기에 올라타 "시온의 딸들아, 두려워 마라. 보아라, 너희의 왕은 당나귀 새끼를 타고 오시느니라."라고, 이것이야말로 예언되어 있는 그대로의 모습이라고 환한 얼굴로 제자들에게 가르치셨습니다. 그러나 저 혼자만은 왠지 우울했습니다. 그 얼마나 처량한 모습이던지요. 기다리고 기다리던 유월절 축제에 이런 모습으로 예루살렘 성전에 들어가는 것이 저 다윗의 자손의 본모습이었던가. 저분이 일생 동안 염원하던 그 경사스러운 모습이 이 늙어 빠진 당나귀 등에 걸터앉아 터벅터벅 나아가는 초라한 풍경이었던가. 이제 연민밖에 느낄 수가 없었습니다. 실로 비참하고 우스꽝스러운 희극을 보고 있는 것 같은 기분이 들어서 저는 아아, 이제 이 사람도 내리막길이구나, 하루를 더 살면 살수록 천박한 추태를 보이게 될 뿐이다. 꽃은 시들기 전까지가 꽃인 것이다, 아름다울 때 잘라버리지 않으면 안 된다. 그분을 제일 사랑하는 사람은 나야, 남들이 아무리 미워해도 상관없어. 하루라도 빨리 저분을 죽여 드리지 않으면 안 돼 하고 괴로운 결심을 점점 더 굳혔던 것입니다.[155]

그분을 제일 사랑하는 사람은 자신이라고 하면서도 그분을 죽이기로 결심하는 유다의 복잡한 감정과 질투, 서운함, 비교의식, 패배감 등은 작품 전반에 걸쳐 묘사되어 있다.

이 소설을 읽기 전까지는 그냥 예수님을 팔아넘긴 나쁜 사람이라고 인식했을 뿐이었다. 그의 감정에 한 발 더 다가가 보니 그의 극심했던 내적 갈등을 느낄 수 있다. 이는 비단 유다뿐만이 아니라, 현재를 살아가는 누구나 언제든지 느낄 수 있는 감정이다. 자신의 믿는 바와 행함이 일치하지 않는 순간이라면 중범죄를 저지르지 않았더라도 충분히 공감할 수 있다.

설교자가 위의 예시처럼 상황과 인물에 대하여 묘사할 때, 설교자도 청중도 말씀 앞에 더 오래, 더 깊이 머물 수 있다. 등장인물의 애간장이 타들어 가는 마음, 떨려서 죽을 것 같지만 결연하게 다잡는 마음, 불같이 타오르는 분노, 알아주지 않는 것에 대한 서운한 마음, 두려움에 한없이 비겁해지는 마음, 죽음까지도 불사하는 단호한 마음, 사랑하는 사람과 헤어져야 하는 찢어지는 마음, 해서는 안 될 일을 저질렀을 때의 두려움, 후회, 회한 등의 감정이 오감을 자극하는 언어를 통해 전달된다. 인물의 생김새와 행동 묘사를 통해 그 인물을 형성하고 있는 사랑과 미움, 두려움과 용기, 간절함과 무관심, 결연함과 비겁함, 포기와 의지, 게으름과 성실, 핑계와 감사, 교만과 겸손 등을 간파할 수 있다.

청중은 성경 말씀에 직접적인 언급은 없지만, 설교자를 통해 가필된 묘사를 통해 성경 인물을 더 가깝게 느낀다. 성경 속 인물과 자신의 공통점, 차이점을 찾아낸다. 배워야 할 점과 배우지 말아야 할 점을 찾아낸다. 이렇듯 묘사는 청중을 성경 텍스트 안으로 끌어당기는 힘이 있어 청중의 기억에 뭔가를 남긴다.

예수의 비유로 청중의 마음에 조각하라

예수님의 말씀 전달 방법은 탁월했다. 예수님은 청중에게 '기억에 남을 만한 이야기'를 들려주셨다. 듣기 싫은 교훈이나 잔소리를 설파하시지 않았다. 흥미진진한 이야기, 기억에 남을 만한 이야기를 위해 '비유법'을 활용하셨다. 청중의 마음에 말씀을 조각하셨다. 사물에 대한 인식이나 개념에 대한 정의에 비유나 은유를 활용하셨다. 예수님은 알곡 속에 섞인 강아지풀로, 뿌려진 씨앗으로, 열매가 열리지 않은 무화과나무로, 그 당시 화폐로, 농부로, 아버지를 떠난 아들로, 결혼식을 준비하는 열 명의 처녀로, 포도원에서 일하는 품꾼 등으로 진리를 말씀해 주셨다.

예수님의 말씀을 들은 청중이었다면, 그들은 삶의 시선이 머무는 곳마다 예수님의 말씀을 기억할 수 있었을 것이다. 예수님의 말씀을 들은 사람들은 알곡을 골라낼 때, 씨를 뿌리는 사람을 보며, 혹은 자신이 씨를 뿌릴 때, 달란트와 기름을 볼 때마다, 무화과나무 곁을 지날 때마다 예수님의 말씀을 기억할 수 있었다. 천국, 사랑, 믿음, 순종, 용서, 섬김과 같은 개념들을 어떤 관계성도 없어 보이는 알곡, 돈, 땅, 일꾼, 과일 등을 통해 알기 쉽게 설명해주셨다. 청중이 실제 삶 속에서 자주 보는 것, 자주 관계하는 것과 하나님을 믿으며 사는 삶에 필수적인 개념들을 연결 지으셨다.

김용규, 김유림 작가는 《은유란 무엇인가》에서 비유법 중 은유가 가진 본질에 대해 다음과 같이 역설한다. "은유는 이렇듯 지각 또는 이해하기 어려운 대상의 본질을 이미지로 형상화해 보여줌으로써 상대가 이해하고 공감하게 한다. 요컨대 은유는 이해를 여는 열쇠다!"¹⁵⁶ 예수님은 뛰어난 통역가셨다. 예수님은 하나님의 말씀을 전달하는 '전달자'로만 머물지 않으셨다. 듣는 사람의 마음에 말씀을 남기려면 어떻게 해야 하는지를 아셨다. 듣는 이가 쉽게 이해할 수 있게 빗대어 풀어주셨다. 듣는 이의 마음에 새겨주셨다.

설교자도 예수님의 비유법을 배워 청중의 마음과 뇌리에 말씀을 비유로 조각해야 한다. '사랑은 연필심이다. 섬김은 신발이다. 믿음은 보물상자다. 감사는 센서등이다. 사역은 오페라다. 공동체는 후시딘이다. 배움은 영양제다. 말씀은 산소호흡기다.'와 같은 은유는 듣는 이에게 쉽게 기억된다.

유영만 교수는 《책 쓰기는 애쓰기다》에서 "개념을 논리적으로 다시 정의하지 않고 전혀 다른 개념과 연결 지어 우리의 인식의 지평을 넓게 열어주는 것이 은유다"¹⁵⁷라고 은유의 핵심 역할을 정의한다. 비유법을 통해 기억된 말씀은 마음에 새겨진다. 청중의 인식 지평을 넓게 열어준다. 청중의 시선이 머무는 곳마다 말씀 꽃이 피어나게 한다. 말씀이 기억나게 한다. 생각이 새로워지게 한다. 새겨지고 기억된 말씀은 청중의 생각과 행동을 지배한다. 삶을 변화시킨다.

설교의 앨범이 만들어지게 하라

설교에서 이미지가 남으면 청중은 그 이미지를 차곡차곡 모은다.

자신의 삶과 연결한다. 우리는 과거를 추억하기 위해 가끔 앨범의 사진을 들춰본다. 사진은 지나온 삶의 모든 순간을 기억하지 않는다. 사진은 기록으로 반드시 남기고 싶었던 찰나이다. 그 찰나의 이미지는 몇십 년이 지난 후에도 머릿속에 자동으로 떠오를 정도로 강력한 힘을 지닌다. 사진에는 사랑과 용기, 새 힘과 벅차오름, 아련함과 미안함, 미래를 향한 기대와 다짐까지도 담겨있다.

설교자는 청중의 기억 속에 설교의 앨범이 생겨나도록 해야 한다. 꼭 필요한 부분에 적확하게 사용된 은유와 비유, 묘사는 청중에게 이미지로 남는다. 세계적인 인지과학자 카르멘 사이먼 박사는《절대 잊을 수 없는 것을 만들어라》에서 "사람이 무엇인가를 잊는 이유는 충분한 신호가 없거나 기억을 되살리는 단초가 없기 때문이다"[158]라고 알려준다. 설교자는 청중의 기억에 설교가 기억되게 하려면 기억을 되살리는 실마리를 만들어야 한다. 그 실마리는 비유와 묘사이다.

청중은 자신의 삶을 신실하게 이끌어 오신 말씀의 이미지들을 모으고 연결하고 조합한다. 청중은 삶 속에서 은유와 비유로 정의된 개념들을 마주할 때, 기쁘다. 힘을 얻는다. 묘사로 저장된 상황과 성경 인물은 기억 속에서 툭툭 튀어 오른다. 잊히지 않는다. "아! 그때, 들었던 말씀이지!"라며 기억이 다시 살아난다. 결국, 이미지가 남는 설교는 앨범이 된다. 청중의 마음에 남겨진 이 앨범이 신앙의 기억창고가 된다.

영원히 기억하고 싶은 아름다운 때를 사진으로 남기듯이, 생생한 말씀은 설교 앨범의 한 페이지를 채운다. 저장된 이미지들은 계속되는 삶의 미래를 기대하게 한다. 문제를 해결하는 방법이 된다. 굳센 믿음이 필요할 때, 용기가 필요할 때, 위로와 사랑을 전해야 할 때, 의지를 다지고 결단을 내려야 할 때, 멘토가 없는 것처럼 느껴질 때, 세상에 나만 혼자 어려운 것처럼 느껴질 때, 설교 앨범이 펼쳐져야 한다.

설교 앨범은 은유와 비유, 묘사로 만들어진다. 설교자를 통해 듣는 설교에서 이미지를 뽑아 설교 앨범을 만들 수 있을 때, 청중은 말씀 듣기를 사모하게 된다. 말씀을 들을 때마다 말씀이 새로운 이미지로 남게 될 것을 기대한다. 청중의 뇌리와 마음에 새겨진 말씀은 행동으로 옮겨진다. 청중의 삶이 바뀐다. 성숙한 삶을 살아내는 청중 이웃의 마음에도 변화의 균열이 생겨난다. '자신'이라는 하나님 말씀의 번역가를 통해 선한 영향력을 만들어가고 싶은 설교자라면 은유, 비유, 묘사를 연습하는 데 공을 들여야만 한다.

박혜정 선교사

알바니아 GMP 선교사이다.
저서로 《목회트렌드 2026》, 《비록 존재감은 없지만 삶은 행복해》 등이 있다.

질문과 답변으로 하나님과 대화한 내용이어야 한다

질문은 나의 고백으로부터 시작한다

설교자가 청중들에게 "있는 그대로 하나님께 나아오라.", "여러분의 모든 것을 하나님께 아뢰라."라고 권면한다. 그런데 정작 설교자 본인은 그렇게 하지 못하는 때가 많다. 설교자는 완전해 보여야 한다는 무의식적 압박에 시달린다. 이런 부담감으로 인해 설교자는 하나님 앞에서 가면을 쓰게 된다.

 설교자의 영성은 자신은 다 알고 있다는 완벽함이 아닌 아무것도 모른다는 연약함에서 찾아야 한다. 설교자도 연약한 인간이다. 사역의 무게에 짓눌릴 때가 있고, 성도들과의 관계에서 상처받을 때도 있다. 가정에서의 고민, 경제적 어려움, 건강의 문제, 심지어 신앙의 의심까지도 존재한다. 사역의 성과에 대한 조바심, 성도들과의 갈등, 때로는 하나님의 침묵에 대한 답답함이 있을 때, 꾸밈없이 마음을 토해내야 한다. 그때 하나님과의 진정한 만남이 시작된다.

다윗은 시편에서 원수를 향한 분노, 하나님께 대한 원망, 죄책감과 두려움까지도 숨기지 않는다. 이런 모습 때문에 하나님의 마음에 합한 자가 될 수 있었다. 즉 다윗의 위대함은 자신의 참모습을 솔직히 드러낸 것에 있다.

필자는 몇 년 전부터 공황장애를 겪고 있다. 갑작스럽게 심장이 두근거리고 숨이 막히는 느낌, 온몸이 떨리며 죽을 것 같은 공포가 엄습한다. 처음에는 몸의 문제인 줄 알았다. 하지만 병원에서 받은 진단은 공황장애였다. 마음의 문제였다. 가장 힘든 것은 이런 증상이 언제 어디서 나타날지 모른다는 것이다. 강단에서 설교 중에도, 심방을 하던 중에도, 심지어 기도 중에도 찾아온다.

특별히 설교해야 하는데 공황 증상이 올까봐 두려웠다. "하나님의 종이 이런 상태여도 되는 건가?", "성도들이 알면 실망하지 않을까?", "영성에는 문제가 없는 것일까?" 하는 생각이 마음을 힘들게 한다. 기도할 때도 "주님, 주의 종이 왜 이런 상태가 되었습니까? 빨리 고쳐 주세요."라고만 한다. 마치 공황장애가 신앙이 부족해서 생긴 것처럼 여겨진다. 그러던 어느 날 깨달았다. 필자는 하나님께조차 진짜 내 모습을 보여주지 않았다. 공황이 올 때의 절망감, 죽을 것 같은 두려움도 솔직히 털어놓지 못했다.

어느 날 하나님께 솔직히 털어놓았다. 그 이후로 필자는 달라졌다. "주님, 지금 너무 무섭습니다. 이 증상이 언제까지 계속될지 모르겠어요. 솔직히 모든 목회를 포기하고 싶습니다."라고 있는 그대로 기도하기 시작했다. 용기를 내어 청중들에게도 털어놓았다. "저는 지금 공황장애로 치료받고 있습니다. 기도해 주세요." 놀랍게도 많은 분이 위로해주었고, 비슷한 어려움을 겪는 청중들과도 더 깊이 이해하고, 소통할 수 있게 되었다. 지금도 증상은 완전히 사라지지 않았지만, 더는 숨기지 않는다. 이것 역시 삶의 일부이고, 하나님이 허락하신 과정이라고 받아들이게 되었다. 연약함을 인정할 때, 오히려 하나님의 은혜가 더 선명하게 보인다. 자신이 지고 살던 삶의 무거운 짐을 주님께 넘겨 드리는 것이 바로 '나는 죽고 예수로 사는' 복음의 핵심이다.[159]

"너희 근심을 다 주께 맡기라 이는 그가 너희를 돌보심이라(벧전 5:7)." 이 말씀은 청중만 위한 것이 아니다. 설교자에게 동일하게 주어진 초대장이다. 설교자가 자신의 모든 것을 주님께 내려놓고 '주님, 왜 그렇습니까, 무엇을 해야 합니까, 어떻게 하면 됩니까, 어찌하면 좋습니까?'라는 질문으로 나아갈 때, 주님은 답을 주신다.

AI가 만들지 못하는 설교를 위해 질문하라

설교자들과 이야기하다 보면 공통적인 고민을 듣게 된다. "설교 준비는 했는데, 정작 하나님이 무엇을 말씀하려 하시는지 확신이 서지 않는다.", "본문 분석도 하고 주석도 찾아봤는데, 뭔가 생명력이 없는 것 같다."라며 설교의 어려움을 토로한다. 질문하고 답을 찾는 과정이 매우 어렵다 보니 AI를 찾는 설교자가 많아지고 있다. AI에게 물어보면 답이 척척 나온다.

필자는 챗GPT에게 필자의 경우를 생각하며 다음과 같이 물어보았다. "공황장애를 겪는 그리스도인이 신앙생활을 어떻게 해야 병이 나을 수 있을까?" 엔터키를 누르자마자 답이 나왔다. 그의 답을 요약해 보면 이렇다. "영적인 부분뿐만 아니라 전문가의 도움을 받는 것이 중요하다. 다음은 신앙생활을 통해 치유를 돕는 몇 가지 방법이다. 첫째, 영적인 측면을 강화한다. 성경 묵상과 기도, 찬양과 예배 참여, 하나님과의 관계 재정립, 죄 고백과 용서. 둘째, 실제적인 신앙생활의 적용으로 소그룹 모임 참여, 봉사활동 참여, 신앙 서적 및 치유 관련 도서 읽기. 셋째, 전문가의 도움 병행으로 정신건강의학과 방문 및 심리 상담, 영적 지도자와의 상담. 넷째, 생활 습관 개선으로 규칙적인 생활, 스트레스 관리, 공황 발작 시 대처 방법 익히기를 제시한다. 자기 비난을 금하고 인내심을 가지고 희망을 잃지 않아야 한다." 10초도 안 되어 답을 얻었다. 그러나 누구나 할 수 있는 평이한 답이다.

다음 질문으로 공황장애를 겪는 성도에게 해 줄 수 있는 설교문을 만들어 달라는 프롬프트를 넣었다. 역시 눈 깜빡할 새에 한 편의 설교문을 얻었다. 공황의 폭풍 속에서도 주님은 함께 하신다는 제목의 설교문이다. 이는 답을 얻으려는 간절함이 빠진 공허함이 깃든 정보의 총합일 뿐이다.

정지우는 《AI, 글쓰기, 저작권》에서 AI가 인간을 대체할 수 없는 단 한 가지에 대해서 다음과 같이 강조한다. "AI가 인간의 모든 걸 대체하더라도, 대체할 수 없는 게 있다. 그것은 바로 삶이다. 이는 우리 자신의 고유함을 만들어 내는 본질이라 볼 수 있다."[160] 설교자는 반드시 하나님과 씨름하여 답을 얻어야 한다. AI가 알지 못하는 단 한 가지는 설교자의 삶, 하나님과 씨름하며 답을 얻는 과정이다.

AI가 만들어 낼 수 없는 설교를 하기 위해서는 먼저 들어야 한다. 하나님의 대변자로 서려면 먼저 하나님의 음성을 들어야 한다. 진정한 듣기는 관계적 신뢰에 기초한 전인격적 응답이다.

공황장애로 힘들던 시기, 나는 기도조차 내 말만 반복하며 하나님의 음성을 들으려 하지 않았다는 사실을 깨달았다. 어느 새벽, 침묵 속에 마음을 열자 "이제 내게 맡기렴"이라는 하나님의 조용한 음성이 들려왔고, 눈물이 흘렀다. 하나님은 계속 말씀하고 계셨지만 나는 듣지 못했던 것이다. 설교 준비에서도 비슷한 경험을 했다. 요한복음 21장의 "네가 나를 사랑하느냐?"라는 말씀을 깊이 연구했지만, 설교문을 쓰던 중 "너는 정말로 나를 사랑하느냐?"라는 질문이 마음속에 울려 퍼졌다. 베드로에 대해 말할 준비는 되어 있었지만, 그 질문 앞에 서지 못했다. 하나님의 음성은 질문을 품고 기다릴 때 다양한 방식으로 들려온다. 바울이 환상을 통해 사역 방향을 바꾸었고, 엘리야가 세미한 소리 속에서 하나님을 만났듯, 하나님은 설교자가 이해할 수 있는 방식으로 말씀하신다.

하나님의 음성을 듣기 위해서는 의도적인 노력이 필요하다. 먼저 고요한 시간이 있어야 한다. 바쁜 일정 속에서도 하나님 앞에 조용히 앉는 시간을 확보해야 한다. 또한, 본문 앞에서 자기를 비워야 한다. 설교자가 본문을 해석하려 하기 전에 본문이 설교자를 해석하도록 맡겨야 한다. 그리고 피드백에 귀를 기울여야 한다.

기술적으로 완벽한 설교보다 하나님의 음성을 먼저 들은 설교자의 진솔한 증언이 사람들의 마음을 움직인다. 설교는 정보 전달이 아니라 하나님과의 만남을 중계하는 일이다. 설교에 앞서 "나는 정말 하나님의 음성을 들었는가?", "이 말씀이 먼저 내 마음을 변화시켰는가?"의 질문이 필요하다. 하나님은 지금도 설교자에게 답변한다. 설교자는 마음으로 들어야 한다.

구체적으로 질문할 때 설교의 방향이 잡힌다

설교자의 질문은 추상적이다. "하나님, 좋은 설교를 하게 해 주세요.", "교회를 부흥시켜 주세요.", "목회 잘하게 해 주세요."와 같은 일반적인 간구로 질문을 한다. 이런 질문이 잘못된 것은 아니지만, 진정한 하나님과의 소통을 원한다면 더 구체적으로 질문하는 것이 필요하다.

설교자가 막연하게 질문하는 이유는 구체적으로 여쭙는 것이 하나님을 제한하는 것처럼 느껴지기 때문이다. 너무 세세한 것까지 여쭙는 것을 부담스럽게 여긴다. 하지만 구체적으로 여쭙는 것은 하나님을 제한하는 것이 아니라, 우리의 마음과 상황을 더 명확하게 정리하고 하나님의 구체적인 인도하심을 받기 위한 과정이다. 기도로 하나님과 질문하고 답을 얻는 과정은 하나님과의 구체적인 대화이다. 막연한 간구보다는 명확한 질문을 통해 하나님의 세밀한 인도 하심을 받을 수 있다.[161]

설교자에게 구체적으로 여쭙기는 사역의 모든 영역에서 필요하지만, 특별히 설교를 준비할 때 필수적이다. "이번 주 본문에서 젊은 부부들이 실제로 적용할 수 있는 포인트는 무엇일까요?", "청중들의 영적 갈증을 어떻게 채울 수 있을까요?"라고 물을 수 있다. "○○○ 집사의 가정 문제에 어떻게 다가가야 할까요?", "교회 건

축 문제로 갈등하는 상황에서 어떤 말씀을 전해야 할까요?"와 같이 구체적인 상황을 놓고 질문할 수 있다. "설교에 확신이 없을 때 어떻게 해야 할까요?", "청중들의 반응이 차갑게 느껴질 때 제가 놓치고 있는 것은 무엇일까요?", "사역과 가정 사이에서 균형을 어떻게 잡아야 할까요?"처럼 설교자만이 느끼는 구체적인 고민을 하나님께 직접 여쭙는 것이다.

성경 속 인물들도 하나님께 구체적으로 질문했다. 모세는 "내가 누구관대 바로에게 가며 이스라엘 자손을 애굽에서 인도하여 내리이까?(출 3:11)"라고 질문했다. 솔로몬은 "듣는 마음을 종에게 주사 주의 백성을 재판하여 선악을 분별하게 하옵소서(왕상 3:9)."라고 구체적으로 질문했다. 하나님도 이들의 구체적인 질문에 명확하고 실제적인 답변을 주셨다.

공황장애를 겪으면서 나는 처음에 "주님, 이 병을 고쳐 주세요"라고만 구했다. 하지만 증상이 계속되자 설교자로서 구체적인 질문을 하기 시작했다. "주님, 공황 증상이 설교 중에 올 때 어떻게 대처해야 할까요?", "이런 상황에서도 강단에서 말씀을 전해야 할까요?", "성도들에게 목사의 연약함을 어떻게, 어느 정도까지 나누어야 할까요?" 구체적으로 질문을 시작하니 답변도 구체적으로 왔다. 주님과의 세밀한 문답을 통해 설교를 미리 준비하여 조급함을 없애기, 여유를 갖기 위한 복식 호흡법 연습, 의료진의 도움을 받는 것, 사역 일부를 동역자들에게 위임하는 지혜, 그리고 목회자의 연약함을 나누는 것이 오히려 청중들에게 위로가 된다는 통찰을 얻게 되었다.

설교자가 구체적으로 질문할 때, 목회 상황에 대한 명확한 인도하심을 받는다. "설교를 잘하게 해 주세요."보다는 "이번 주 장례 설교에서 유가족들에게 어떤 위로의 말씀을 전해야 할까요?"가 더 명확한 답을 끌어낸다. "은혜로운 설교 하게 해 주세요."보다는 "청년들이 연애와 결혼에 대해 고민할 때 어떤 성경적 기준을 제시해야 할까요?"가 실제적인 메시지를 준비하게 한다. "말씀을 은혜롭게 잘 전하게 해 주세요."보다는 "실직으로 좌절한 청중들에게 이 본문을 어떻게 적용해서 전해야 할까요?"가 구체적인 적용점을 찾게 한다. "감동적인 설교하게 해 주세요."보다는 "가정의 달에 한 부모 가정 성도들이 상처받지 않으면서도 가족의 소중함을 전하려면 어떻게 해야 할까요?"가 세심한 배려의 지혜를 얻게 한다.

구체적인 질문은 설교자의 자세를 바꿔준다. 일방적인 요청과 전달이 아닌 하나님과의 쌍방향 소통의 자세를 갖게 한다. "설교에 능력 주세요."보다는 "성경 읽기를 포기하려는 성도들에게 말씀 사랑을 어떻게 회복시켜드려야 할까요?"가 목양적 접근의 시각을 갖게 한다. 주님과의 쌍방향 소통은 청중에게도 그대로 전달된다. 설교자 개인의 생각과 주장을 전달하는 것을 막을 수 있다. 설교자가 주님 앞에서 치열하게 고민하여 얻은 지혜는 청중이 그들을 향한 하나님의 마음과 생각을 느끼고 알 수 있게 한다.

설교자는 설교를 준비할 때, '무엇을', '어떻게', '언제', '왜', '누구에게', '누구를 위해'라는 질문들을 활용할 수 있다. 정철 작가는 질문에 대한 견해를 이렇게 썼다. "인생은 질문, 인생이 지루하지 않으려면 두 가지 질문에 왜 그래야 하는데? 꼭 그래야 하는 건 아니잖아? 이 두 가지 질문을 자꾸 던져야 지루함도 지겨움도 지지부진함도 떨칠 수 있다. 왜? 꼭? 물음표를 반복하면 느낌표가 보인다."[162] 질문은 답을 근거로 한다. 설교자는 범사에 하나님께 의문보다 질문에 익숙해야 한다. 의문에 익숙한 자는 의심에 빠져든다. 의문이 계속되면 혼란스럽다. 질문에 익숙할 때 원인을 찾을 수 있다. 설교자가 먼저 하나님께 질문에 익숙한 자가 될 때 청중들에게 하나님의 답변을 들려줄 수 있다.

물음표와 느낌표가 순환되는 일상을 살아야 한다

설교자들과 대화하다 보면 이런 고백을 자주 듣는다. "설교할 때는 은혜 받았는데, 강단에서 내려오면 금세 일상으로 돌아간다.", "하나님의 음성을 들었다고 생각했는데, 실제로는 바뀐 게 별로 없다." 말씀을 듣고 감동받아도 일주일이 지나면 예전 모습으로 돌아간다.

공황장애로 고생할 때, 하나님께서 "내게 맡기라"고 말씀하시는 것을 들었다. 그 순간은 정말 평안했다. 하지만 다음 날 아침, 또다시 증상이 찾아왔을 때 나는 여전히 혼자 버티려 했다. 말씀을 들었지만, 삶으로 옮기지 못했다. 하나님과의 대화는 듣는 것에서 끝나는 것이 아니라, 그 말씀을 일상에서 살아내는 것까지 포함한다. "행함이 없는 믿음은 그 자체가 죽은 것이라(약 2:17)." 말씀을 일상으로 옮기는 것은 단순한 결단이 아니라 지속적 실천을 요구한다. 설교자에게는 더욱 절실한 과제다. 하나님과의 문답을 통해 강단에서 선포한 진리를 자신이 먼저 살아낼 때, 그 말씀은 비로소 살아 움직이는 능력이 된다. 삶의 느낌표가 된다. 설교자의 삶이 설교의 마지막 문장이다.

말씀을 일상으로 옮기기 위해서는 질문을 통해 얻은 답을 실천하기 위해 작은 것부터 시작해야 한다. 공황장애 초기에 하나님께서 "염려하지 말라"고 말씀하셨을 때, 필자는 모든 걱정을 한 번에 내려놓으려 했다. 당연히 실패했다. 그 이후 작은 것부터 연습했다. '설교 준비할 때 조급해하지 않기, 사람들과 대화할 때 마음의 여유 갖기' 이런 작은 실천들이 쌓여 큰 변화가 된다.

질문으로 얻은 답은 구체적인 계획을 세우는 데 도움이 된다. '사랑하며 살겠다'라는 막연한 다짐보다는 '오늘 점심에 그 집사에게 안부 전화를 드리겠다'라는 구체적 행동으로 이끈다. 요즘 필자는 매주 월요일 아침에 주일 설교 말씀을 어떻게 실천할지 간단히 묵상한다. 공황장애로 고생하면서도 하나님께 의지하려고 노력하는 필자의 모습을 본 가족들과 청중들은 자신들의 어려움도 하나님께 맡기는 법을 배운다. 완벽한 목회자의 모습이 아니라 연약하지만, 말씀대로 살려고 애쓰는 모습이 오히려 더 큰 감동을 준다.

일상으로 옮기기는 문답으로 찾은 하나님의 뜻을 구체적으로 드러내며, 자신과 공동체, 그리고 세상을 변화시키는 설교자의 은혜의 도구이다. 신앙은 들은 만큼이 아니라 살아낸 만큼이다.[163] 하나님과의 대화가 강단에서 멈추지 않고 가정과 사무실과 일상의 모든 순간까지 이어지는 삶이 필요하다. 그 작은 순종이 쌓여서 큰 변화가 되고, 그 변화가 설교자를 통해 세상으로 흘러간다.

설교자가 하나님 앞에 질문으로 나를 드러낼 때, 그 자리에서 비로소 설교는 진짜 삶을 만난다. 설교자에게 질문과 답변이 메마르면 설교는 생명을 잃는다. 설교자는 하나님을 향한 질문과 답변으로 울상이 된 청중들에게 일상을 기쁨으로 살게 하는 자다.

김용대 목사

청지기교회 담임이다.
한국침례신학대학교(M.Div), 호서대학교 신약학 박사(Ph.D)를 졸업했다.

Chapter 4

타기팅(targeting)은 마음 건드리기다

설교트렌드
2026
- 말하는 설교

하나님 마음으로 성경을 묵상하라

기법이 아니라 하나님 마음에 타기팅하라

설교 타기팅의 본질은 하나님의 심장을 겨누는 것이다. 기술적 완성도, 청중의 반응이 우선이 아니다. 하나님의 마음을 품는 것이 먼저다. 성도의 영혼을 변화시키는 것은 하나님의 마음이다. 하나님의 마음과 성도의 마음이 만나는 것이 설교사역의 핵심 원리다.

현대 설교 현장은 콘텐츠 마케팅, 빅데이터 분석, 감성 설득, 유튜브 알고리즘, 생성형 인공지능을 통한 요약과 설계, 심리적 니즈 분석 등 다양한 기술과 트렌드로 넘쳐난다. 이런 요소들은 설교자에게 매력적이다. 실제로도 어느 정도 효과를 발휘한다.

설교자는 하나님의 마음보다 다른 요소가 효과가 좋다는 것을 안다. 그들은 효과를 높이기 위해 이런 질문을 한다. '청중은 무엇에 반응하는가?', '어떤 설교 제목이 조회 수가 높을까?', '요즘 트렌드는 짧고 감성적 스토리텔링이 대세 아닌가?', 'AI를 활용하면 좀 더 빠르고 설득력 있게 구성할 수 있지 않을까?' 이런 질문들은 하나님의 마음보다 앞서면 안 된다. 그러면 설교가 중심을 잃는다. 기술이 본질을 가린다. 기법이 메시지를 지배한다. 타기팅이 본말전도가 된다.

설교의 타깃은 청중의 반응이 아니다. 하나님의 마음이다. 설교자의 첫 번째 임무는 청중을 사로잡는 것이 아니다. '하나님의 심장을 내가 가졌는가?'이다.

청중의 이해 수준과 정서적 흐름을 파악도 중요하다. 설교자가 청중의 세계를 외면하면 설교는 그들과 동떨어진 메시지가 되기 때문이다. 하지만 설교는 마케터의 프리젠테이션이 아니다. 설교자는 마케팅의 전문가가 아니라 하나님의 대사이다. 대사는 자신을 드러내지 않고 파송자의 뜻과 입장을 왜곡 없이 전해야 한다.

바울은 아테네 아레오바고에서 "우리는 그분 안에서 살고, 움직이고, 존재한다(행 17:28)"라고 선포한다, 당시 헬라 철학의 언어를 존중함으로 말했지만, 메시지의 중심축은 한 치도 옮기지 않았다. 진정한 타기팅은 '청중의 심장'을 향해 화살을 날리기 전에, 반드시 하나님의 마음을 겨누어야 함을 알았기 때문이다. 정확하게 말하면, 설교의 방향성은 '하나님의 심장을 거쳐 청중의 심장으로' 이어져야 한다. 이 방향이 어긋나면 설교가 아무리 대단하게 준비되어도 '청중의 일시적 감탄'에 그친다.

하나님 마음을 향해 나아가는 묵상이 되게 하라

설교자의 타기팅은 하나님의 마음 '묵상'이다. 묵상은 하나님의 마음을 향해야 한다. 묵상이란 단순히 성경 본문의 구조를 분석하고, 원어를 해석하며, 주석서를 참고하는 정도가 아니다. 말씀을 통해 하나님의 눈물과 한숨, 기쁨과 열정을 체험하는 과정이다. 하나님은 어떤 분이신가? 말씀 속 하나님의 본래 의도는 무엇인가? 이 질문을 품고 말씀을 대할 때, 우리는 지식 습득 너머에 하나님의 심장 박동을 듣게 된다.

구약의 선지자들은 묵상의 사람이다. 호세아는 "나는 인애를 원하고 제사를 원하지 아니하며 번제보다 하나님을 아는 것을 원하노라(호 6:6)." 여기서 하나님을 안다는 것은 지식적으로 아는 것이 아니다. 히브리어로 '야다'는 부부의 연합처럼 인격적이고 관계적인 앎을 말한다. 하나님은 형식적인 예배보다, 관계와 교감, 사랑과 이해를 원하신다.

하나님의 마음은 무엇일까? 아픈 백성을 안고, 울고 계신 아버지의 마음이다. 돌아오기를 기다리는 인내, 회개하기를 간절히 소망하는 사랑, 회복되어 더 기뻐하길 바라는 애틋함, 그 모든 마음을 말씀에 담아 주신다. 그 마음이 설교자의 가슴에 담겨야 한다. 그렇지 않으면 공허를 전하게 된다. "오라 우리가 여호와께로 돌아가자 여호와께서 우리를 찢으셨으나 도로 낫게 하실 것이요 우리를 치셨으나 싸매어 주실 것임이라(호 6:1)." 이 말씀은 단순한 회개의 권면이 아니다. 하나님의 복합적인 감정, 즉, 진노와 회복, 공의와 사랑, 절망과 소망이 뒤섞여 있다. 마음의 처절한 고백이다.

하나님의 사랑은 결코 가볍거나 얕지 않다. 공의를 포기하지 않으면서도, 끝까지 회복을 바라보는 깊은 사랑이다. 설교자는 그 하나님의 사랑을 묵상을 통해 느껴야 한다.

하나님 마음을 고백과 삶으로 증명하라

설교 타기팅의 본질적 과정은 하나님의 심장이 설교자의 심장으로, 설교자의 심장이 청중의 심장으로 이어지는 것이다. 설교자는 먼저 말씀을 통해 전해진 하나님의 마음을 경험해야 한다. 나에게 왜 이 말씀을 주셨는지, 그분은 어떤 감정으로 이 본문을 주셨는지를 이해하려고 애써야 한다. 그 과정 가운데, 말씀은 문자에서 인격으로, 구성과 구조에서 감동으로 전환된다.

하나님의 마음을 읽으면 고백으로 이어진다. 설교자가 하나님 앞에서 울고, 웃는다. 이때부터 설교가 시작된다. 필자는 말레이시아에서 가족 문제로 지치고 혼란스러운 시간을 보냈다. 그 가운데 요셉의 이야기를 묵상했다.

창세기 45장 5절을 읽는 순간, 단순히 "하나님이 나를 이곳에 먼저 보내셨습니다"라는 문장이 아니라, 그 말을 하는 떨며 말하는 요셉의 음성이 들렸다. 형제들 앞에서 자신의 정체를 밝히는 순간, 요셉의 마음은 어떠했을까? 복수하고 싶은 마음과 용서해야 한다는 마음이 교차했을 것이다. 결국, 그는 "하나님이 보내셨다"라고 고백했다.

요셉은 백성을 사랑한 하나님을 만났다. 이 묵상의 결과는 즉시 나타났다. 첫째, 필자의 성경을 대하는 관점이 바뀌었다. 가족에 대한 갈등이 '내가 당하는 고통'에서 '하나님이 허락하신 과정'이 되었다. 둘째, 이후 설교가 바뀌는데 열쇠가 되었다. 단순히 '고난을 견디라'는 당위적 메시지가 아니라, '고난 속에서도 하나님의 섭리를 발견하라'는 구체적 깨달음으로 전환되었다. 셋째, 청중의 반응이 달라졌다. 한 성도가 "지금 자신의 상황이 변한 것은 없지만 삶을 보는 시야가 달라졌다"라고 고백했다.

헨리 나우웬은 《상처 입은 치유자》에서 "우리의 상처를 통해 타인의 상처를 이해한다"라고 한다.[164] 예수님 역시 십자가 위에 찢어진 상처를 통해 인류에게 생명을 주셨다. 설교자도 자신의 연약함과 아픔을 통해 하나님의 마음을 더 깊이 이해하게 된다.

하나님 사랑의 고백이 아무리 뜨거워도 삶의 자리에서 구현되지 않으면 전달에 그친다. 살아낸 것이 아니기 때문이다. 고든 D. 피와 더글라스 스튜어트는 《성경을 어떻게 읽을 것인가》에서 "성경의 본래 의미를 이해한 다음에는 반드시 그것을 '오늘의 나'에게 적용해야 한다"라고 강조한다.[165] 하나님의 마음이 삶으로 적용되지 않으면 그 마음을 안다고 할 수 없다. 하나님의 마음을 아는 감격과 하나님에 대한 경외는 설교자의 발걸음을 움직이게 한다.

누가복음 15장 탕자의 비유를 묵상한다면, 아들을 기다리는 그 간절함, 멀리서 달려오는 걸음에도 먼저 달려나가는 그 사랑이 느껴져야 한다. 설교자의 묵상으로 다가온 하나님의 마음이 삶으로 드러나야 한다. 그 마음을 느끼면 청중을 대하는 태도가 달라진다. 지적의 대상에서, 하나님이 품고 계신 자녀로 보이기 시작한다. 권면보다는 격려를 폭풍처럼 한다. 설교자가 하나님의 마음을 담으면 그 설교는 따뜻해진다. 그러므로 설교란 하나님의 마음이 얼마나 크신지를 증명하는 자리다.

하나님 마음이 설교자의 존재가 되게 하라

묵상은 자신 안에 하나님을 채우는 것이다. 명상이 비우는 작업이라면, 묵상은 채우는 작업이다. 묵상할 때 먼저 하나님의 마음을 찾아야 한다. 다음으로 찾은 하나님 마음을 설교자 안에서 기쁨으로 채워야 한다. 우리가 묵상할 때 채울 것은 성경 지식이 아니라 하나님의 마음이다. 그렇게 가득 채워진 묵상은 더 이상 정보가 아닌 설교자의 정체성이 된다.

설교의 궁극의 모습은 하나님의 마음과 설교자 마음의 혼연일체가 되게 하는 것이다. 하나님의 말씀이 설교자의 삶, 인격, 언어, 표정, 눈빛에까지 스며드는 것이다. 이런 결과는 묵상의 깊은 시간을 지날 때 가능하다.

유진 피터슨은 《이 책을 먹으라》에서, 성경을 '읽는 것'을 넘어 '씹고, 소화하고, 피가 되고 살이 되는 것'이라 말한다.[166] 즉, 말씀은 설교자의 내면에 체화되어야 한다. 그때 설교는 지식이 아니라 존재가 되고, 기술이 아니라 향기가 된다. 본회퍼는 "하나님을 경험한 기쁨 없이 교회 안의 그리스도인이 되는 것은 불가능하다."라고 강조한다.[167] 설교자도 그렇다. 하나님과 깊은 관계를 맺지 못한 설교자는, 설교 시간에 '하나님의 음성'을 들려줄 수 없다. 겉으로는 인용구와 예화가 넘치고, 표현이 세련되어 보여도, 청중은 본능적으로 느낀다. 이 설교가 체득되어 영혼 깊은 곳에서 우러난 것인지, 책상 위 이론의 조합인지 말이다.

설교자의 길은 길고도 고단하다. 매주, 때로는 하루에도 몇 번씩 말씀을 준비하고, 삶의 현장과 부딪히며 청중의 반응에 일희일비하게 된다. 그러다 보면, 처음 설교를 시작했던 순수한 마음과 하나님 앞에서 두려워 떨던 그 첫 묵상의 시간이 흐릿해진다. 어느새 '효율'과 '최적화'에 집중한다. '조회 수'와 '리액션'을 중요하게 여긴다. 그러나 설교자는 끝까지 그 중심을 잃지 말아야 한다.

묵상과 설교는 분리될 수 없다. 묵상이 없는 설교는 공허하며, 설교 없는 묵상은 고립된다. 묵상은 설교를 이끌고 설교는 묵상을 증명한다. 설교에서 내가 만난 하나님의 마음을 드러내야 한다. 설교자는 매 순간 "하나님, 지금 당신을 만나러 갑니다"라는 태도를 지녀야 한다. 《살리는 설교》는 설교자에게 이렇게 권면한다. "묵상 없는 설교는 전달력 없는 메시지에 불과하며, 설교자가 먼저 말씀에 붙들려야 청중도 말씀에 붙들린다."[168] 설교자가 하나님의 마음과 매 순간 연결되어 있을 때, 그 설교는 세월이 지나도 빛을 발한다. 기술은 낡지만, 진정성은 오래 간다. 하나님의 마음을 담은 설교는 시대를 꿰뚫는다.

설교에서 타기팅이란 단순히 '누구를 겨눌 것인가'의 질문에 대한 답이 아니다. 더 근본적인 질문은 누구로부터 시작할 것인가이다. 그리고 핵심이 무엇이냐이다.

설교는 언제나 하나님의 마음을 마주함으로 시작해야 한다. 하나님과의 교감은 청중을 변화시킨다. 청중의 마음을 움직이는, '말하는 설교'는 하나님의 마음을 먼저 간직하고 품기로 작정한 설교자로부터 시작한다. 그 설교는 단순히 '말이 잘 들린다'가 아니라, '들린 대로 살고 싶다'라는 결단을 끌어낸다. 기술이 아닌, 존재로 설득하는 설교자. 그가 바로 하나님의 심장을 겨누는 진짜 설교자이다. 하나님 마음으로 성경을 묵상한 자의 결실이다.

이지철 목사

Next 세대 연구소 연구원이다.
저서로 《우리는 장난감과 산다》, 《설교트렌드 2025》 등이 있다.

청중의 마음을 사로잡아야 한다

청중의 마음 잡기에는 '다음'이 없다

"교회를 옮깁니다"라는 말이 나올 때마다, 청중은 "누구 때문이다, 무엇 때문이다"라는 '때문' 병에 시달린다. 그다음 마음의 결단으로 몸은 기필코 따라가 다른 교회로 간다. 청중의 마음 잡기에는 '다음'이 없다. 청중의 마음 잡기는 '지금'이 중요하다. 마음이 뜨면 몸도 떠난다. 다쿠치 박사의 이론에 따르면, 마음이 온몸에 있다. 사람이 몸이 아파 검사를 하면 정상인데 복통을 호소하거나 수족이 마비되는 증상이 있다. 이것은 마음의 작용 때문이다. 마음을 따라 온몸이 즉각 반응한 것이다. "미국의 레슬리 다쿠치 박사는 기억은 뇌에만 저장되는 것이 아니라 몸에 퍼져있는 내장으로 뻗는 신경 경로와 더불어 우리의 피부까지 퍼져있는 연결망에도 저장되어 있다. 인체의 모든 세포 조직에서 '신경펩타이드(아미노산의 아미노기 사이에서 물이 떨어져 나가고 차례로 연결해 사슬 모양을 이룬 채 화학 결합한 것)'는 세포 수용체를 통해 생각이나 기억이 무의식 속에 남아 있다가 의식적으로 되살아난다."[169]

정철 작가는 《사람 사전》에서 '마음'을 이렇게 말한다. "몸의 주인, 마음이 시키면 몸은 한다. 뭐든 한다. 뜨거운 사랑도 하고 차가운 이별도 한다. 총칼을 주면 전쟁도 한다. 몸은 죽는 날까지 마음이 행한다. 몸이 마음을 거역하는 사건은 일생에 딱 한 번, 마음은 죽고 싶지 않은데 마음은 하루만 더 살자고 하는데 몸이 이를 거부하는 사건, 반항이 아니라 충심이다. 몸은 자신이 늙는 것은 견딜 수 있지만, 마음이 늙어 추해지는 꼴은 차마 보지 못한다."[170]

마음이 몸을 지배한다. 설교자도 청중의 마음을 먼저 헤아려야 한다. 어떻게 하면 청중의 마음을 사로잡을 수 있을까? 예수님 마음을 닮아야 한다. "심령이 가난한 자는 복이 있나니 천국이 저들의 것임이요(마 5:3)." 청중들의 마음을 사로잡기 위해서는 설교자가 마음을 비워 가난해야 한다.

설교자는 예수님처럼 마음을 비워야 한다. 청중의 마음을 사로잡으려면 마음을 비워야 한다. 마음 비우려면 예수님의 마음을 채워야 한다. "너희 안에 이 마음을 품으라 곧 그리스도 예수의 마음이니 그는 근본 하나님의 본체시나 하나님과 동등 됨을 취할 것으로 여기지 아니 하시고 오히려 자기를 비워 종의 형체를 가지사 사람들과 같이 되셨고 사람의 모양으로 나타나사 자기를 낮추시고 죽기까지 복종하셨으니 곧 십자가의 죽으심이라(빌 2:5-8)." 설교자는 십자가 복음으로 마음을 채워야 한다.

청중의 마음을 잡으려면 다음을 말하면 안 된다. 마음이 떠나기 전에 복음의 핵심인 십자가 정신으로 무장해야 한다. 청중에게 십자가 복음을 심어주어야 한다. 청중의 마음이 뜨지 않게 해야 한다. 도리어 청중에게 십자가 복음으로 마음을 들뜨게 해야 한다.

사람의 마음은 위기와 분위기를 느낀다

전쟁터에는 죽느냐? 사느냐? 위기만 존재한다. 노출하지 않는 게 사는 길이다. 전쟁터에서는 마음이 무겁다. 마음이 닫혀 있기 십상이다. 인간은 위기에 마음을 닫는다. 마음이 닫히는 순간 몸이 따라오지 않는다.

사람은 마음이 열려 있어야 한다. 거북이는 위기를 느끼면 머리를 감추지만, 분위기가 좋으면 머리를 내밀고 오대양 육대주를 헤엄친다. 동물이나 식물, 사람도 분위기가 좋으면 몸도 마음을 노출한다. 세상의 존재하는 것들은 좋은 분위기에 머물고 싶어 한다.

교회 안에 다음 세대가 떠나고 있다. MZ세대들이 위기를 느끼고 있다는 말이다. 설교자가 전하는 메시지가 청중에게 위기로 들리면 몸도 마음도 떠난다. 설교자의 메시지는 청중에게 앙코르를 회복해야 한다. 어떻게 하면 앙코르를 회복할 수 있을까?

필자가 볼 때 한국교회 공동체의 정규 예배 시간은 참여율이 높은 편이다. 매월이나 격월로 모이는 제직회 참여율은 15-20%다. 복합적인 원인이 있겠지만 경직된 분위기 때문이다. 명칭은 제직회지만 특정 소수의 사람들만의 상명하복 분위기만 있다. 경직된 분위기의 시작은 욕심이다. 오래된 직분자의 고지식한 태도, 지나친 간섭은 분위기를 경직되게 한다.

"미국 심리학자 로버트 자이언스는 '단순 노출 효과'를 말한다. 단순 노출 효과는 의도적이든, 우연이든 자주 마주칠수록 매력을 느끼게 된다."[171] 노출이란 보이거나 알 수 있도록 드러내는 것이다. 자기 생각을 노출하지 않는 것은 마음이 닫혔다는 증거다. 사람의 마음이 열리게 해야 한다. 마음이 열린 곳은 시간과 거리가 상관없이 참여에 열을 올린다.

사람은 위기와 분위기를 동시에 느낀다. 위기를 느끼면 숨지만 분위기를 느끼면 감동한다. 설교자는 청중의 마음을 사로잡기 위해 감동을 노출해야 한다. 교회 공동체는 이웃을 향한 사랑을 노출해야 한다. 지역 사회를 향한 섬김을 노출해야 한다.

마음을 사로잡을 수 있는 분위기를 만들어야 한다

분위기가 좋으면 사람들이 모인다. 교회도 분위기가 좋아야 한다. 어떤 교회가 분위기가 좋은가? 첫째, 기도하는 교회다. 교회는 청중이 기도할 수 있는 분위기를 만들어야 한다. 필자가 경험한 바로는 노회 공동체 안에서 하나의 안건으로 좌충우돌하다가도 정회 시간이 되어 '○○○가 기도하고 정회합니다.'라고 하면 수백 명의 사람이 잠잠해진다.

그리스도인들에게 기도는 마음을 사로잡는 지름길이다. 이스라엘 백성들의 출애굽 여정에 첫 번째 어수선한 분위기는 홍해 앞에서 생겼다. "그들이 또 모세에게 이르되 애굽에 매장지가 없어서 당신이 우리를 이끌어 내어 이 광야에서 죽게 하느냐 어찌하여 당신이 우리를 애굽에서 이끌어 내어 우리에게 이같이 하느냐(출 14:11)." 갈라진 백성들의 마음을 사로잡는 방법은 기도였다. "여호와께서 모세에게 이르시되 너는 어찌하여 내게 부르짖느냐 이스라엘 자손에게 명령하여 앞으로 나아가게 하고 지팡이를 들고 손을 바다 위로 내밀어 그것이 갈라지게 하라 이스라엘 자손이 바다 가운데서 마른 땅으로 행하리라(출 14:15-15)." 모세의 기도는 갈라진 이스라엘 백성들의 마음을 사로잡았다.

둘째, 찬송하는 교회다. 공연장에서 부르는 노래는 모인 사람들의 마음을 뭉치게 한다. 그리스도인들에게 찬송은 청중의 마음을 사로잡는다. 어수선한 이스라엘 백성들의 마음을 사로잡기 위해 다윗은 찬송한다. "그날에 다윗이 아삽과 그의 형제를 세워 먼저 여호와께 감사하게 하여 이르기를 너희는 여호와께 감사하며 그의 이름을 불러 아뢰며 그가 행하신 일을 만민 중에 알릴지어다. 여호와 이스라엘의 하나님을 영원부터 영원까지 송축할지로다 하매 모든 백성이 아멘하고 여호와를 찬양하였더라(대상 16:7-8, 36)." 찬송은 하나님께 감사하게 한다. 찬송은 하나님께서 행하신 일을 알게 한다. 모든 백성이 찬송으로 아멘하게 된다. 사분오열된 마음을 사로잡는 분위기는 찬송이 답이다.

셋째, 사랑하는 교회다. 예수께서 제자들을 위한 마지막 기도는 사랑이었다. 야고보와 요한의 어머니가 예수께 찾아와 자기의 아들 둘을 하나는 우편에 하나는 좌편에 앉게 해달라는 청탁을 한다. 이것을 지켜보고 있던 다른 제자들 반응은 싸늘하다. "열 제자가 듣고 그 두 형제에 대하여 분히 여기거늘(마 20:24)." 열두 제자들 간에도 갈등은 있었다. 예수님은 마음이 하나 되지 못한 제자들을 알고 있었다. 제자들의 마음을 사로잡는 길은 사랑뿐이었다. "내가 아버지의 이름을 그들에게 알게 하였고 또 알게 하리니 이는 나를 사랑하신 사랑이 그들 안에 있고 나도 그들 안에 있게 하려함이니라(요 17:26)." 이미 갈라진 제자들의 마음을 사로잡는 비결은 사랑뿐임을 예수께서 알고 계셨다. 설교자가 청중들의 마음을 사로잡는 유일한 길은 사랑이다.

가치를 칭찬할 때 마음을 사로잡는다

교회에서 설교를 듣는 청중의 가치는 무한하다. 그 마음의 가치가 무한하다고 칭찬하면 청중의 마음을 사로잡을 수 있다. 마음의 가치가 어떤지를 예수님은 아신다. 이를 아셨기에 예수님은 사람이 가치 있는 존재라고 말씀하신다. "사람이 만일 온 천하를 얻고도 제 목숨을 잃으면 무엇이 유익하리요 사람이 무엇을 주고 제 목숨과 바꾸겠느냐(마 16:26)." 설교자도 예수님처럼 청중을 가치 있는 존재로 여겨 칭찬해야 한다. 그 칭찬이 청중의 마음을 사로잡는다.

칭찬이 차지하는 비중이 크다. 미국의 소설가 헨리 제임스는 인생에 중요한 것이 세 가지가 있다고 한다. '첫째, 친절할 것, 둘째, 친절할 것, 셋째, 친절할 것'이다. 헨리 제임스는 마음 문을 활짝 열기 위한 키워드가 친절이라고 강조한다. 법정 스님도 최고의 종교는 '친절과 칭찬'이라고 한다.

친절과 칭찬은 그만큼 어렵다는 것이다. 양창순 교수는《오늘 참 괜찮은 나를 만났다》에서 누군가를 비난하고 화를 내기는 쉬운데 칭찬하기 어렵다고 말한다. 그 이유는 '첫째, 능동적인 노력이 필요하다. 둘째, 칭찬하는 것이 익숙하지 않기 때문이다. 셋째, 칭찬하고 싶은 사람이 별로 없기 때문이다. 넷째, 마음에 여유가 없기 때문이다'라고 말한다.[172]

누군가를 칭찬한다는 것은 상대를 향한 관심과 함께 존중하는 마음이 있어야 한다. 예수님께서는 사람을 대할 때마다 천하보다 귀한 생명으로 여기셨다. 설교자도 예수님처럼 사람의 가치를 존중하고 칭찬해야 한다. 그러면 그 사람의 마음을 사로잡을 수 있다.

김운용 교수는 《새롭게 설교하기》에서 "설교도 연주와 같다. 연주하는 음악가와 같이 악보를 읽고 청중 마음을 읽을 수 있어야 한다. 작곡가의 마음과 소리를 읽어내려고 하듯이 그 소리를 명확하게 표현하려고 하는 연주자와 같이 설교자는 설교의 주인이신 하나님의 마음을 읽을 수 있어야 한다. 또 청중 마음을 읽을 수 있어야 한다. 설교는 이렇게 하나님의 마음을 읽고 청중과 그들의 삶의 자리를 읽어 내려가는 작업이다. 그 마음을 읽지 못하고 그것에 대한 열정이 식어 버린다면 그는 아무것도 할 수 없다."[173]

설교자는 설교의 주인이신 하나님의 마음을 읽을 수 있어야 한다. 설교자는 청중의 마음을 사로잡기 위해 청중을 소중한 음표로 보아야 한다. 한 사람, 한 사람이 소중하고 가치 있는 존재임을 알고 칭찬함으로 청중들의 마음을 사로잡아야 한다.

석근대 목사

대구동서교회 위임목사이다.
저서로 《삶을 쓰는 글쓰기》, 《일상에서 신앙 찾아가기》 등이 있다.

마음이 타기팅되면 청중이 변화된다

마음을 타기팅해야 한다

설교자는 말씀의 궁수(弓手)다. 말씀의 궁수는 성경의 진리를 활시위에 올려 청중을 향해 쏜다. 하지만 화살이 청중의 마음을 겨냥하지 않는다면, 아무리 멋있게 쏘아도 허공을 향해 쏜 것에 불과하다. 말씀의 궁수에게 표적지는 청중의 마음이어야 한다. 설교자는 설교의 화살로 정확하게 청중의 마음을 타기팅해야 한다.

한국 남자양궁팀은 '2024 파리올림픽' 단체전에서 금메달을 획득하며 올림픽 단체전 3연패를 달성했다. 올림픽 남자 단체전에서 두 대회 연속 우승을 해 본 나라는 한국뿐이다. 여자양궁팀은 단체전 '10연패'라는 위업을 세웠다. 단체전이 처음 도입된 1988년 서울올림

픽부터 한 번도 빼놓지 않고 이 종목에서 우승한 국가가 됐다.

한국 양궁이 이렇게 압도적인 성과를 거두는 이유가 무엇일까? 우스갯소리로 명궁이라 불린 '주몽의 후예'라서 그렇다고 이야기하는 사람이 있다. 하지만 재능만 가지고는 10연패를 달성할 수 없다. 양궁팀은 변화무쌍한 바람 속에서 활을 쏜다. 장마철 축구장의 소음 속에서 집중력을 유지하는 연습을 한다. 계속되는 새로운 도전을 받아들이며 긍정적인 마인드를 유지한다. 슈팅 로봇을 개발하여 선수들의 기량 향상에 활용한다. 기본에 충실한 훈련도 빼놓지 않는다. 기본적인 슈팅 기술을 끊임없이 반복해서 연습한다. 한국 양궁팀의 기록은 우연이 아니다. 철저한 준비, 과학적 접근, 선수들의 끊임없는 노력이 만들어 낸 결과다.

말씀의 궁수인 설교자가 청중의 마음을 타기팅해야지 딜레탕트(dilettante)가 되면 안 된다. 딜레탕트는 예술이나 학문 따위를 직업으로 하지 않고 취미 삼아 하는 사람을 의미한다. 딜레탕트는 좋게 말하면 예술 애호가지만, 나쁘게 말하면 예술에 관심은 많지만, 많이 알지는 못하는 사람, 어떤 분야를 깊이 탐구하지 않고 피상적으로 아는 사람을 말한다.[174] 설교자가 청중의 마음을 피상적으로 알아서는 정확하게 명중시킬 수 없다. 설교자는 한국 양궁 대표팀처럼 프로여야 한다.

설교자가 마음 전문가가 되어야 한다. 그 마음을 정확하게 겨냥해야 한다. 그것은 마음이 인간 존재의 중심이기 때문이다. 신학자이자 인문학자인 달라스 윌라드는 "하나님의 나라는 인간의 마음에서부터 시작된다."[175]라고 한다. 그는 "마음은 인간 존재의 중심이라"라고 정의하며, 단순한 감정이나 생각을 넘어 영혼과 의지, 사고, 감정, 몸과의 통합된 실체로 설명한다. 또한, 마음은 "하나님과의 인격적 관계가 살아있는 장소"라며, 마음의 회복이야말로 진정한 제자도의 시작이라고 강조한다.

성경에서는 심장을 뜻하는 육체 기관으로부터 시작해, 존재 전체를 관통하는 가장 깊은 실재로서 마음(레브, לֵב/카르디아, καρδία)을 말한다. 단순한 감정의 중심이 아니라, 사고와 의지, 기억과 갈망, 곧 삶의 방향 전체를 담아내는 내면의 심연이다. 히브리어 레브(לֵב)는 원래 가슴 속 장기 전체를 가리키는 말이었지만, 성경 안에서 그것은 점점 중심(center) 또는 핵심(core)의 뜻으로 사용된다. 인간의 내면을 구성하는 가장 본질적인 자리, 곧 하나님 앞에 선 인간의 진실한 모습을 담는 공간이다. "사람은 외모를 보거니와 여호와는 중심을 보시느니라(삼상 16:7)"에서 '중심'이 바로 레브다.

설교자는 인간 존재의 중심이 되는 마음을 정확하게 겨냥해서 설교의 화살을 쏘아야 한다. 그렇게 하기 위해서는 마음공부를 해야 한다. 설교자는 말씀과 하나님의 마음을 묵상해야 한다. 청중의 마음도 묵상해야 한다.

동의를 넘어 마음이 타기팅돼야 청중은 변화된다

메시지는 청중의 머리가 아닌 마음에 새겨지게 해야 한다. 동의를 넘어 마음이 타기팅돼야 청중은 변화된다. 변화한다는 것은 어려운 일이다. 선배 설교자 가운데 "청중들에게 아무리 설교를 해도 변화가 일어나지 않는다"라고 하는 분이 있다. 삼십 년을 목회하면서 수천 번을 설교했는데도 청중의 삶이 변하지 않더라는 것이다.

설교는 청중을 변화시키지 못하는 것일까? 그렇지 않다. 성경은 "하나님의 말씀은 생명력 있어 혼과 영과 관절과 골수까지도 찔러 쪼갠다(히 4:12)"라고 말씀한다. 하나님의 말씀은 생명력이 있어 사람의 영혼과 몸까지도 변화시킨다는 것이다. 그뿐만 아니라 성경은 하나님의 말씀을 듣고 회개하고 변화된 많은 증인을 기록하고 있다. 지금도 하나님의 말씀을 듣고 많은 사람이 변화되고 있다. 청중이 변화하지 않는다면 설교자가 청중의 마음을 제대로 타기팅하지 못했기 때문이다.

'여측이심'(如廁二心)이라는 말이 있다. '사람의 마음이 화장실 갈 때와 올 때 마음이 다르다.'라는 의미다. 그만큼 사람의 마음은 종잡을 수가 없다는 의미다. 세상에서 가깝고도 가장 먼 거리가 머리와 가슴 사이의 거리라고 한다. 머리로는 동의가 되는데 마음은 움직이지 않는다. 설교자의 설교가 논리적이지 못하면 청중은 동의조차

하지 않는다. 귀를 닫는다. 그래도 설교가 논리적이면 들려지고 동의가 된다. 설교자는 청중이 동의하는 수준에 머무르면 안 된다. 청중을 변화시켜야 한다. 그러려면 청중의 마음을 타기팅해야 한다.

청중은 이성적이며 동시에 감정적인 존재다. 이성이 사람을 움직이는 것 같지만 실제로 감정이 움직인다. 이성은 이렇게 하면 안 된다고 하는데 감정에 이끌려 행동한다. "한 번이라도 자신과 타인을 제대로 응시했다면, 누구나 인간이 이성적이기보다는 감정적이라는 사실을 쉽게 알 수 있다. 사실 이성이 감정보다 먼저 일어나는 경우는 거의 없다. 심지어 이성은 감정을 통제하기 위해 발명된 것이라고도 할 수 있다."[176] 철학자 강신주가 《감정수업》에서 한 말이다.

호수는 생명을 살리는 곳이다. 식물과 동물과 물고기와 사람의 생명까지 살린다. 호수가 공급해 주는 물이 생명을 살린다. 마음도 생명을 살리는 곳이다. 아무리 힘든 상황이라도 살겠다고 마음먹으면 살아낸다. 살아진다. 반면 호수는 생명을 죽이는 곳이기도 하다. 호수가 오염되면 생명을 죽인다. 물이 차고 넘치면 홍수가 되어 생명을 죽인다. 마음도 생명을 죽이기도 한다. 현대인들을 가장 힘들게 하는 병이 우울증이다. 우울증은 마음의 병이다. 설교자는 설교를 통해 청중의 마음이 생명을 살리는 곳으로 만들어야 한다.

청중은 육체의 눈으로 세상을 바라보는 것 같지만 마음의 눈으로 세상을 바라본다. 어떤 사람은 새가 지저귀는 소리를 듣고 새가운다고 한다. 반면 어떤 사람은 새가 노래한다고 표현한다. 어떤 것이 맞는 것일까? 새가 운다고 한 사람은 그의 마음이 울고 있는 것이다. 반면, 새가 노래한다고 표현한 사람은 그 마음이 노래하고 있는 것이다.

청중이 마음의 눈으로 세상을 바라본다면 마음은 인생의 등불이다. 성경은 마음이 인생의 등불을 넘어 "생명의 근원이다(잠 4:23)"라고까지 말씀한다. 생명의 뿌리는 보이지는 않는 마음에서 시작된다. 설교자는 청중을 변화시키고 살리기 위해 마음을 타기팅해야 한다.

진심이 마음을 타기팅한다

청중은 진심이 전해질 때 마음이 타기팅된다. 마음에도 가짜 마음이 있고 진짜 마음이 있다. 가짜 마음은 '척'하는 마음이다. 사랑하는 척, 위로하는 척, 이해하는 척하는 마음이다. 가짜 마음은 가면을 쓴 마음이다. 반면, 진심은 진짜 마음이다. 가면을 쓰지 않고 과장하지 않는 마음이다. 있는 그대로의 마음이다. 지금은 '탁월함보다 진정성(authenticity)을 더 가치 있게 여기는 시대'라고 한다. 곧 가짜가 아닌 진짜를 보고 싶다는 것이다. 껍데기가 아닌 진심을 보고 싶다는 것이다.

진정성은 정직성에서 한 걸음 더 나아가는 것이다. 정직하다는 것이 자신이 하는 말을 진심으로 하고 그 말을 실천하는 것이라면, 진정성이 있다는 것은 여기에 더해 자신이 하는 말을 느끼는 것이다. 진정성은 설교에 필요한 깊은 감정이다. "위대한 감정 없이 위대한 설교자가 될 수 있는 사람은 없다." 프린스턴의 제임스 알렉산더가 한 말이다. 그는 또 "깊은 감정을 불러일으키는 설교자가 반드시 그 감정을 자신도 깊이 느끼는 것은 보편적으로 관찰된다."라고 했다.[177] 청중은 설교자의 진심이 담긴 진정성을 보기를 원한다.

탁월한 보험 세일즈맨인 이석원은 "15년이라는 시간을 통해 겪은 시행착오 속에서 '철학과 진심'이 있는 영업만이 고객의 마음을 움직인다는 진리를 얻었다."[178]라고 한다. 괴테도 "진심은 화려하지 않아도 사람의 마음을 움직인다."라고 한다. 설교자가 설교에 진심을 담으면 청중의 마음은 타기팅된다. 그 마음이 전해진다. 설교는 마음과 마음의 만남이다.

진심이 상대의 마음에 전해지는 이유는 마음과 마음이 연결되어 있기 때문이다. 삼면이 바다에 둘러싸인 우리나라의 남해와 서해에는 3348개의 크고 작은 섬들이 있다. 무인도가 2876개, 유인도는 472개다. 섬은 떨어져 있는 것 같지만 연결되어 있다. 바닷속으로 들어가 보면 그것을 알 수 있다. 섬뿐만 아니라 보이지 않지만, 사람의 마음과 마음도 연결되어 있다.

"물에 비치면 얼굴이 서로 같은 것 같이 사람의 마음도 서로 비치느니라(잠 27:19)." 맑은 물을 보면 물에 얼굴이 비친다. 마음도 그렇게 서로 비친다는 것이다. 서로의 마음이 비친다는 것은 마음이 연결되었다는 말과 같은 의미다.

박성철의 《한국인을 위한 탈무드》에 있는 글이다. "잘 꾸민 말로, 그럴싸한 행동으로 사람을 만나지 마라. 그런 인간관계는 유통기간이 지나면 폐기 처분되는 통조림 같은 만남이다. 인간관계의 정답은 마음으로 다가가고 진심으로 대하는 것이다. 가슴속에 '진심의 학교'를 세워두고 모든 사람을 만나라. 세상이 때 묻고 녹슬었다고 하지만 그래도 진심은 어디에서든 통하는 법이다." 진심은 설교자와 청중 사이에도 통한다.

마틴 로이드 존스는 "설교는 인간의 말이 아니라, 하나님 앞에 무릎 꿇은 심령에서 나오는 불덩어리다."라고 했다. 그는 웅변이나 쇼맨십 없이도, 청중이 숨죽이며 말씀을 들을 정도로 진실함과 영적 깊이가 담긴 설교를 했다. 사람의 이성이 아닌 마음을 겨냥하는 설교를 했다. 런던의 무신론자였던 한 지식인이 그의 설교를 듣고 이렇게 고백했다. "나는 논리로 꺾이지 않았고, 감정으로 흔들리지 않았지만, 그 설교자의 진심 앞에서 무너졌다." 설교자는 설교를 진심으로 준비해야 한다. 설교를 듣는 청중을 진심으로 대하고 기도해야 한다. 성령님께서 역사하시도록 진심으로 도움을 구해야 한다. 그리고 설교자는 마음을 다해 설교해야 한다. 이런 설교자의 진심이 청중의 마음을 타기팅하고 변화시킨다.

이재영 목사

〈아트설교연구원〉 부대표이다.
저서로 《말씀이 새로운 시작을 만듭니다》, 《신앙은 역설이다》 등이 있다.

질문으로 청중의 마음을 파고들어야 한다

질문은 숨은 자를 부르는 호출이다

"아담아, 네가 어디 있느냐(창 3:9)?"

이 질문은 아담의 위치에 대한 물리적 질문이 아니다. 이는 존재의 상태에 대한 설교적 질문이다. 하나님은 아담이 물리적으로 어디에 숨어 있는지가 아니라, 영적으로 어떤 상태에 있는지를 묻는다. 칼빈은 이 질문에 대해 "하나님께서 아담을 부르신 것은 그를 정죄하시려는 것이 아니라 회개로 이끄시려는 부드러운 권면"[179]이라고 해석한다. 하나님의 질문은 심판의 망치가 아니라 치유의 손길이다. 설교적 질문은 심판을 위한 추궁이 아니라 회복을 위한 초대이다.

하나님의 질문은 일방적 설교 선언이 아닌 대화적 설교의 시작점이다. 죄로 인해 막힌 관계의 물꼬를 트기 위해 하나님께서 먼저 설교적 대화의 문을 연다. 본회퍼는 이를 "하나님의 질문은 인간을 향한 영원한 설교적 부르심"이라고 표현한다. 루터는 "하나님의 질문은 과거의 사건이 아니라 지금 이 순간에도 설교를 통해 계속되는 현재적 음성"이라고 해석한다.

질문은 시간의 강을 거슬러 올라가 오늘 우리에게 도달하는 하나님의 편지다. 전통적 설교관이 정보 전달 중심이었다면, 질문 중심의 설교는 존재적 설교 소통을 지향한다. 설교자는 단순히 성경의 내용을 전달하는 설교 전달자가 아니라, 청중이 영적으로 어디에 있는지를 묻고, 그 숨은 자리를 향해 하나님의 음성으로 다가가는 설교적 호출자의 역할을 감당해야 한다.

설교자는 답을 파는 상인이 아니라 질문을 던지는 어부다. 깊은 바다에 잠긴 영혼을 건져 올린다. 이러한 설교적 질문의 원리를 이해했다면, 이제 구체적으로 어떻게 현장에서 적용할 수 있을지 살펴보아야 한다. 성경은 다양한 설교적 질문의 보석함이다.

"네가 나를 누구라 하느냐(마 16:15)?" – 신앙 고백을 이끄는 설교적 질문

"네가 낫고자 하느냐(요 5:6)?" – 치유 의지를 확인하는 설교적 질문

"네가 나를 사랑하느냐(요 21:15)?" – 관계 회복을 위한 설교적 질문

무엇보다 설교자는 질문의 참된 의미를 깨달아야 한다. 성경은 질문의 책이다. 성경은 질문으로 이루어져 있고, 질문의 보고(寶庫)다. 보석과 같은 질문이 담겨있기 때문이다.[180] 한국교회의 권위적 설교 문화에서 질문은 때로 나약함으로 오해받는다. 그러나 질문은 나약함이 아니라 강함의 다른 모습이다. 바위를 깨뜨리는 것은 망치가 아니라 물방울의 끈질긴 반복이다. 이러한 인식을 바탕으로 기성세대를 위해서는 "마음속으로 하나님께 대답해보십시오"라는 표현으로 부담을 줄이고, MZ세대를 위해서는 대화적 설교 소통으로 참여를 유도한다. 동시에 실제적 적용에서는 균형 감각이 필요하다.

과도한 질문은 청중을 지치게 하는 폭우가 될 수 있다. 한 설교당 3-5개의 핵심 질문으로 제한하고, 설교적 질문과 설교적 선언 사이의 균형을 유지해야 한다. 질문과 선언은 설교의 두 날개다. 한쪽만으로는 날 수 없다.

질문은 숨은 자를 부르시는 거룩한 호출이다. 하나님께서 죄로 인해 숨은 인간을 향해 던지신 그 첫 설교적 질문처럼, 설교자의 질문도 청중의 마음 깊은 곳에 숨어 있는 진정한 자아를 향한 사랑의 설교적 부르심이어야 한다. 숨은 자를 찾으시는 하나님의 마음으로, 청중 한 사람 한 사람을 향해 "네가 하나님 앞에서 어디 있느냐?"고 부드럽게 물어야 한다.

질문은 고집을 꺾는 곡선 검이다

"사울아, 사울아, 네가 왜 나를 핍박하느냐(행 9:4)?"

다메섹으로 향하던 사울은 율법에 열정적이었고, 자신의 신념에 누구보다 확고했다. 그 열정은 잘못된 방향으로 치달아 예수 믿는 자들을 박해하는 데 썼다. 그때 예수님은 그를 직접 멈추고 질문한다. 이 질문은 사울의 인생을 꺾는 은혜의 곡선 검이다. 직선은 벽을 세우지만, 곡선은 문을 연다.

설교자의 소통은 직선적 접근과 곡선적 접근으로 나눌 수 있다. 직선적 설교는 "믿으십시오", "회개하십시오", "순종하십시오"와 같은 명령과 선언으로 이루어진다. 이는 분명하고 강력하지만, 청중의 방어기제를 자극할 수 있다. 반면 곡선적 설교는 질문을 통해 청중의 마음을 부드럽게 열어간다.[181]

다메섹 도상에서 예수님은 사울에게 "즉시 돌이켜라!"라고 명령하지 않고 질문한다. "사울아, 사울아, 네가 왜 나를 핍박하느냐?" 사울의 반응도 흥미롭다. 방어하거나 반박하지 않고 "주여, 누구시니이까(행 9:5)?"라고 되묻는다. 질문은 마음의 빗장을 푸는 황금 열쇠다. 질문이 또 다른 질문을 낳으며 진정한 대화가 시작된다. 이것이 바로 곡선적 설교의 힘이다.

이러한 곡선적 접근이 효과적인 이유는 청중의 현실 자체가 곡선적이기 때문이다. 카피라이터 정철은 "현실은 곡선, 누구나 곡선, 구불구불 힘든 곡선, 굽이굽이 힘든 인생."이라고 말한다. 설교를 듣는 청중들의 인생도 마찬가지다. 그들의 신앙 여정은 직선적이지 않다. 때로는 의심하고, 때로는 확신하며 굽이굽이 성장해간다. 인생은 구불구불한 산길이고, 설교는 그 길을 함께 걷는 동반자이다.

사울 역시 직선적 열심으로 달려가다가 예수님의 곡선적 질문을 만나 인생의 방향을 완전히 바꾸었다. 이러한 청중의 곡선적 현실을 인정할 때, 직선적 명령보다는 곡선적 질문이 더 자연스럽고 효과적인 설교 방식이 됨을 알 수 있다. 사울 역시 직선적 열심으로 달려가다가 예수님의 곡선적 질문을 만나 인생의 방향을 완전히 바꾸었다. 따라서 설교자는 청중의 마음 상태를 먼저 질문으로 진단하고, 그들이 스스로 깨닫도록 이끌어야 한다.

모든 설교가 곡선적 질문으로만 이루어져야 하는 것은 아니다. 기본적 진리 전달에는 직선적 접근이 필요하다. 십계명이나 주기도문 같은 기본 신앙 내용을 가르칠 때는 명확한 선언이 적절하다. 지혜로운 설교자는 직선의 망치와 곡선의 붓을 모두 사용할 줄 안다.

지혜로운 설교자는 기본 진리는 직선적으로 선언하되, 그 적용은 곡선적 질문으로 접근해야 한다. "하나님은 사랑이시다"라는 직선적으로 선언하되, "그렇다면 당신은 그 사랑을 얼마나 경험하고 계십니까?"라고 곡선적으로 질문하는 것이다.

한국교회의 권위적 설교 문화에서는 점진적 변화가 필요하다. 기성세대는 확신 있는 선언을 기대하는 반면, MZ세대는 함께 고민하는 설교를 선호한다. 설교자는 청중의 성향을 고려하여 직선과 곡선을 적절히 조화시켜야 한다. 그렇다면 성경은 이러한 곡선적 질문의 설교적 효과를 어떻게 보여주는가?

"아담아, 네가 어디 있느냐(창 3:9)?" - 존재 상태에 대한 성찰

"네가 나를 누구라 하느냐(마 16:15)?" - 신앙 고백의 유도

"사울아, 왜 나를 핍박하느냐(행 9:4)?" - 행동의 근본 동기 질문

이 모든 질문은 직접적 명령이 아닌 내적 성찰을 유도하는 설교적 접근이다. 성경의 질문들은 영혼을 향한 하나님의 수술용 메스다. 아프지만 치유한다. 이러한 원리를 현대 설교에 적용하면 어떻게 될까? 설교자도 "여러분은 믿어야 합니다"라고 직선적으로 명령하기보다는 "여러분은 정말로 믿고 계십니까?"라고 곡선적으로 질문할 때 청중의 방어기제를 우회하여 진정한 자기 성찰을 유도할 수 있다.

"용서하십시오" → "진정으로 용서할 준비가 되어 있습니까?"

"봉사해야 합니다" → "하나님께서 여러분을 통해 무엇을 하기 원하실까요?"

"기도하십시오" → "지금 여러분의 마음 상태는 기도하기에 적합합니까?"

지혜로운 설교자는 직선의 망치와 곡선의 붓을 모두 사용할 줄 안다. 핵심은 균형과 적절한 활용이다. 설교자의 정체성 자체가 달라져야 한다. 설교자는 답을 파는 상인이 아니라 질문의 씨를 뿌리는 농부다. 설교자는 답을 주는 사람이 아니라 질문을 던지는 사람이다. 청중을 굴복시키려 하기보다 스스로 깨닫게 하는 사람이다. 이것이 바로 예수님께서 보여주신 설교의 방식이다. 곡선적 설교는 청중을 수동적 수용자가 아닌 능동적 참여자로 만든다. 질문을 받은 청중은 자신의 내면을 살피게 되고, 그 과정에서 진정한 변화가 일어난다.

질문은 은밀한 초대장이다

"너희는 나를 누구라 하느냐(마 16:15)?"

가이사랴 빌립보에서 예수님은 제자들에게 질문한다. "사람들이 인자를 누구라 하느냐?"라는 첫 번째 질문은 주변 여론을 묻는 외적 질문이다. 하지만 이내 두 번째 더 깊은 질문으로 전환된다. "너희는 나를 누구라 하느냐?" 이는 더 이상 군중이 아닌 개인의 심령을 겨냥한 질문이다.

이러한 이중 질문 구조는 단순한 대화가 아니라 정교한 설교 전략이다. 예수님의 첫 번째 질문인 "사람들이 인자를 누구라 하느냐?"는 청중의 마음을 여는 예비적 설교 전략이다. 이는 설교학에서 말하는 도입부의 역할을 한다. 청중들에게 안전한 영역에서 시작하여 점진적으로 개인적 영역으로 이끌어가는 설교 기법이다. "너희는 나를 누구라 하느냐?"라는 두 번째 질문은 설교의 핵심부에 해당한다. 이는 개인적 신앙 고백을 요구하는 실존적 질문이다. 단순한 정보 처리를 넘어서 존재론적 응답을 요구하는 설교의 절정부이다. 이러한 단계적 접근이 효과적인 이유는 심리적 안전감을 먼저 확보하기 때문이다.

설교자는 청중을 갑작스럽게 깊은 물로 밀어 넣지 않고, 얕은 곳에서부터 천천히 깊은 곳으로 인도해야 한다. 예수님의 설교 방식은 청중의 심리적 안전감을 먼저 확보한다. 첫 번째 질문은 다른 사람들의 의견을 말하는 것이므로 개인적 위험부담이 적다.

질문은 마음의 문을 두드리는 것이지, 부수는 것이 아니다. 설교학에서 말하는 점진적 몰입(Progressive Engagement) 원리가 여기에 적용된다. 예수님의 첫 번째 질문을 통해 형성된 심리적 안전감이 베드로의 담대한 고백을 끌어낸 중요한 설교적 요인이다. 그렇다면 이 질문의 본질은 무엇인가? 예수님의 질문은 시험이 아닌 은혜의 표현이다. 전지전능하신 예수님께서 제자들의 마음을 모르실 리 없다. 이 질문은 정보 획득이 아닌 영적 관계 형성을 위한 설교적 도구이다. 질문은 이미 마음에 있던 믿음을 수면 위로 끌어올리는 영적 낚싯바늘이다. 마태복음 16장 17절에서 예수님은 베드로의 고백에 대해 "이를 네게 알게 한 이는 혈육이 아니요 하늘에 계신 내 아버지시니라"라고 말씀하신다. 질문은 성령의 역사를 위한 설교적 통로 역할을 한다.

더 나아가 개인적 고백은 공동체적 설교 사건으로 확장된다. 베드로의 고백은 개인적 신앙 고백을 넘어서 교회 공동체의 기초가 된다. "너는 베드로라 내가 이 반석 위에 내 교회를 세우리니(마 16:18)"라는 예수님의 선언은 개인적 고백이 공동체적 설교 사건으로 확장된다. 씨앗 하나가 숲이 되는 것처럼 한 사람의 고백이 온 교회의 기초가 된다. 이러한 원리는 성경 전반에서 일관되게 나타난다.

오늘날에도 예수님의 질문은 설교를 통해 계속된다. "너는 나를 누구라 하느냐?" 이 설교적 질문은 우리를 정답으로 몰아가는 것이 아니라 신앙의 여정을 다시 걷게 만드는 새로운 출발점이다. 설교자는 거룩한 질문의 전달자이다. 답을 강요하는 사람이 아니라 초대장으로 고백을 끌어내는 설교자이다. 이 초대에 응답할 때, 우리는 베드로처럼 "주는 그리스도시요 살아계신 하나님의 아들이시니이다"라는 고백을 하게 된다.

김용대 목사

청지기교회 담임이다.
한국침례신학대학교(M.Div), 호서대학교 신약학 박사(Ph.D)를 졸업했다.

마음을 타기팅하라

진심으로 마음을 타기팅하라

"잔소리는 왠지 모르게 기분 나쁜데, 충고는 더 기분 나쁘다."

이 말은 13살 소녀가 tvN 예능 프로그램 <유 퀴즈 온 더 블록>에서 한 말이다. 이 짧은 말은 많은 사람의 공감을 불러일으켰고, 그 아이는 이 발언 덕분에 방송에 세 차례나 출연했다.

우리는 살아가면서 타인의 말에 영향을 받는다. 어떤 말은 힘이 되고, 어떤 말은 부담이 된다. 특히 가까운 관계일수록 잔소리와 충고가 자주 오간다. 하지만 많은 사람이 잔소리는 물론이고 충고조차도 기분 나쁘게 받아들인다. 왜일까? 잔소리와 충고는 화자 중심이기 때문이다.

청자가 들을 준비가 되어 있지 않은 상황에서 던지는 잔소리와 충고는 오히려 역효과를 일으킨다. 관계를 해치고, 때론 모욕을 받았다고 느끼기도 한다.

'모독(mortification)'이라는 단어의 어원은 '죽음(mort)'이다. 김현경은 《사람, 장소, 환대》에서 "모욕이 담긴 말은 상대방을 벼랑 끝으로 몰아갈 수 있다"[182]라고 말한다. 이 말은 언어가 타인을 죽일 수도 있다는 무서운 경고다.

타인을 죽일 수 있는 것은 설교에서도 나타날 수 있다. 설교는 설교자가 청중을 향해 쏟아내는 잔소리나 충고가 아니다. 설교자가 원하는 방향으로 청중이 따라오지 않는다고 하여, 설교를 빌려 특정한 직분 자나 청중을 꾸짖고 비판하지 않아야 한다.

필자가 유혹을 받을 때가 있다. "오늘 이 설교는 ○○ 성도가 들으면 좋은데, 오늘은 안 왔네." 이 순간 설교는 더는 하나님의 말씀이 아닌, 설교자의 푸념이나 넋두리로 전락한다. 설교는 하나님 말씀이 청중의 마음에 도달하도록 돕는 시간이다.

사도 바울은 "우리는 사람을 기쁘게 하지 않고 하나님을 기쁘시게 하려 한다."라고 말한다. 바울은 청중의 마음을 얻기 위해 하나님 앞에서 진실하게 접근한다. 사람의 마음을 가장 섬세하게 알고 계신 하나님을 의지한다. 설교자가 가질 타기팅은 통제가 아닌 하나님의 인도를 받고자 하는 것이다.

　설교자의 마음에는 청중이 있어야 한다. 타기팅이란 청중의 이름을 마음에 새기는 일이다. 이름은 존재감이다. 설교자의 마음에 그 존재가 뚜렷하게 자리 잡을 때, 설교는 명확한 방향을 갖는다.

　이름 없는 청중에게는 타기팅이 어렵다. 존재하지 않는 청중을 향해 말하면, 그 설교는 '가명'이 된다. 실명을 가진 존재를 향할 때, 설교는 잔소리나 충고를 넘어 진심이 된다. 그래서 정확한 타기팅이 필요하다. 진심은 청중의 마음을 향해 일직선으로 날아간다.

　설교자는 청중의 마음을 조준해야 한다. 만약 표적이 청중의 마음이 아니라면 아무 소용이 없다. 예수님은 타기팅이 정확하다. 예수님과 사마리아 여인의 대화는 우물가에서 시작된다. 겉으로는 물 이야기를 하지만, 예수님은 여인의 마음을 겨냥하신다. 그녀의 목마름을 꿰뚫는 말씀은 여인의 마음에 시원함을 안겨주었다. 목마름이 해갈된 여인은 마을 사람들에게 달려가 복음을 전한다. 예수님의 정확한 타기팅이 여인의 삶을 변화시켰다. 교회에 '떠돌이 교인'이 많다. 그 이유 가운데 하나는 청중의 마음에 닿는 설교가 아니기 때문이다. 즉 청중 마음에 타기팅이 되지 않은 설교로 인한다. 설교자가 청중의 마음에 타기팅하는 설교를 하면 청중은 마음을 십자가 앞으로 한 걸음 더 나간다. 은혜의 보좌 앞으로 나아가려 한다.

상상력으로 마음을 타기팅하라

상상력으로 청중의 마음을 타기팅해야 한다. 마음은 '논리'로 움직이지 않는다. 오히려 감각, 분위기, 톤, 표정, 심지어 공간까지도 영향을 받는다. 이런 요소를 만드는 것은 설교자의 상상력이다. 상상력은 허구가 아니다. 오히려 평범한 일상에 특별함을 부여하는 능력이다. 그것은 눈에 보이지 않는 것들을 느끼고, 들리지 않는 것을 떠올리는 감각이다. 이 과정은 오감뿐 아니라 마음까지 동원된다.

흔한 말로 마음은 마음끼리 통한다고 한다. 마음이 통하면 설교자의 감정은 청중의 감정과 연결되고, 설교자가 하나님을 향한 마음은 그대로 청중에게 전달된다. 이러므로 설교자의 상상력은 설교 전달력이 된다.

이정일은《소설 읽는 그리스도인》에서 상상력의 실패가 타기팅의 실패로 이어진다고 말한다. "박완서나 찰스 디킨스의 소설을 읽고 나면 문학은 타인의 문제를 위해서도 눈물을 흘릴 줄 아는 능력을 길러준다. 분명 허구의 인물의 삶을 읽었는데 그게 내가 처한 문제를 명확히 밝혀주고 내가 천박하거나 타락한 존재가 되지 않도록 다독여준다는 것을 깨달으며 놀란다. 알고 보면 우리가 겪는 실패는 상상력의 실패, 공감의 실패일 때가 많다."[183] 설교자의 상상력이 막히면, 청중의 마음과 차이가 벌어진다. 그러므로 소설뿐 아니라 설교에서도 상상력은 필수다.

　설교자가 청중의 마음을 타기팅하기 위해서는 상상력을 담은 말하기와 감정을 깨우는 상상력훈련을 해야 한다. 글쓰기를 통해 감각을 표현하는 훈련을 해야 한다. 김진규는《히브리 시인에게 설교를 배우다》에서 일곱 가지 감각적 이미지를 소개한다.[184] 첫째, 시각적 이미지로 밝기, 색상, 동작을 포함한다. "하늘을 우러러 뭇별을 셀 수 있나 보라" 하나님은 별이라는 시각적 매체를 통해 아브라함의 마음을 타기팅하셨다. 둘째, 청각적 이미지다. "사랑이 없으면 소리 나는 구리와 울리는 꽹과리가 되고" 사랑이 없는 추상적 개념을 소리로 전달했다. 셋째, 후각적이다. "나의 사랑하는 자는 내 품 가운데 몰약 향 주머니요"로 사랑을 향기로 표현했다. 넷째, 촉각적이다. 울퉁불퉁하며, 온도로 말한다. 고통이나 따뜻함을 피부의 느낌으로 표현한다. 다섯째, 미각적이다. "너희는 여호와의 선하심을 맛보아 알지어다" 하나님의 선하심을 미각으로 상상하게 한다. 여섯째, 유기적 이미지다. 심장박동, 맥박, 호흡이 여기에 속한다. "몸은 하나인데 많은 지체가 있고 몸의 지체가 많으나 한 몸임과 같이 그리스도도 그러하니라" 몸과 지체를 통해 공동체의 유기적으로 연결한다. 일곱째, 운동 감각적 이미지다. 근육의 긴장감과 움직임이다. "내가 이미 얻었다 함도 아니요 온전히 이루었다 함도 아니라 오직 내가 그리스도 예수께 잡힌 바 된 그것을 잡으려고 달려가노라." "푯대를 향하여 그리스도 예수 안에서 하나님이 위에서 부르신 부름의 상을 위하여 달려가노라." 신앙생활을 긴장감과 운동감으로 전달한다. 이처럼 성경은 다양한 감각적 이미지로 청중의 마음을 사로잡는다.

설교자도 감각의 언어, 상상력의 언어를 사용해야 한다. 작성한 주일 설교를 색상으로 표현, 소리로 전환, 냄새, 촉감, 음식으로 표현하는 과정을 가져야 한다. 필자는 시각을 이용하여 '안경' '선글라스'라는 단어를 찾아내어 설교에 적용한다. 청중이 기억에 남는다는 말을 남긴다. 이런 과정은 상상력으로 청중의 마음을 타기팅한 결과다.

설교자는 상상력으로 청중 마음을 타기팅 해야 한다. 상상력의 언어가 청중의 마음을 열고, 귀를 뚫어주고, 눈을 뜨게 만든다. 상상력 있는 설교는 청중의 마음을 깊게 파고드는 타기팅이 된다.

타기팅의 성공은 공진화다

타기팅의 성공은 공진화를 일으킨다. 공진화란 "한 생물 집단이 진화하면 밀접한 연관이 있는 다른 생물 집단도 함께 진화한다"[185]라는 뜻이다. 예를 들면 포식자인 치타의 달리기 속도가 빨라지면 먹잇감인 영양도 생존을 위해 더 빨리 달릴 수밖에 없다. 서로서로 진화시킨다. 설교자가 청중의 마음을 향한 타기팅이 정밀해질수록 청중의 마음도 더 빠르고 깊이 변화된다. 이것이 설교의 공진화다. 설교자와 청중, 생각과 감정, 들숨과 날숨이 긴밀히 연결되어야 변화가 일어난다. 이러한 관계는 성경 속 인물 사이에서도 찾아볼 수 있다.

예수님과 제자들이다. 3년간 함께 먹고 자며, 가르치고 훈련하며 동행했다. 그 결과 제자들은 교회의 지도자, 복음의 전도자로 변했다. 모세와 여호수아의 관계도 마찬가지다. 두 사람은 지도자와 후계자로 함께 광야 생활을 했다. 여호수아는 모세가 죽은 후에 모세의 비전을 이어받아 가나안 땅을 정복하는 사명을 완수했다. 바울과 디모데의 관계도 같다. 바울은 디모데의 멘토가 되어 함께 복음을 전했고, 디모데는 믿음 안에서 바울의 멘티가 되어 교회를 이끌었다.

타기팅이 가진 힘이다. 이처럼 설교자의 타기팅도 관계 속에서 씨앗을 심어 변화를 꿈꾸고, 그 씨앗은 공동체로 확장된다. 청중은 신앙적인 성장을 경험하고, 열매를 맺는 거목으로 자라난다. 신앙이 성장한 청중은 가족과 공동체, 사회에 긍정적인 영향을 끼친다. 신뢰를 심어주고, 타인을 격려하며, 변화의 통로가 된다. 이러한 사람이 모인 공동체도 하나의 목표를 세운다. 바로 궁극적인 목표인 하나님 나라의 확장이다. 공진화의 결과는 다양하게 나타난다. 다음 세대를 세우는 일을 한다. 지역 사회에 선한 영향력을 행사한다. 그리고 한 나라를 품고 선교하는 일까지 이어진다. 이 모든 것이 타기팅을 통한 공진화의 열매다.

공진화는 타기팅의 모든 것이다. 베르나르 베르베르는 《상상력 사전》에서 질문을 "모든 것"[186]에 한다. "모든 것은 하나 안에 있다(아브라함)", "모든 것은 사랑이다(예수 그리스도)", "모든 것은 성과 관련되어 있다(지그문트 프로이트)", "모든 것은 경제와 관련되어 있다(칼 마르크스)", "모든 것은 상대적이다(알버트 아인슈타인)", "그다음에는?" 그렇다면 청중의 마음을 타기팅하는 설교자는 이 질문에 어떤 답을 적을 수 있을까? 필자는 "모든 것은 정성이다"라고 적는다.

정성스러운 설교를 위해 오랜 시간과 노력이 필요하다. 그런 설교만이 청중의 마음에 진심으로 다가간다. 마음에 정확하게 도달해 청중의 마음을 변화시킨다. 설교자가 진심으로, 일곱 가지 감각과 상상력을 동원해 설교하면, 청중의 마음에 드리운 커튼이 열려, 하나님의 말씀이 그 안으로 들어가 사람을 살린다.

허진곤 목사

무주금평교회 담임이다.
저서로 《설교트렌드 2025》, 《다음 역도 문학녘》 등이 있다.

마음 타기팅이 감성적 설교로 인도한다

왜 설교는 잔소리가 되었는가?

강단에 서는 매 순간, 설교자는 고민한다. '오늘 내 설교가 청중의 마음에 닿을 수 있을까? 아니, 혹시 또 하나의 잔소리로 끝나진 않을까?' 실제로 많은 성도가 주일 설교를 듣고도 삶의 변화를 경험하지 못하고, 심지어는 '설교 듣기 싫다'고 말하는 시대에 우리는 살고 있다. 사람들은 식상한 훈계를 들을 때 "내게 설교하지 마!"라고 푸념한다. '설교'라는 단어는 존재 속으로 스며들어 변화를 일으키는 영향력의 대명사가 아니라, 듣기 싫어 튕겨 나가는 무력함의 대명사가 되어 버렸다. 왜 설교는 잔소리의 전형같이 되었을까? 강단에서 울려 퍼지는 설교가 청중의 마음까지 닿지 않고, 귀만 때리는 소음으로 들리기 때문이다.

설교자가 온 힘을 다해 전하는 말씀이 청중들에게 '설교조'로 들리는 이유는 무엇일까? 설교 내용이 빈약하거나 감성이 결여된 메마른 논리로 전달되기 때문이다. 설교 시간에 논리와 이론으로 무장한 많은 말들이 쏟아지지만, 귀와 머리만 때릴 뿐 듣는 이의 마음까지 스며들지 못하기 때문이다.

'설교자는 오직 성경을 전해야 한다'라는 말은 틀린 말이 아니다. 그런데 설교자가 오직 성경을 전해야 한다는 의미가 무엇인가? 성경에 관한 이야기 외에는 다른 어떤 말도 설교에 포함하지 말라는 뜻일까? 감동적인 예화나 설교자의 자기 체험은 일절 언급하지 말라는 뜻일까? 성경은 하나님에 대한 정보를 담고 있는 책이 아니라 하나님이 현존하는 책이다. 말씀이 육신이 되신 분이 예수님이고, 성경은 그 예수님을 기록한 책이다. 성경은 예수님의 현존과 생명 그 자체를 담지하고 있다. 그러므로 설교자가 말씀을 전한다는 것은 예수에 대한 지식을 전하는 것이 아니라 말씀 안에 살아계신 예수의 빛을 드러내는 것이다.

사도 바울은 창조 사역과 구원 사역에 있어서 말씀이신 그리스도의 역할에 대해 고린도후서 4장 6절에서 이렇게 말한다. "어두운 데에 빛이 비치라 말씀하셨던 그 하나님께서 예수 그리스도의 얼굴에 있는 하나님의 영광을 아는 빛을 우리 마음에 비추셨느니라." 태초의 빛이신 예수 그리스도는 '혼돈과 공허와 어둠'의 상태(창 1:2)에 질서와 충만과 광명을 가져왔다. 그런데 태초의 창조 사역보다 더 중요한 사건이 재창조의 사건 곧 구원 사역이다.

죄로 인해 혼돈과 공허와 어둠에 처한 인간은 어떻게 질서와 충만과 광명의 상태로 변화되는가? 예수 그리스도의 얼굴에 있는 하나님의 영광을 아는 빛이 인간의 마음을 비출 때 재창조의 역사가 일어난다. 하나님이 태초에 말씀으로 온 우주를 창조하신 것처럼, 참된 설교는 카오스와 같은 인간의 내적 상태를 변화시킨다.

어떻게 그런 일이 가능할까? 말씀이 인간의 귀와 뇌를 넘어 인간의 마음에 빛으로 임하는 순간이다. 태초에 빛이 임하자 '카오스'(혼돈의 상태)가 '코스모스'(우주의 질서)로 변화된 것처럼 말씀이 빛으로 인간의 마음에 임할 때 재창조의 기적이 일어난다.[187] 그러므로 설교의 주요한 타기팅은 생각과 감정과 의지를 결정하는 인간의 '마음'이어야 한다.

마음에 심겨야 비로소 변한다

팀 켈러는 《팀 켈러의 설교》에서 마음에 닿게 설교하라고 강조한다. "성경에서 마음은 정신과 의지와 감정, 이 모든 것이 거하는 좌소이다. 히브리어 레브는 성경 인류학에서 인격의 중심으로서 거기서 의지와 생각이 나온다."[188] 마음은 인간의 지성과 감정과 의지를 통제하는 존재의 기관실이다. 팀 켈러는 마음의 가장 중요한 특징을 '사랑'으로 보았다. 사랑하는 것은 욕망한다는 뜻이다. 즉 마음이 욕망하는 것이 그의 생각, 감정, 행동을 결정한다고 본 것이다. "마음이 가장 원하는 그것을 정신은 합리적이라고 생각하고, 감정은 가치 있다고 생각하며, 의지는 가능하다고 판단한다. 따라서 설교에서 가장 중요한 것은 마음을 움직여서 하나님보다 다른 무언가를 더 신뢰하거나 사랑하지 못하도록 만드는 것이다."[189]

설교의 궁극적 목적은 새로운 깨달음을 주는 것이 아니라 마음의 욕망을 바꾸는 것이다. 삶을 변화시키는 설교에는 마음의 욕망 곧 사랑의 대상을 바꾸는 힘이 있다. 설교를 통해서도 사람이 바뀌지 않는 이유는 마음의 근본적 욕망이 변화되지 않기 때문이다.

많은 경우 설교는 사람의 지성을 타기팅한다. 설명하고 논증하고 정보를 제공하는 것에 만족한다. 그 결과 이론적 설교로 그친다. 혹은 도덕적 의지에 압력을 행사한다. 그 결과 율법적 설교를 반복한다. 찰스 스펄전은 《목회자 후보생들에게》에서 설교자의 책무에 대해 이렇게 말한다. "기억하라. 여러분은 무덤들에 회칠하라고 보냄을 받은 것이 아니라 그것들을 열라고 보냄을 받은 것이다." 설교란 사람의 외적 행위를 타기팅하는 것이 아니라 인간의 가장 근원적인 요소인 마음을 타기팅하여 그 욕망의 방향을 바꾸어야 한다는 뜻이다. "만일 우리가 단순히 행동을 고치고자 한다면 결국 우리는 그저 외적으로 도덕적이고 종교적인 위선자들을 만들게 된다는 것이다."[190]

진리가 불 붙듯 마음을 파고들어야 한다

설교의 성패는 어떻게 성경의 진리를 단단한 청중의 마음을 뚫고 들어가게 할 만큼 날카롭게 할 수 있는가에 달려 있다. "하나님의 말씀은 살았고 운동력이 있고 좌우의 날선 검과 같다"라고 한 이유가 바로 여기에 있다. 워렌 위어스비는《상상이 담긴 설교》에서 인간 정신의 본질을 다음과 같이 설명한다. "상상이야말로 우리의 삶을 결정적으로 지배하는 요소다. 인간정신은 철학자들이 뿌려놓은 그릇된 인상처럼 토론장이 아니라 차라리 화랑이라고 해야 한다. 이 화랑에는 우리의 모든 비유와 개념들이 그림처럼 걸려 있다."[191] 마음이 화랑이라는 의미는 상상을 통해 마음속에 그려지는 비전이 사람을 움직이게 한다는 뜻이다.

사람은 본 것을 사랑하게 되고 사랑하면 욕망하게 되고 욕망하면 움직이게 되어 있다. 아담과 하와의 마음에 죄로 인한 사랑의 왜곡이 찾아왔다. 궁극적 사랑의 대상이신 하나님을 직관하는 영적 시선을 잃어버리자, 아담과 하와는 그 대안으로 선악과를 바라본다. 길 잃은 인간의 시선은 선악과를 '먹음직도 하고 보암직도 하고 지혜롭게 할 만큼 탐스러운 나무'로 욕망하게 했고 결국 손을 뻗어 선악과를 취하게 된 것이다. "따라서 설교의 목적은 단지 진리를 선명하게 전해서 정신이 충분히 이해할 수 있도록 하는데 그칠 수 없다. 더 나아가 진리가 마음을 사로잡아 실재가 되도록 해야 한다. 변화는 단지 정신에 새로운 주장을 던짐으로써 일어나는 게 아니라 듣는 이의 상상력에 새 아름다움을 공급함으로써 일어난다."[192] 결국, 마음을 타기팅하는 설교란 논리적 설교를 넘어 감성적 설교를 통해 완성된다.

감성적 설교란 단순히 감정을 촉발하는 설교를 말하는 것이 아니다. 조나단 에드워즈는 '종교감정론'을 설명하면서 감정과 정감을 구분한다. 정감은 영어로 'affection'으로 마음의 지향성이다. 반면 감정은 'emotion'이다.

감정은 생각과 행동의 변화를 일으키지 못한다. 반면 정감은 한 사람의 생각을 변화시키고 행동하게 하는 본질적 힘이 있다. 그렇다면 정감은 어떻게 발생하는가? "정감은 어떤 대상의 아름다움과 탁월함을 감지했을 때 전인으로부터 나오는 성향이다. 우리 마음이 그 대상을 향한 사랑으로 끌릴 때 그것은 우리로 하여금 그것을 쟁취하고 보호하도록 충동한다. 감정은 다양한 물리적, 심리적 자극으로 일어날 수 있지만, 실제 행동에는 아무런 변화를 일으키지 않거나 극히 미미한 변화만을 일으킨 채 덧없이 사라지는 경우도 많다. 이에 반해 정감은 더 항구적이고, 정신의 확신에도 관여하는 동시에 행동과 삶의 변화도 일으킨다."[193]

설교란 하나님을 향한 거룩한 정감을 일으켜서 하나님을 욕망하도록 만드는 것이다. 어떻게 하나님을 욕망하는 마음을 만들어 내는가? 하나님에 대한 정보가 아니라 하나님 그분의 아름다움을 마음의 화랑에 그려내야 한다.

사람은 아름답고 고상한 것에 마음이 끌리고 평생 그것을 향해 자신의 삶을 쏟아부으며 살아간다. 바울이 다메섹도상에 급격하게 변화된 이유는 무엇인가? 예수에 대한 탁월한 가르침을 들었기 때문이 아니다. 다메섹에서 영광의 빛으로 찾아오신 예수님을 보았기 때문이다. 그 경험에 대해 빌립보서 3장 8절에서 바울은 이렇게 고백한다. "또한 모든 것을 해로 여김은 내 주 그리스도 예수를 아는 지식이 가장 고상하기 때문이라 내가 그를 위하여 모든 것을 잃어버리고 배설물로 여김은 그리스도를 얻고." 바울은 예수를 만나기 전까지는 세상적 가치에 몰입되어 있었다. 하지만 다메섹에서 예수를 만나는 순간 바울의 마음을 장악했던 세상적 가치의 아름다움은 빛을 잃었다. 마치 태양이 떠오르면 촛불이 그 영광을 상실하는 것처럼, 바울은 그리스도의 영광을 보는 순간, 세상의 모든 가치를 배설물로 여기게 되었다고 고백한다.

여기서 '고상하다'는 단어는 헬라어 '휘페레콘'이라는 단어인데 '압도적 탁월함'이라는 뜻이다. 사람은 무엇인가 압도적으로 탁월하고 아름다운 것을 목도할 때 그것을 사랑하고 욕망하게 된다. 설교란 하나님의 압도적 아름다움을 마음의 심상에 그려내는 작업이다. 하나님을 욕망할 때 우리의 생각, 의지, 감정이 그분을 지향하게 되고 그것이 삶의 변화를 만들어 낸다.

설교란 한 사람의 지성, 감성 그리고 의지에 영향을 미쳐야 한다. 설교는 설명함으로써 인간 지성에 깨달음을 준다. 그 깨달음은 은유와 네러티브적 방식으로 논증되면서 불이 붙는다. 불 붙은 진리는 인간의 감성까지 뚫고 들어간다.

위대한 설교자 마틴 로이드 존스는 설교 시간에 청중들이 자기 설교를 받아쓰는 것을 좋아하지 않았다. 더 정확하게 말한다면 로이드 존스는 청중이 설교의 전반부를 받아쓰는 것은 괜찮다고 생각했다. 하지만 설교가 끝나는 순간에도 여전히 설교를 받아쓰고 있다면 그 설교는 실패한 것이라고 생각했다. 왜냐하면, 청중이 설교의 마지막 순간까지도 받아 적고 있다면, 그 설교가 인간의 지성 그 이상을 치고 들어가지 못했음을 반증하는 것이기 때문이다. 설교가 불 붙는 논리가 되어 진리의 아름다움과 영광을 드러내는 순간, 청중은 그 진리에 몰입되는 것 외에는 다른 것을 할 수 없기 때문이다.

마음을 변화시키는 설교의 3가지 핵심

그렇다면 어떻게 마음을 변화시키는 정감 넘치는 설교를 할 것인가?

첫째, 정감 있게 설교하라

내가 전하는 진리가 먼저 설교자의 마음을 통과하여 따뜻한 정감으로 가득해야 한다. 진리가 설교자의 지성으로만 나오면 빛은 있지만 차갑다. 반면 설교가 감정으로 나오면 열은 있지만, 빛이 없다. 빛과 열이 충만한 설교는 설교자의 이성을 거쳐 마음 중심을 관통하여 흘러나온 설교이다. "마음을 움직이는 설교자가 의도하지 않아도 자연스레 그들 자신의 정감을 드러낸다. 설교할 때 우리가 선포하는 그 진리 앞에 우리 자신이 겸손해지고, 마음이 상하고, 치유를 받고, 위로를 받고, 또한 그 진리로 인해 우리 자신이 높임을 받았다는 사실이, 가능한 한 모든 방식으로 분명하게 드러나야 한다는 말이다."[194]

정감 있는 설교가 되려면 그 진리가 설교자의 마음에 먼저 깊은 울림과 감동을 주어야 한다. 설교자가 먼저 진리에 푹 잠겨야 한다. 따라서 정감 있는 설교에 가장 중요한 한 가지는 깊고도 풍성한 개인 기도 생활이다.

팀 켈러는 말한다. "우리가 설교할 때 일어나는 일은 우리가 기도할 때 일어나는 일들과 거의 같다"[195] 설교자는 책상에 머무는 시간 이상으로 기도실에 머물러야 한다. 깊은 묵상 속에서 진리가 설교자의 내면을 관통할 때 그 진리는 더는 딱딱한 관념이 아니라 한 사람의 영혼을 흔들어 깨우는 살아있는 진리로 되살아난다.

둘째, 상상이 되게 하라

앞에서 언급했듯이 인간의 마음은 토론장이 아니라 화랑이다. 마음의 문은 개념에는 잘 열리지 않지만, 이미지에는 쉽게 열린다. 마음을 사로잡는 것은 명제가 아니라 이미지로 그려지는 상상력이다.

설교에서 예화가 갖는 중요성이 여기에 있다. 진리와 연결되는 탁월한 예화는 진리를 마음 깊은 곳까지 찔러 넣는 칼과 같다. 예화는 일종의 연결고리인데 추상적인 명제를 감각 세계 안의 어떤 경험의 기억과 연결한다. 말씀이 육신이 되어 인간이 되신 것처럼 성경의 진리는 인간 경험의 세계 안으로 날마다 성육신 되어야 한다. 설교 안에서 진리가 성육신 되는 방식은 은유의 방식이다. 은유란 예화, 비유, 직유, 네러티브 등과 같이 추상적 진리를 인간의 감각 경험과 연결하여 인간의 마음으로 그 진리의 표상을 이미지화시키는 총체적 방식을 의미한다. 설교는 사람들을 깨워서, 그들이 정신적으로는 동의를 표현했지만, 마음으로는 아직 붙잡지 않은 실재를 향해 사람들을 이끌어 가는 장이 되어야 한다.

셋째, 그리스도를 마음에 전하라

마이클 리브스는《마이클 리브스의 설교자의 심장》에서 강해 설교의 목적이 성경을 한 절 한 절 풀어주고 해석하는 것이 아니라고 말한다. 강해 설교란 성경 안에 계신 그리스도를 드러내고 그분의 아름다움을 사람들의 마음에 비추는 것이라고 말한다. 왜냐하면, 마음에 전달된 그리스도의 영광과 아름다움만이 인간을 지배하는 세속적 욕망과 아름다움으로부터 인간을 자유롭게 할 수 있기 때문이다.

마이클 리브스는 신학생 시절 그가 설교하러 올라갔던 한 런던의 강단 안쪽에 새겨진 글귀를 소개한다. 그 글귀는 '선생이여, 우리가 예수를 뵈옵고자 하나이다'이다. 요한복음 12장 21절을 인용한 이 말씀은 설교자가 강단에서 붙들어야 할 설교의 궁극적 목적이 무엇인지를 정확하게 보여준다고 말한다.[196]

오늘날의 강단에서는 정반대의 일들이 자행되고 있다. 리브스는 오늘날 설교강단의 문제를 이렇게 지적한다. "물론 많은 설교가 그리스도를 전하려는 시도조차 하지 않는 것이 현실이다. 설교에서 대안적 메시지와 구원자들이 장려되거나 비성경적인 그리스도들이 선포되거나, 또는 설교가 도덕주의나 위락을 위한 일, 정치운동, 인기몰이로 혼동되는 경우도 있다. 심지어 그리스도가 성경의 위대한 주제임을 아는 사람조차 정작 실제 설교에서는 성경 내용을 그분이 아닌 우리에 대한 내용으로 만드는 오류에 쉽게 빠져든다."[197]

또한 리브스는 그리스도를 전하는 것이 아니라 그리스도에 대한 지식이나 관념을 전할 위험이 있다고 말한다. 성경은 그리스도에 대한 어떤 지식이나 정보를 가진 책이 아니다. 그리스도를 지향하는 책이다. 설교자는 성경을 통해 그리스도 그분을 드러내고 그분의 아름다움과 영광을 나타내야 한다. 그러나 그리스도를 전하는 설교자조차 그리스도 그분이 아니라 그분에 대한 지식이나 정보를 전하면서 자신은 그리스도를 전한다는 착각에 빠질 수 있다.

그리스도의 아름다움, 영혼을 사로잡는 설교의 완성

인간의 마음까지 뚫고 들어가는 정감적 설교란 그리스도의 아름다움을 온전히 드러내는 설교이다. 하나님의 말씀이 좌우의 날선 검처럼 예리하다는 것의 진정한 의미는 무엇인가? 그것은 설교 가운데, 청중 가운데 걸어가시는 그리스도의 아름다움과 빛이 충분히 드러나는 설교를 말한다. 설교 가운데 찾아오시는 부활하신 그리스도만이 인간의 마음속으로 걸어들어 가셔서 인간 마음의 거짓된 욕망을 소멸하시고, 거룩하고 참된 가치를 향한 참된 사랑을 회복시킬 수 있기 때문이다.

설교자가 추구해야 할 최고의 열망에 대해 바울은 빌립보서 3장

12절에서 이렇게 고백한다. "내가 이미 얻었다 함도 아니요 온전히 이루었다 함도 아니라 오직 내가 그리스도 예수께 잡힌 바 된 그것을 잡으려고 달려가노라." 바울은 자신이 그리스도를 잡으려고 쫓아간다고 말하지 않는다. 그리스도께 잡힌 바 된 그것을 잡으려고 쫓아간다고 고백한다. 그리스도께 잡힌 바된 상태란 무엇일까? 그리스도의 아름다움과 빛에 그 마음이 온전히 몰입된 상태가 아닐까? 설교가 먼저 말씀 안에서 찾아오시는 그리스도의 아름다움에 사로잡힐 때 그의 설교는 단단한 인간의 마음을 녹이고, 가장 깊은 심연까지 들어가 영혼을 쇄신하는 강력한 능력이 될 것이다.

권오국 목사

이리신광교회 담임이다.
저서로 《행복, 다시 정의하다》, 《목회트렌드 2026》 등이 있다.

청중의 감정을 다른 청중에게 전염시켜야 한다

마음을 움직이지 못하는 설교는 변화를 만들어 내지 못한다

'유일하게 변치 않는 것은 변화다.'

이 문장은 기원전 500년 전에 그리스의 철학자 헤라클레이토스가 최초로 말했다고 알려져 있다. 우리는 끊임없는 변화 속에 놓여 있으며, 외부 세계는 언제나 우리를 바꾸려 한다는 뜻이다. 세상 속에서 빠르게 변화하는 환경 가운데 사는 청중은 세상의 흐름에 맞춰 변화에 순응한다. 청중은 세상에 나오는 새로운 기술, 새로운 경향, 새로운 유행에는 민감하다. 끊임없이 배우고 연마해 변화하려고 노력도 한다. 그러나 교회 공동체 안에서는 변화가 느리다. 심지어 변화가 일어나지 않는 때도 있다.

수많은 설교자와 제자훈련을 하는 교사들의 고민이 있다. 바로 헤라클레이토스의 말을 변형한 다음 문장일 것이다. '유일하게 변치 않는 것은 청중이다.' 이 말을 증명이라도 하듯이 기독교가 믿지 않는 사람들에게 영향을 끼치지 못한다는 연구 결과가 나왔다.

기독교사회문제연구원은 '2024 사회현안에 대한 개신교인 인식 조사 연구'에서 비기독교인의 기독교 호감도는 불과 13%에 그쳤다고 발표했다. 반면 불교는 50%, 천주교는 46.7%로 높았다. 기독교 호감도가 이렇게 낮은 이유는 교회와 기독교인에 대한 불신이 주된 이유다.[198] 불신의 기저에는 말만 하고 행동으로는 나타나지 않는 기독교인의 삶의 모습이 있다.

강단에서는 변화를 일으키는 설교가 선포되지 않는다. 설교를 통해 청중이 변화되지 않는다. 청중의 삶뿐만이 아니라 설교자의 삶에도 세상이 기대하는 긍정적인 삶의 변화를 찾기는 어렵다.

변화하기 위해서는 동기부여가 필요하다. 기독교가 사회에 선한 영향력을 잃었다고 한다. 그 이유는 교회가 교회답지 못하고, 그리스도인이 그리스도인답지 못하기 때문이다. 그리스도인이라는 정체성에 부합하는 삶의 변화에는, 그 삶의 가치에 대한 확신과 동기가 필요하다. 존 핀 박사는 《해빗 메카닉》에서 변화를 위해서는 내적 동기가 필요하다고 역설하면서 다음과 같이 주장한다. "인생에 더 큰 의미 있는 목표가 생기면 습관을 바꾸거나 새로운 습관을 만드는 것이 쉬워진다."[199] 확실하고도 장기적인 변화를 위해서는 새로운 삶의 방식인 좋은 습관을 만드는 것에 있다. 이를 위해서는 마음을 움직이는 내적 동기가 중요하다.

모든 세대는 삶의 의미와 가치를 추구한다. 일상 속 실천과 소비에서도 이를 드러낸다. 미라클 모닝, 미닝아웃[200], 착한 소비 등은 가치 있는 삶을 향한 강력한 내적 동기의 표현이다. 이는 사회 전반에 영향을 미치고 있다. 교회 설교 역시 청중의 내면을 건드려 삶을 변화시키길 바라지만, 반복된 메시지에 감동이 흐려지고 있다는 점에서 새로운 접근이 필요하다.

말에 가치와 의미를 담아 공동체적인 터치를 하라

설교자는 청중이 '그리스도인의 삶'에서 의미와 가치를 찾도록 해야 한다. 청중도 세상에 선한 영향력을 끼치는 그리스도인으로 변화되고 싶다. 그 변화를 위해서는 그리스도인으로 살아가겠다는 내적 동기가 필요하다.

설교자의 말은 사람들의 멈춰있는 마음을 뛰게 하는 제세동기여야 한다. 사람들은 '미래'를 위해 자신이 품어야 할 가치와 의미를 발견하면 마음이 뛴다. 동시에 사람들은 현재를 살아가고 있는 '지금'에 의미와 가치가 부여되길 원한다. 설교자는 설교를 통해 청중에게 하나님을 믿고 따르는 삶에 대한 가치와 의미를 전해야 한다. 청중은 자신들의 마음을 뛰게 하고 삶을 바쳐서 만들고 싶은 가치를 원한다. 청중은 영원한 가치를 원한다. 세상의 가치, 언젠가는 사라져버릴 것에 기웃거리다가도 다시 주님의 가치로 무장하고 싶어 한다. 그래서 현재를 위한 지금을 살아가기 위해, 본향으로 돌아갈 그때를 준비하기 위해 설교를 듣는다. 설교자는 설교를 통해 청중이 그 영원하고 고귀한 가치를 마음에 품게 해야 한다.

매주 설교를 통하여 '하나님의 백성'이라는 의미가 가지는 가치가 선포되어야 한다. 설교자는 믿음을 가지고 사는 이 땅에서의 삶이 왜 가치 있는 삶인지, 왜 의미가 있는 삶인지를 계속 짚어줘야 한다. 성경 본문에 따라 전달되는 이야기의 내용은 달라지겠지만, 그 이야기가 가지는 메시지는 결국 하나님의 백성이 이 땅에서 믿음과 사랑으로 사는 삶이 얼마나 가치 있는지가 전달되어야 한다. 그 가치와 의미가 전달되었을 때에야 청중의 마음과 마음이 연결된다.

필자는 25년 전 대학부 공동체에서 경험한 특별한 부흥의 시기를 회고한다. 당시 50명 규모였던 공동체는 4년 만에 900명으로 성장했다. 이는 기존 신자들의 이동이 아닌 비신자들의 폭발적인 유입으로 이루어진 변화다.

당시 대학생들은 설교를 기대하며 먼 길을 마다하지 않았다. 주님과의 관계를 깊이 맺으며 선교적 삶을 살고자 했다. 공동체는 신입생을 따뜻하게 맞이하고, 한 명 한 명의 이름을 기억하며 정착을 도왔다. 그 결과 믿지 않던 학생들도 교회로 연결되었다. 구성원들은 공부와 신앙을 함께 실천하며, 자발적으로 섬김에 참여했다. 그리스도인으로서의 정체성과 자부심 속에서 겸손과 사랑으로 변화의 기적을 이루어갔다.

청중 공동체의 마음에 울림이 생겼을 때, 그 공동체에는 청중과 청중이 빚어내는 시너지 효과가 일어난다. 그리스도인으로서 의미 있는 삶, 가치 있는 삶을 살겠다고 다짐하는 청중과 청중의 마음은 연결된다. 청중들은 함께 그 의미와 가치를 지켜나가기 위해 서로를 격려하고 응원한다.

그리스도인의 삶에 세상 무엇보다도 귀하고 값진 가치와 의미가 부여될 때, 청중 중의 누군가는 참된 그리스도인으로 살겠다는 내적 동기를 갖게 된다. 그 내적 동기는 여러 장애물에도 불구하고 그리스도인으로 사는 삶을 살아내려는 동력이 된다. 강력한 내적 동기로 변화를 만들어가는 청중은 그의 주변에 있는 다른 청중의 삶을 자극한다. 변화의 동기를 전염시키는 강력한 매개체가 된다. 설교자는 설교를 통해 그 역할을 반드시 일구어내야 한다.

청중의 변화는 세상의 마음에 전염된다

내적 동기는 감동이 되고, 감동은 행동으로 연결된다. 설교를 통해 감동한 청중은 공동체 안에서 믿음을 키워나간다. 공동체 안에서 발아되고 키워진 믿음은 개인의 삶을 통해 꽃을 피운다.

행동하여 변화하는 한 개인의 삶을 본 다른 사람들, 믿지 않는 사람은 감명을 받는다. 믿는 자의 삶을 본받고 싶어 한다. '저 사람은 어떻게 저렇게 살 수 있을까? 저 사람은 어떻게 저렇게 말할 수 있을까?'라는 질문이 생겨난다. 동시에 자신도 저렇게 살고 싶다는 소망을 품게 된다.

이를 위해 설교자는 설교를 통해 행동이 일어나도록 해야 한다. 청중의 변화를 위해 최선을 다해야 한다. 그러려면 말이 두리뭉실하면 안 된다. 작은 한 가지라도 청중이 '오늘'과 '내일'에 적용할 수 있게 해야 한다. 청중에게 직접 지시할 수 없지만, 청중이 구체적인 적용을 할 수 있도록 유도할 수 있다.

설교자는 청중에게 어떻게 하면 적용을 위한 좋은 질문을 던져야 한다. 생각할 수 있는 여지를 주도록 고민해야 한다. 개인적인 적용뿐만 아니라 공동체적으로도 적용하게 해야 한다. 어떻게 하면 공동체가 한 주 동안 받은 말씀을 고민하며 살아갈지를 연결해야 한다. 말씀이 공동체적으로, 동시에 개인적으로 적용되도록 도와야 한다.

진심으로 예수님을 따라 살기 원하는 사람들의 삶은 다르다. 아주 작은 부분에서라도 예수님의 마음으로 행동하기를 원한다. 노력한다. 습관이 되도록 훈련한다. 작가이자 교수인 데이비드 포스터 월리스는 케니언 대학교의 졸업 연설에서 삶을 어떻게 살아가야 하는지에 대해 다음과 같이 강조한다. "진실로 중요한 자유는 집중하고 자각하고 있는 상태, 자제심과 노력, 그리고 타인에 대하여 진심으로 걱정하고 그들을 위해 희생을 감수하는 능력을 수반하는 것입니다. 그것도 매일매일 몇 번이고 반복적으로, 사소하고 하찮은 대단치 않은 방법으로 말입니다."[201] 그가 말한 행복한 삶의 비법은 일흔 번씩 일곱 번이라도 타인을 용서하라고 하신 예수님의 삶을 떠올리게 한다. 사소하고 하찮고 대단하지 않은 방법으로 타인을 위해 희생을 감수하라고 한다. 타인에게 진심으로 마음을 기울이라고 한다. 이는 설교를 들은 청중 개인의 삶에서 발현될 수 있는 가장 값진 그리스도인의 삶의 모습이다.

설교가 청중의 마음을 터치하면 청중의 삶이 변화한다. 청중의 마음이 감동되면 그 감동이 행동이 된다. 변화된 삶을 살아가는 청중의 모습을 보며 믿지 않는 사람의 마음마저 변화를 일으키게 된다. 행동으로 옮겨지지 않는 말은 빈 쭉정이와 같다. 설교자의 말에 청중의 마음이 감동되면 그 감동은 세상으로 전해진다. 감동의 전염이 일어난다. 전염된 감동은 순식간에 삶을 변화시키고 세상을 변화시킨다.

마음이 타기팅되면 공동체에 생기가 돈다

'다시 꿈이 생겼다.'
'다시 가슴이 설레기 시작했다.'

    2년 전에 인기리에 방영되었던 드라마〈낭만닥터 김사부3〉의 마지막 편에 나오는 대사다. 이 문장만 들어도 마음이 설레지 않는가. 사람은 '꿈'이라는 단어만 들어도 가슴이 뛴다. 하나님께서 주시는 꿈은 공동체를 설레게 하고, 개인의 삶에 방향을 제시한다.

    공동체에 생기가 넘치면 청중은 '좋은 이웃'이 된다. 김애란은 그의 소설《안녕이라 그랬어》에서 다음과 같이 좋은 이웃이 될 수 있는 자신을 잃어버린 사람의 상실을 그린다. "나는 손에 든 책을 보고야 비로소 종일 나를 사로잡은 깊은 상실감의 원인을 알 수 있었다. 우리가 집을 잃어서도, 이웃을 잃어서도 아니었다. 우리가 정말 상실한 건 결국 좋은 이웃이 될 수 있고, 또 될지 몰랐던 우리 자신이었다는 뼈아픈 자각 때문이었다."[202] 설교를 통해 삶의 의미와 가치를 찾은 사람들은 이 상실감을 겪지 않는다. 좋은 이웃이 되어 하나님 사랑, 이웃 사랑을 실천하며 살 수 있다.

    마음이 감동되는 설교는 '개인의 이름'에 걸맞은 변화를 만들어 낸다. '그리스도인'이라는 공동체의 이름, '믿는 사람 아무개'라는 개인의 이름에 맞는 격을 갖추게 된다. 송길영은 《시대예보: 호명사회》에서 가치를 찾은 개인의 삶에 대해 다음과 같이 역설한다. "이름에 걸맞는 행동을 하겠다는 각오가 나태를 물리치도록 독려하고, 이름을 더럽히지 않으려는 각오가 바름을 잊지 않도록 경계합니다."[203] 마음을 감동하게 하는 설교는 '그리스도인'이라는 이름과 '자신 고유'의 이름에 가치와 의미를 부여한다. 그 이름이 더럽혀지지 않기 위해 말씀을 살아내도록 열심을 내어 훈련한다. 자신만 회복되고 복 받는 개인적인 신앙을 뛰어넘는다. 공동체적인 신앙 안에서 자신과 타인을 연결할 수 있게 된다.

설교자가 청중의 마음을 움직이고 마음과 마음을 연결하는 설교를 할 때, 청중 안에 '공동체적인 변화'가 일어난다. '공동체적인 변화'는 다시 동시다발적으로 수많은 '개인의 변화'를 만들어낸다. 공동체적 변화와 개인적 변화가 일어나기 위해서는 설교를 통해 청중의 마음에 깊은 울림이 있어야 한다. 청중의 마음이 동할 때 공동체와 개인의 삶, 더 나아가 세상까지도 변화할 수 있다.

박혜정 선교사

알바니아 GMP 선교사이다.
저서로 《목회트렌드 2026》, 《비록 존재감은 없지만 삶은 행복해》 등이 있다.

청중의 마음과 하나 되어야 한다

청중과 하나 됨을 추구하는가?

하나 됨은 같은 선상에 서 있는 것을 말한다. 같은 위치에서 동일 수준의 경험이 쌓이면 하나가 될 확률이 높아진다. 동시에 나와 다른 타인을 이해할 수 있게 된다. 초월적 존재이신 예수님도 인간과 같은 존재로 성육신 하심으로 하나가 되셨다. 히브리서 저자는 "우리에게 있는 대제사장은 우리 연약함을 체휼하지 아니하는 자가 아니요 모든 일에 우리와 한결같이 시험을 받은 자로되 죄는 없으시니라(히 4:15)"라고 말한다. 예수님도 인간과 같은 연약함과 고통을 겪으셨기에 우리를 가장 잘 이해하실 수 있는 분이 되셨다. 그렇다면 설교자도 청중과 동일한 위치에 서야 하지 않을까?

세상은 위계적인 이미지를 탈피하고 있다. 황인권 목사는 《5無 교회가 온다》에서 애플과 같은 주요 기업 CEO들의 옷차림이 바뀌는 것을 이렇게 해석한다. "나는 특별한 사람이 아니라 여러분과 같은 사람입니다."[204] 과거에는 외적인 옷차림에서부터 권위를 드러내려 하였다. 그러나 오늘날은 수평적 차원에서 소통하고 대화하려고 시도하고 있다. 세상은 이미 청중과 같은 선상에 서는 것의 중요성을 깨닫게 된 것이다.

설교자는 청중과 같은 선상에 서는 것의 중요성을 깨달아야 한다. 이를 위해 설교자는 공감을 배워야 한다. 공감에는 '인지적 공감'과 '정동적 공감'이 있다. 나가이 요스케의《공감병》에서는 "인지적 공감은 타자의 심리 상태를 추론하여 이성적으로 정확히 이해하려는 것이고, 정동적 공감은 타자의 심리 상태를 감정적으로 공유하고 동기화 하는 것이다"[205]라고 말한다. 쉽게 말하자면 인지적 공감은 지적 공감이고, 정동적 공감은 감성적 공감이다.

설교자는 가슴은 뜨겁고 머리는 차가운 사람이다. 설교자가 마음이 따뜻할 때 이해하고, 이성적으로는 냉철할 때 분별한다. 만약 설교자가 머리로는 이해하는데 가슴으로 이해하지 못할 때 위선적으로 된다. 반면 마음으로는 이해하는데 머리로 이해하지 못하면 잘못된 방법을 제시하게 된다.

청중과의 공감은 복합적인 작용에 의해 일어난다. 복합적인 작용에 의해 일어나는 공감은 진정한 하나 됨의 복을 누린다. 우리는 서로를 이해하지 못하고 분리되었던 마음이 다시 하나 되기를 원한다. 설교자가 먼저 공감해야 청중이 변화된다. 이 과정에서 설교자는 인격을 갖춘다. 결과적으로 교회는 하나가 된다. 이를 위해 설교자는 청중과 마음이 하나 됨을 고민해야 한다.

청중과 지식의 눈높이를 맞춰야 하나 될 수 있다

설교자는 지식인이어야 한다. 지식이 없다면 리더가 될 수 없다. 김도인 목사는 《설교자, 왜 인문학을 공부해야 하는가?》에서 "현대 사회 역시 지식으로 구성되어 있다. 인공지능까지 쉬지 않고 지식을 습득한다. 그렇다면 설교자는 최고의 지식인이 되기 위해 힘써야 한다"[206]라고 권면한다. 현대 사회에서 지식은 있어도 되고 없어도 되는 문제가 아니다. 지식은 필수다.

오늘날은 지식이 만연하다. 새로운 유행과 방법은 하루가 멀다 않고 생겨난다. 돈을 버는 방법마저도 너무나 다양하다. 이러한 실정이니 경험적 지식을 가진 이들이 어른 대접을 받지 못한다. 오히려 옛것만 주장하다가 도태된다. 젊은이는 물을 게 없는 어른과는 소통할 수 없다고 생각한다.

오늘날 어른이 되기 위해서는 경험적 지식과 더불어 새롭게 쌓이는 시대적 지식을 갖춰야 한다. 그래야만 소통할 수 있다. 설교자도 청중과 소통하기 위해서는 새로운 지식을 끊임없이 배워야 한다.

지식 없는 설교는 지루하다. 청중이 설교에 집중하지 못하는 가장 큰 이유는 지식 없는 설교에 원인이 있다. 지루함을 없애기 위해서는 놀랍게 만들어야 한다. 설교가 놀라운 소리가 되기 위해서는 지식이 받쳐주어야 한다. 사이토 타카시는《책 읽는 사람만이 닿을 수 있는 곳》에서 "지식과 교양이 풍부한 사람은 더 이상 놀랄 일이 없을 것이라 생각할지도 모르지만, 그 반대인 셈이다. 알면 알수록 마음 깊이 놀랄 수 있다. 지식이 없으면 무엇이 굉장한지 모르니 마음에 와 닿을 리가 없다"[207]라고 말한다.

대한민국의 대학진학자 수는 세계최고 수준이다. 이런 상황에서 단순하고 식상한 접근으로 설교하면 지루해한다. 오늘날은 전문적인 지식을 갖춘 청중들이 많으니 심리학적, 과학적, 철학적, 역사적 측면에서 청중의 지적 욕구를 자극해야 한다. 이러한 접근은 성경 본문을 입체적으로 볼 수 있도록 돕기에 '아 이 본문이 이런 뜻이었구나' 하면서 청중이 놀라워한다. 반면 노약자들에게는 쉽게 설교해야 한다. 이러한 청중에게 전문가적인 접근으로 본문을 해석하면 오히려 역효과가 난다.

지적 공감은 청중과 하나 됨의 시작점이다. '칵테일 파티 효과'가 있다. 영화나 드라마 속 파티장은 시끄럽다. 이러한 곳에서는 대화를 제대로 할 수 없다. 만약 대화하고 싶은 사람이 있다면 의식적으로 주변 소음을 차단하고 대화하는 사람의 말에만 모든 신경을 집중해야 한다. 이것을 '칵테일 파티 효과'[208]라고 한다. 사람들은 자기가 관심 있는 것에 집중한다. 관심이 없으면 귀를 닫는다. 설교자가 청중의 관심을 끌어내는 것은 그들의 마음과 하나 되기 위한 출발점이다. 이를 위해 청중들과 지적인 눈높이를 맞춰보자.

삶의 자리를 이해해야 하나 될 수 있다

설교자는 청중의 삶의 자리를 이해해야 한다. 삶의 자리를 이해하는 것은 감성적 공감의 시작이다. 감성적 공감은 타자의 입장에 설 때 가능하다. 설교자가 타자의 입장에 설 수 있는 길은 독서와 삶의 경험이다. 공부하지 않으면 삶의 확장은 일어나지 않고 실제적 경험이 없다면 머리로만 이해하게 된다. 조금이라도 청중을 이해하고 싶다면 간접경험을 줄 수 있는 매개체를 이용해야 한다.

   독서를 할 때 타인의 삶을 보게 된다. 김애란의 소설 《안녕이라 그랬어》는 오늘날 사람들의 불안을 잘 보여준다. 책에 기록된 문장이다. "젊은 시절, 나는 '사람'을 지키고 싶었는데 요즘은 자꾸 '재산'을 지키고 싶어집니다. 그래야 나도, 내 가족도 지킬 수 있을 것 같은 불안이 들어서요."[209] 저자는 소설 주인공을 통해 요즘 사람들의 일반적인 인식을 전한다. 과거에는 '사람이라는 가치'를 지키고 싶었지만 이제는 '재산이라는 소유'를 지킨다고 말한다.

청중들의 삶의 자리는 가치보다 소유가 더 중요한 자리에서 살고 있다. 이러한 곳에서 사는 청중들도 어느새 가치가 아닌 소유를 지키는 삶에 익숙해져 있다. 가치를 잃어버리는 것보다 소유를 잃어버리는 것을 더 두려워하는 이 시대에 설교자는 청중을 어떻게 설득할지 고민하게 된다. 이것이 감성적 공감의 시작이 아닐까 싶다.

삶의 확장은 직접 경험할 때도 가능하다. 필자는 학부부터 대학원까지 신학과를 나왔다. 세상일에 대해서는 전무했다. 사역을 하다보면 제대로 신앙생활 하지 못하는 이들을 정죄하는 마음이 생긴다. 머리로는 돈 벌기가 어려운 것을 알았지만 마음으로는 이해하지 못했다.

필자가 삶의 현장을 경험해보니 청중들의 삶이 정말 녹록지 않다는 것을 깨달았다. 건설현장 인부로 하루 15만 원을 벌기 위해 새벽부터 기다려야 한다. 이마저도 일거리가 없으면 허탕친다. 탁송·대리운전을 해도 경험이 없으면 하루 10만 원 벌기도 어렵다. 사무적인 일을 해도 한 달 생활이 빠듯하다. 집 한 채 장만하기는 그림의 떡이다. 이러한 경험을 통해 소유에 집착하며 그것을 지키기에 두려워하는 청중들의 마음을 이해하게 된다.

아팠던 사람이 아픈 사람의 마음을 누구보다 잘 이해한다고 말한다. 경험해보지 않고는 상대 마음을 정확히 알 수 없는 것이 오늘날의 사회다. 물론 모든 설교자가 세상일을 경험해야 한다고 말하는 것은 아니다. 설교자가 세상을 이만큼 모르기 때문에 청중들의 마음을 더 잘 이해하기 위한 노력을 해야 한다고 말하고 싶은 것이다.

설교자가 마음으로 청중의 삶의 자리를 이해하면 청중과 하나 될 수 있다. 청중들의 마음에 공감한 상태에서 전해지는 설교는 청중들이 알고 반응한다. 이인식 소장의 《마음의 지도》에서는 우리 인간의 뇌 속에는 타인과 똑같은 반응을 낼 수 있는 신경세포가 존재한다고 말한다. "신생아들은 출생 직후 종종 부모의 얼굴 표정을 흉내낸다. 이러한 모방이 가능한 것은 남의 행동을 지켜볼 때, 마치 자신이 하는 것처럼 활성화되는 신경세포(뉴런) 집단이 뇌 안에 존재하기 때문이다. 이 뉴런은 남의 행동을 보기만 해도 관찰자가 직접 그 행동을 할 때와 똑같은 반응을 나타내므로, 남의 행동을 그대로 비추는 거울 같다는 의미에서 거울 뉴런 mirror neuron이라 명명되었다."[210]

거울 뉴런의 이론을 따르면 설교자가 쉽지 않은 삶의 자리에서 몸부림치며 하나님 말씀을 따르려는 모습을 보이면 청중은 동일하게 그 모습을 가지려고 한다. 그러나 자신도 그렇게 살지 않으면서 청중을 향해 다그치기만 할 때 청중은 귀를 닫고 마음을 닫는다. 오늘날 설교자와 청중이 하나 되지 못하고 대립하는 이유는 설교자가 먼저 청중의 마음을 갖지 않아서다.

청중과 하나 되면 외연 확장이 이루어진다

세상의 모든 조직은 하나 됨을 추구한다. 하나 됨은 단순히 뭉치기 위해서가 아니다. 공동체가 하나 되어 밖으로 뻗어 나가기 위함이다.

리더가 들으면 전략이 생긴다. 구국의 영웅 이순신 장군은 바둑을 통해 병사들과 소통하기를 즐겼다. 바둑은 종종 '수담(手談)'이라는 별칭으로 불린다. 수담은 '손으로 나누는 대화'라는 뜻이다. 바둑사 연구가 이청 작가는 장군에 대해 "군영 안에서 병사들의 긴장을 바둑으로 풀어주려고 애썼다."라며 "바둑을 통한 병사들의 병법 학습이 충무공 불패 신화의 중요한 자양분이 된 것도 분명하다."[211]라고 해석한다.

극도의 긴장과 스트레스 상황 속에서 리더가 낮은 곳에서 사람들을 돌보는 것은 그들과 하나 됨의 과정이었다. 바둑에도 학인진 같은 기법이 있다고 한다. 이순신 장군의 창의적인 전략은 사람들과 소통하며 나온 전략이었다. 창의성은 현장의 상황과 사람들 사이에서 나온다.

커트 르윈은 성공적인 조직은 3단계를 거친다고 하였다. 현상의 해빙(unfreezing), 새로운 상태로의 이동(movement), 새로운 변화를 영구적으로 만드는 재동결(refreezing)이다.[212] 가장 먼저 굳어진 생각, 사고, 시스템이 녹아야 한다. 그다음 새로운 방식을 도입하고,

이 방식을 다시 굳혀야 한다. 이것이 성공적인 조직의 변화와 그 단계이다. 이순신 장군은 지속적인 소통을 통해 현상의 해빙을 경험하고 새로운 방식을 도입했다. 그리고 그 방식을 자신의 전술에 녹여내어 연전연승한 장군이 되었다.

설교자가 소통하면 세상으로 외연 확장한다. 설교자는 교회의 새로운 변화를 원한다. 공동체를 변화시키려면 자신이 먼저 변해야 한다. 그러나 여러 가지 갈등과 상처로 인해 청중을 외면한다.

이제 설교자는 용기를 내야 한다. 청중들이 먼저 자신을 신뢰하고 잘해주기를 기대하지 말아야 한다. 설교자가 우선적으로 청중의 자리로 내려가야 한다. 내려가야 소통하게 되고 소통해야 각 교회에 맞는 전략을 하나님으로부터 받을 수 있다.

설교자는 하나님을 알고 성경은 알지만, 세상은 잘 알지 못한다. 세상을 향한 전략을 짜기 위해 청중과 소통하라. 소통하면 청중의 마음과 하나 되어 세상으로 외연 확장할 수 있다.

김선우 목사

주성성결교회 담임이다.
서울신학대학교 신학대학원(M.Div.)을 졸업했다.

말하기 전에 하나님을 느껴야 한다

하나님의 마음을 아는 것이 말하기의 출발이다

설교자는 말하기 전에 하나님의 마음을 알아야 한다. 하나님의 마음을 먼저 알면 설교하기 위한 마음이 준비된다. 설교자는 하나님의 마음을 알기 위해 하나님의 임재 앞에서 하나님의 마음을 조용히 듣고 느끼려 해야 한다. 여기서 '느낌'이란 감각이나 감정이 의식 속에 떠오른 상태를 말하는 것이 아니라, 하나님의 마음을 감지해내는 영적 센서다. 설교자의 영적 안테나의 방향과 영적 민감성의 센서는 아주 중요하다.

하나님은 하나님의 마음을 아는 한 사람을 통해 일하신다. 하나님 마음에 관심을 기울인 한 사람을 사용하신다. 그 예시를 작은 나라 유럽의 조지아에서 볼 수 있다. 하나님은 귀족 출신, 여성이라는 한계를 가진 '니노'라는 한 사람을 택해 나라를 통째로 바꾸셨다. 세계 최초의 여성 조명자[213] 니노(St. Nino)는 로마제국의 자빌론 장군과 모친 수산나 사이에서 태어났다. 그녀는 예루살렘에서 교육을 받고 갑바도기아에서 살았다. 어린 시절부터 성경과 기도로, 특히 복음서의 예수님의 십자가 고난에 깊이 감동을 받으며 자랐다. 그녀는 자신의 삶을 온전히 주님께 드리기 위해 '가야네'[214] 신앙공동체에 합류했다. 공동체 소속 30여 명의 무명 여성들과 함께 아르메니아 왕 티리다테스 3세의 처절한 박해로 순교의 피를 흘릴 때, 구사일생으로 피신한 유일한 생존자였다. 그녀가 어느 날, 하나님의 음성을 듣는다.

"니노야, 저 북쪽 끝, 어둠에 사로잡힌 땅 조지아(이베리아)로 가거라. 내 복음을 심고, 그 땅을 나의 나라로 삼으리라."

그 음성에 "하나님, 저는 여자입니다. 혼자입니다. 어떻게 감당하겠습니까?"라고 물었다. 그때 하나님은 포도나무 가지로 만든 십자가 하나를 그녀의 손에 쥐어 주시며 답하셨다. "이 십자가가 나의 증거다. 너는 전하라. 나머지는 내가 하겠다." 니노는 포도나무 가지로 만든 십자가를 들고 복음을 전했으며, 조지아를 세계 두 번째 기독교 국가로 만들었다.[215]

하나님의 마음을 가져야 하나님 나라를 위해 영적 민감성을 가질 수 있다. 하나님은 자신의 마음을 아는 사람을 들어 쓰시길 원하신다. 설교자는 하나님의 마음이 들어와 있어야 한다. 하나님의 마음이 없으면 설교가 공허한 외침으로 그친다. 언젠가 사라질 설교자의 과업으로 남을 뿐이다.

하나님 마음이 느껴지면 생명의 언어를 전한다

설교에서 말이 먼저가 아니라 하나님의 마음을 감지하는 것이 먼저다. 설교자가 하나님보다 앞서 말하면, 그 말은 결국 사람을 살리는 생명의 말이 되기 어렵다. 반대로 하나님의 마음이 설교자 안에 들어오면, 설교자는 청중의 마음도 함께 느껴 생명의 말을 한다.

하나님의 마음이 곧 사람을 향한 사랑이다. 하나님의 마음에 민감한 사람은, 자연스럽게 사람의 상처와 갈망에도 민감하다. 하나님의 마음이 감지되지 않는 설교는 강한 어조로 외쳐도 청중의 심령에는 울림이 없다. 그러나 하나님의 마음에 집중한 설교자의 말은, 작은 목소리일지라도 청중의 깊은 곳에 닿는 떨림이 있다. 그러면 설교가 청중을 살리는 생명의 말씀으로 다가간다.

설교자의 말에 하나님의 마음이 느껴져야 청중의 마음이 열린다. "이 말은 나에게 해당되지 않아.", "또 지적이네.", "내 얘기를 왜 하지?"와 같이 철벽을 치던 내면이 무너진다. 하나님의 마음이 담긴 말씀은, 벽을 허무는 힘이 있다. 사람의 마음은 본능적으로 사랑의 진심을 감지할 수 있기 때문이다. 말씀 속에서 하나님의 사랑, 회개, 위로, 용서를 깊이 체험하면 아무 말 없이 조용히 흐느끼기도 하고, 뜨거운 눈물을 닦으며 기도에 들어가기도 한다. 청중의 표정이 밝아지며 미소를 짓는다. 고개를 끄덕이며 말씀에 더욱 집중한다.

모세는 떨기나무 앞에서 임하시는 하나님의 현존을 경험했다. 엘리야도 세미한 소리 속에서 하나님의 존재를 느꼈다. 생명의 언어를 경험한 것이다. 이처럼 설교자는 말하기 전에 반드시 하나님의 마음을 알아야 한다. 하나님의 마음을 아는 것이야말로 설교의 시작이기 때문이다. 지금은 과학기술이 세상을 지배하고 있다. 과학기술에서 나온 수많은 정보 언어는 세계와 사물을 불러내는 능력을 상실해버린 언어다. 사람을 가치보다 쓸모로 분류하는 도구에 지나지 않는다.

과학의 도구적 언어관은 언어로 정보를 파악하는 정보 언어일 뿐이다. 윤용아는 인간의 존재와 생명의 언어에 대해 하이데거의 말을 빌려 다음과 같이 정의한다. "존재를 먼저 감지(feeling)하고, 그에 대해 인간이 응답하는 관계를 통해서 비로소 존재는 존재로서, 인간은 인간으로서 존재하게 된다. 하이데거는 존재자의 진리가 '소리 없는 말'로 인간에게 건네지면, 이에 응답하는 인간에게 비로소 존재가 자신의 진리를 열어 보인다."[216]

설교자는 하나님의 마음과 연결해야 한다. 그러면 이제껏 들리지 않던 청중의 속마음이 들리기 시작한다. 과학적 언어가 아닌 생명의 언어를 전달하게 된다. 설교자는 단지 '말'을 전달하는 사람이 아니다. 하나님의 마음을 품고 사람의 마음을 어루만질 수 있어야 한다.

예수님은 많은 말씀을 하시기 전에, 먼저 사람들의 마음을 깊이 아셨다. 생명의 언어를 전하시기 전에 하나님의 마음을 먼저 품으셨다. 예수님께서는 마태복음 9장 36절에서 무리를 보시고 불쌍히 여기셨다. 여기서 '불쌍히'라는 단어는 헬라어로 '스플랑크니조마이(σπλαγχνίζομαι)'인데, 내장이 끊어지는 듯한 동정심을 뜻한다. 이 감정은 단순한 연민이 아니라, 하나님의 본성에서 흘러나오는 깊은 마음의 떨림이다.[217]

예수님께서는 누가복음 22장 61-62절에서 베드로를 바라보셨다. 그러자 베드로는 밖으로 나가 통곡한다. 말보다 강한 눈빛의 메시지, 사랑의 침묵이 베드로의 마음을 더욱 강하게 찔렀다.

예수님은 하나님 마음으로 사람을 보신다. 설교자도 그 길을 따라야 한다. 설교자는 텍스트의 정보 전달을 넘어, 한 영혼을 향한 하나님 마음의 흐름을 따라 가야 한다. 설교자는 하나님과 청중 사이를 흐르는 '사이 공간'에서 듣고, 울고, 전하는 사람이어야 한다.

하나님 마음이 느껴지는 설교가 청중에게 울림을 준다

설교자의 가장 중요한 능력은 화려한 언변이 아니다. 그렇다고 완벽한 논리력도 아니다. 하나님의 숨결을 감지하는 영적 감각이다. 말씀 속에 살아계신 하나님의 마음을 느껴야 한다. 그렇지 못하면 그 설교가 아무리 지적이고 유창해도 영혼을 살리지 못한다.

마틴 로이드 존스는 설교를 "인간의 말이면서 동시에 하나님의 말씀"이라고 정의하며, 설교자가 성령의 감동 없이 전하는 설교는 단순한 종교 강연에 불과하다고 경고한다. "설교에서 성령의 능력을 되찾는 것보다 더 유익한 일은 없습니다. 진정한 설교를 가능케 하는 것, 오늘날 우리에게 가장 필요한 것은 바로 이것입니다."[218] 설교자는 단지 설교를 준비하는 사람이 아니라, 하나님의 음성에 귀를 기울이며, 그분의 숨결을 느끼는 사람이어야 한다.

영적 감각은 단순한 직감이나 종교적 감정이 아니다. 성령께서 말씀 속에 숨겨놓으신 하나님의 마음 온도를 느끼고, 그것을 청중에게 전달하는 능력이다. 설교자는 본문을 연구할 때, 단어의 뜻과 문맥뿐만 아니라, 그 말씀을 주신 하나님의 심정을 읽어내야 한다.

영적 감각을 지닌 설교자는 말씀과 회중 사이의 다리가 된다. 단순히 전달되는 정보가 아니라, 하나님과 사람 사이에 흐르는 생명줄이 된다. 청중은 설교자가 전하는 단어 속에서 성령의 생기를 느끼고, 말씀 속에서 자신을 향한 하나님의 시선을 발견한다. 로이드 존스는 이를 이렇게 표현했다. "설교자에게 주어지는 이 '능력의 획득' 또는 '능력의 분출'은 한 번 받고 끝나는 것이 아닙니다. 이 일은 반복될 수 있으며 실제로도 거듭거듭 반복되어야 합니다."[219]

필자는 한때, 설교 준비하면서 속으로 품은 말이 있다. '이번 설교는 반드시 사람들에게 인정받아야 한다. 이번에는 꼭 "목사님 설교에 정말 은혜받았어요."라는 말을 들어야지.' 그런 생각으로 청중의 반응에 더 신경을 썼다. 하나님께 기도하면서도 은혜보다는 '좋은 평가'를 기대했다. 원고를 쓰며 '어떤 예화를 넣어야 사람들이 더 감동할까?', '어떤 어휘를 쓰면 더 멋져 보일까'에 집중했다. 그렇게 몇 번의 주일을 보냈지만, 설교 후의 마음은 점점 더 무거웠다. 청중의 박수와 미소는 있었지만, 정작 하나님의 임재는 가슴에서 멀어져 있었다. 예배당 불이 꺼진 후 홀로 남아 강단에 앉아 있었다. 마음속 깊이 이런 음성이 들려왔다. "너는 마음을 다하고 뜻을 다하고 목숨을 다하여 너의 하나님을 사랑하라." 그 순간 깨달았다. 나는 하나님께서 원하시는 그분의 마음이 아니라, 사람들이 좋아할 내 설교를 구했던 것이다. 진정 사랑하는 나의 하나님께 마음도, 뜻도 드리지 않고 있었다. 그것은 전도자가 말한 것처럼, "헛되고 헛되며 헛되고 헛되니 모든 것이 헛되도다(전 1:2)."라는 말씀 그대로였다. 그날 이후 필자는 설교 준비의 우선순위를 바꾸었다. "이번 설교에서 하나님은 무엇을 말씀하고 싶으신가요?"를 묻는다.

사람의 박수는 잠시지만, 하나님의 마음이 담긴 말씀은 영원히 남는다. 설교자는 하나님의 마음이 느껴지는 설교를 해야 한다. 그런 설교가 마른 땅에 내리는 단비가 된다. 청중의 메마른 영혼에 스며든다. 그들의 눈물샘을 터뜨리고, 굳은 마음을 녹인다. 하나님 나라를 소망하게 한다.

하나님 마음이 느껴지는 설교는 청중에게 울림을 준다. 울림 있는 설교는 하나님의 숨결을 느끼는 감각에서 나온다. 이 감각이 살아있을 때, 설교는 생명의 파도가 되어 청중의 심장을 두드린다. 설교자는 하나님의 마음을 전해야 한다. 청중이 '헛된 것을 구하던 인생'에서 '하나님 한 분만을 구하는 인생'으로 돌아서게 만들어야 한다.

설교자는 말씀을 준비할 때마다 이렇게 기도해야 한다. "하나님, 오늘 이 말씀을 통해 무엇을 전하고 싶으십니까?"

김인해 목사

목포호산나교회 위임목사이다.
저서로 《대화가 인생을 UP 시킨다》 등이 있다.

Chapter 5

**설교자의 인격이
말하기의 마침표다**

설교트렌드
2026
- 말하는 설교

인격만큼 설교한다

연기는 통하지 않는다

하나님과 청중 앞에서 설교자의 연기는 통하지 않는다. 최민식 배우가 어느 기자의 질문을 받았다. "당신은 A급 배우시죠?" 최민식 씨는 "배우는 A, B, C급이 없습니다. 오직, '진짜 배우'와 '가짜 배우'만 있을 뿐입니다."라고 답했다.

    연기를 잘하는 진짜 배우는 자신이 맡은 배역을 잘 표현하는 사람이다. 진짜 배우는 어떤 배역을 맡으면 그것을 소화하기 위해 실제 그 역할을 하는 사람을 직접 찾아가서 보고 배운다. 의사역을 맡았다고 하면 의사를 직접 만나 대화도 나누고 배운다. 자신이 의사가 된 것처럼 살려고 노력한다. 이런 노력으로 진짜 배우는 어떤 역할을 맡겨도 다 소화해 낸다.

연기한다는 것은 가면을 쓰는 것과 같다. 중국 전통극인 '변검'은 얼굴에 붙어 있는 가면을 계속해서 바꾸는 가면극을 말한다. 몸과 고개를 돌릴 때마다 순간순간 각양각색의 가면이 순식간에 바뀌는 것을 보면 저절로 감탄이 나온다.

설교자도 때로 사역하면서 인격을 감추기 위해 가면을 쓰고 연기를 해야 할 때가 있다. 하지만 설교자가 절대 가면을 써서는 안 되는 때가 있다. 첫째는 하나님 앞에서요. 둘째는 강단에서다. 하나님은 가면 속에 감추어진 설교자의 인격을 다 알고 계신다. 청중도 강단에 선 설교자의 가면에 뒤에 있는 민낯을 모르는 척 할 뿐, 다 알고 있다. 설교자는 강단에서 가면을 벗고 연기하는 것을 멈춰야 한다. 연기는 하나님께도 청중에게도 통하지 않는다.

팀 켈러는 마음이 통하지 않는 설교에 대해 세 가지를 말한다. 첫째, 영혼 없는 설교다. 설교자의 마음이 전혀 들어가 있지 않다. 둘째, 단순 흥분성 설교다. 설교자 스스로 흥분하는 것이다. 셋째, 의식적인 연기 설교다. 설교자는 장엄하면서도 신령한 말투와 어조를 사용한다. 의도적으로 즐겁게, 겸손하게 보이려고 들거나, 인위적으로 사랑에 충만한 듯이 보이려고 애를 쓴다. 하지만 아무리 숨기려고 해도 결국 진실은 드러나는 법이다. 설교자가 종종 내용 준비와 전달에만 몰두한 나머지 중요한 사실을 놓치는 경우가 있는데, 설교할 때 청중들은 그들이 말하는 것만을 듣는 게 아니라 그들이 어떤 사람인지를 눈여겨보고 있다. 청중들은 이면의 동기를 늘 살핀다.[220]

필자도 강단에서 의식적인 연기 설교를 한 적이 종종 있었다. 설교할 때는 몰랐는데 설교 후에 부끄러움이 한없이 몰려왔다. 하나님과 청중의 눈이 내 속을 바라보고 있는 것 같았다. 청중은 연기를 뚫고 '진짜'를 본다는 사실을 잊지 말아야 한다.

조화는 아무리 섬세하고 아름다워도 생화가 될 수 없다. 조화는 향기가 없고 벌도 오지 않는다. 생화는 향기로 진짜임을 증명한다. 말 그대로 가짜가 아니라 정말 진짜이기 때문이다. 진짜는 진짜라고 말하지 않아도 경험해 본 사람은 안다. 진짜는 자연스럽다. 포장하지 않는다. 반면, 가짜는 진짜처럼 연기해야 해서 부자연스럽다. 포장도 해야 한다.

설교자는 가짜가 아니라 진짜가 되어야 한다. 설교자가 연기하지 않고 진짜가 되려면 자신에게 정직해야 한다. 설교자 자신은 연기하고 있는지 진짜 모습인지 알고 있다. 자신에게 정직할 수 있으면 하나님 앞에서도 청중 앞에서 연기하지 않는다.

인격은 조각할 수 있다

인격은 타고나는 면도 있지만 만들어가는 것이다. 설교자의 인격은 조각할 수 있다. 훌륭한 인격을 만드는 데 방해가 되는 것을 다듬으면 된다. 미켈란젤로가 다비드상을 완성했을 때 교황이 물었다. "어떻게 그런 훌륭한 작품을 만들 수 있었습니까?" 미켈란젤로는 이렇게 대답했다. "간단합니다. 다비드와 관련 없는 것은 다 버렸습니다." 미켈란젤로는 다비드상을 만들기 위해 불필요한 것들을 조각칼로 도려냈다.

사회적으로 성공하기 위해 수많은 시간과 노력과 공부가 필요하듯, 훌륭한 인격을 갖추는 것도 일정한 수업이 필요하다. 다행스러운 일은 인격이 타고난 천성에만 달린 것이 아니라 노력 여하에 따라 후천적으로 개발할 수도 있다는 점이다.[221] 설교자는 얼마든지 훌륭한 인격을 만들 수 있다. 어떻게 하면 훌륭한 인격으로 조각할 수 있을까?

첫째, 말부터 바꾸어야 한다. 언격(言格)은 인격(人格)이다. 이는 '말의 격이 곧 그 사람의 격을 결정한다'라는 의미다. 철학자이자 시인인 에머슨은 "사람은 누구나 자신이 하는 말로 스스로를 비판한다. 원하든 원치 않든 간에 말 한마디가 남 앞에 자기의 초상을 그려 놓는 셈이다."라고 말한다. 사람의 말은 그 사람의 인격을 그대로 드러낸다. 저급한 말은 저급한 인격을 드러낸다. 품격 있는 말은 고매한 인격을 드러낸다.

설교자는 일상의 말부터 바꾸어야 한다. 청중과 있을 때는 품격 있는 말을 하면서 아내와 자녀에게는 저급한 말을 하는 설교자가 있다. 대상이 누구든 어떤 장소이든 설교자는 품격 있는 말을 해야 한다.

흔히 말은 입에서 나온다고 생각한다. 그렇지 않다. 예수님께서 바리새인들에게 이런 말씀을 하셨다. "독사의 자식들아 너희는 악하니 어떻게 선한 말을 할 수 있느냐 이는 마음에 가득한 것을 입으로 말함이라 선한 사람은 그 쌓은 선에서 선한 것을 내고 악한 사람은 그 쌓은 악에서 악한 것을 내느니라(마12:34-35)." 예수님은 말이 마음에서 시작된다는 것을 말씀하고 계신다. 마음에 선한 것을 쌓은 사람은 선한 말을 한다. 악한 것을 쌓은 사람은 악한 말을 한다. 농담에도 뼈가 있다는 말은 그저 나온 것이 아니다. 마음속에 불평이 가득한 사람은 불평하는 말을 한다. 마음속에 감사가 가득하면 감사하는 말을 한다. 설교자가 말을 바꾸기 위해 먼저 마음을 바꾸어야 한다. 마음속에 좋은 것, 선한 것을 쌓아야 한다. 하나님의 말씀으로, 은혜로 가득 채워야 한다. 마음이 바뀌면 말이 변화되고 인격이 바뀐다. 인격이 바뀌면 설교가 변화된다.

둘째, 고난을 통해 인격을 다듬어간다. 고난은 누구에게나 힘들다. 설교자도 때로 짜증과 분노, 외로움 속에 앞이 캄캄해질 때가 있다. 사람은 고난을 확대경으로 보며 실의에 빠지기도 한다. 그러나 설교자는 고난을 단순한 괴로움으로만 보아선 안 된다. 고난 뒤에는 하나님의 뜻이 있다. 하나님께서 주시는 고난은 인격을 단련하기 위한 용광로다. 욥은 "그가 나를 단련하신 후에는 내가 순금같이 되어 나오리라(욥 23:10)"라며 고난을 정금처럼 빚어내는 과정으로 보았다. 설교자는 이 용광로를 통해 예수님의 인격을 닮아가야 한다.

시냇물이 소리를 내는 것은 물속의 돌멩이 때문이다. 서양 속담에도 "흐르는 냇물에서 돌들을 치우면 노래를 잃는다"라고 한다. 고난이라는 돌멩이는 인생의 소리를 만들어 낸다. 성숙한 인격은 그 돌멩이와 함께 걸어온 사람에게 주어지는 선물이다.

성 어거스틴은 《질서》에서 고난을 수놓은 천에 비유했다. 천의 뒷면은 실이 엉켜 보기 나쁘지만, 앞면은 그 혼란이 아름답게 조화를 이룬다. 하나님께서 역사를 움직이신다는 믿음은 고난 속에서도 아름다운 미래를 보게 한다. 설교자의 인생이 뒤엉킨 뒷면 같을지라도, 하나님은 그 고난을 통해 가장 아름다운 수를 놓으신다. 설교자는 고난을 통해 인격을 다듬고, 그 인격으로 청중을 살리는 설교를 해야 한다.

설교는 인격의 그릇에 담긴다

설교는 설교자의 인격이라는 그릇에 담겨 청중에게 흘러간다. 사람에게 가장 중요한 일은 행복한 인생을 사는 것도 아니요, 출세하여 떵떵거리면서 사는 것도 아니요, 남들로부터 존경 또는 부러움을 받는 것도 아니요, 남을 돕는 일도 아니다. 그것은 바로 인격을 완성해 나가려 노력하는 일이다. 즉, 올바른 사람이 되는 것이다.[222] 빌 하이벨스는 "인격은 평판과 다르다."라고 하면서 "인격은 무엇을 했는가가 아니라 어떤 사람인가"의 문제라고 했다. 인격은 사람으로서의 품격을 뜻한다. 하나님께서 원래 창조하신 사람으로서의 품격을 회복하는 것은 너무나 중요한 일이다.

"목사가 되기 전에 인간이 돼라." 선배 설교자가 한 말이다. "인간이 돼라."는 것은 "인격자가 돼라"는 의미다. 필자는 그 당시에는 이 말을 이해하지 못했다. 설교자는 이미 '인격자'라고 생각했기 때문이다. 하지만 많은 설교자를 만나보니 이 말이 이해됐다. 설교자 가운데는 인격 함양이 되지 않은 사람이 많았다. 대통령이라도 그에 걸맞은 인격을 갖추지 않으면 지탄받을 수밖에 없다.

설교자도 마찬가지다. 설교자라는 자체가 중요한 것이 아니다. 설교자에 걸맞은 인격을 갖추는 것이 중요하다. 존 파이퍼는 "설교의 전문가가 되려고 애쓰지 마십시오. 설교자의 인격을 갖추려고 애쓰십시오."[223]라고 말한다. 〈아트설교연구원〉 대표인 김도인 목사도 《설교는 글쓰기》에서 설교자가 자신에게 초점을 둘 때 할 일이 세 가지가 있다고 했다. 첫째, 말씀 묵상이다. 둘째, 깊고 넓은 독서이다. 셋째, 올바른 인격 함양이다. 설교자는 설교를 잘하기 위해 말씀을 묵상해야 한다. 깊고 넓은 독서도 해야 한다. 그것보다 먼저 갖추어야 할 것은 인격 함양이다. 잘 준비된 설교라고 할지라도 인격의 그릇이 금이 갔으면 청중은 귀를 닫는다. 금이 간 인격을 통해 흘러나오는 설교는 더는 설교가 아니다. 청중을 화나게 할 뿐이다.

새무얼 스마일즈는 "인격이란 사람을 움직이는 가장 큰 원동력이다."라고 말한다. 청중은 설교자의 말에 움직이는 것이 아니라 설교자의 인격에 의해 움직인다. 청중은 설교자의 인격을 신뢰할 때 설교의 메시지도 신뢰한다. 여기에는 빠져나갈 길이 없다. 청중은 단지 설교자의 말과 논증, 삶과 유리된 호소만 수신하는 게 아니다. 그들은 항상 그 근원을 감지하고, 심지어 평가한다. 설교자가 괜찮은 사람인지, 자신들과 연결고리가 있는지, 혹은 존경할 만한 사람인지를 판단할 이런저런 증거들을 수집한다.[224] E. M. 바운즈 목사는 "그 사람, 그의 전인격이 그 설교의 배후에 있다. 설교는 한 시간의 연주가 아니다. 그것은 삶의 넘쳐흐름이다. 하나의 설교를 만드는 데 20년이 소요된다. 왜냐하면 한 사람을 만드는 데 20년이 걸리기 때문이다."라고 말한다. 설교의 배경은 설교자의 지식이 아니라 인격이다.

오리슨 S. 마든은 《인격수업》에서 필립스 브룩스에 대해 이렇게 말한다. "미국 보스턴에서는 날씨가 아무리 우중충하고 흐려도 브룩스 목사가 거리를 지날 때면 마치 구름이 걷히고 해가 비치는 것 같다고 말하는 사람들이 종종 있었다. 이 비범한 인물에게서는 누구나 느낄 수 있는 무언가가 뿜어져 나왔다."[225]

브룩스는 스펄전과 무디와 동시대 인물이며, 이들과 함께 설교의 황금기를 펼쳤다. 정장복 교수는 스펄전이 '설교의 황태자'로 불린 것을 빗대어, 브룩스를 '강단의 왕자'로 부르기를 주저하지 않았다. 브룩스는 "설교란 인격을 통해 전하는 진리"라고 말한다. 이는 설교자가 하나님의 말씀을 전하고자 할 때 그 말씀이 이미 자신의 인격 안에 경험되어야 하며, 설교의 내용 역시 청중의 인격을 향하여 선포돼야 한다는 것이다.[226]

설교자는 훌륭한 인격자여야 한다. 설교자의 인격은 설교보다 먼저 청중에 도착한다. 바울은 "큰 집이 그릇이 많지만 깨끗한 그릇이 쓰임 받는다(딤후 2:20-21)."라고 한다. 하나님께서는 설교자의 깨끗한 인격의 그릇을 사용하신다. 그 그릇을 통해 전해지는 설교에 생명을 불어넣어 주신다.

설교자는 자신이 살아온 삶만큼 설교할 수 있다. 설교는 살아낸 말씀의 요약이며 삶의 해석이다. 청중은 설교자의 말을 듣는 것 같지만, 실제로는 그의 삶을 듣는다. 십자가의 사랑을 외치면서도 삶이 자기중심적이라면 청중은 외면한다. 반면, 서툰 설교라도 삶으로 용서하고 섬기는 설교자는 청중의 마음을 울린다. 설교의 무게는 설교자의 삶에서 나온다.

'사랑의 원자탄'이라 불리는 손양원 목사는 두 아들을 잃고도 그들을 죽인 안재선을 양자로 삼아 목회자로 키웠다. 그의 설교는 곧 삶이었고, 삶이 설교였다. 장례식장에서 드린 아홉 가지 감사 중 하나는 "원수를 회개시켜 내 아들 삼고자 하는 사랑하는 마음 주신 하나님께 감사합니다."였다. 그는 설교를 말이 아닌 삶으로 증명했다. 설교자는 인격만큼 설교한다. 곧 설교자는 하나님과 청중을 사랑하는 만큼 설교한다. 자신이 살아왔고 살아가고 있는 삶만큼 설교한다.

이재영 목사

〈아트설교연구원〉 부대표이다.
저서로 《말씀이 새로운 시작을 만듭니다》, 《신앙은 역설이다》 등이 있다.

설교란 진실된 말하기다

사람들은 진실된 말을 원한다

"예쁘게 그려주세요."
"원래 예쁜데요, 뭘~"[227]

자신을 예쁘게 그려달라는 고객의 말에 정은혜 씨가 응답한다. 다운증후군이 있는 화가이자 배우인 정은혜 씨는 '니 얼굴'이라는 주제로 사람들의 모습을 그리기 시작했다. 인기 드라마 〈우리들의 블루스〉에서 장애인 최초로 비중 있는 배역을 맡기도 했다.[228] 사람들은 정은혜 씨의 그림과 그의 진솔한 말에 열광한다. 대중이 그의 행보를 쫓고 그의 일상에 관심을 가지는 이유는 그가 신기해서가 아니다. 수많은 잘난 사람들, 잘나 보이고 싶어 하는 사람들 속에서 그의 강점은 '진솔함'이다. 그가 하는 말과 그림에는 꾸밈이 없다. 누군가의 마음에 들기 위해 지어내는 말이 없다. 상대가 일반인이든 장애인이든 간에 그의 태도는 한결같다. 그것은 말과 생각이 어눌한 장애의 특징에서 나오는 것이 아니다. 그 사람 자체에서 나오는 순수함과 삶을 향한 감사, 편견 없이 사람을 대하는 시각이다.

사람들은 그 순수한, 진실함 때문에 그의 말과 그림을 신뢰하고, 그를 지지한다. 그가 하는 말대로 살고 싶어 한다. 그가 더 말해주기를 원한다. 그의 가족에게도 응원과 지지가 이어진다. 그들의 모습은 꾸밈없이 진실하다. 장애인이든 비장애인이든 서로 차별 없이 한 성숙한 인격체로 대하려고 애쓰고, 그 안에서 서로 성장하는 모습은 보는 이들에게 숙연함과 감동을 준다.

멋진 커리어를 갖춘 사람들, 남부럽지 않은 명예와 재물을 가진 사람들이 넘쳐나는 요즘, 대중이 원하는 것은 담백함이다. 꾸밈없이 순박한 모습, 거창하지 않지만 진솔하게 삶을 살아가는 소소한 모습을 원한다. 그들의 삶 속에 녹아든 진실함은, 신앙을 전하는 이들의 언어에도 더욱 절실하게 요구된다.

청중은 설교자에게도 진실된 말을 원한다. 진실된 말은, 마치 해를 바라보는 해바라기처럼 한 방향을 향하는 신실한 삶에서 나온다. 청중은 설교자의 번지르르한 언변이 아닌 진실한 삶에서 우러나온 말을 기다린다.

진실한 삶이 진실한 말과 글이 된다

설교자의 말은 그의 삶에서 흘러나온다. 청중은 설교자의 언어보다 그의 인격을 듣고 싶어 한다. 설교자의 삶 속에서 사랑, 평화, 성실, 겸손, 공감 같은 고품격 단어들이 살아 움직이길 기대한다. 이 단어들은 단순한 어휘가 아니라, 인간의 존엄성과 공동체의 성숙을 일깨우는 삶의 증거다. 완벽하게 살아낼 수는 없지만, 예수님의 길을 따라 애쓰는 설교자의 삶은 그 자체로 설교다.

청중은 또한 설교자의 삶을 통해 믿음으로 승화된 단어들을 경험하길 원한다. 실패, 절망, 포기, 열등감, 차별, 고통 같은 단어들이 주님의 이끄심 속에서 도전, 희망, 끈질김, 존엄, 포용, 감사로 변화되는 과정을 보고 싶어 한다. 설교자는 이 단어들을 설명하지 않는다. 다만 반복과 실수, 넘어짐 속에서 삶으로 익힌 진심을 살아낸다.

필자의 배우자도 설교자이다. 어느 날 설교를 준비하던 남편은 강단에 오르기 직전 "오늘 설교는 망할 것 같다"라고 걱정했다. 유려한 문장도, 논리도 부족해 보이는 설교문이 마음에 걸렸던 것이다. 그는 가장으로서의 무게와 사역자로서의 책임 사이에서 흔들리고 있었다. 안정적인 직장을 내려놓은 선택에 대한 후회까지 밀려왔다. 믿음이 흔들리는 자신을 보며 자괴감에 빠졌지만, 기도와 한숨 속에서 주님을 다시 만났다. 주님은 그를 책망하지 않으시고, "너는 여전히 내 아들이고, 내가 너의 손을 잡고 있다. 내가 있으니 걱정하지 말라. 오직 주님 나라를 먼저 구하라."라고 말씀하셨다. 설교 시간, 그의 고백은 청중의 마음을 울렸고, 눈물로 응답받았다. 삶의 무게를 견디며 흔들리는 순간에도 주님의 손을 붙들고 다시 일어서는 그 모습이, 청중에게는 진실한 설교였다.

설교자의 글도 마찬가지다. 글, 말, 삶은 따로 놀 수 없다. 설교자는 사는 만큼만 쓸 수 있고, 쓰는 만큼만 살아야 한다. 유영만 교수는 "글과 길과 삶은 하나"라고 말하며, 글을 보면 그 사람의 삶이 보인다고 했다.[229] 삶이 없는 글은 거짓이고, 글만 있고 삶이 따르지 않으면 위선이다.

진실한 삶은 진실한 글을 낳고, 그 글은 청중을 삶으로 초대한다. 필자가 만난 한 목회자는 도배와 목공업으로 생계를 이어가며 교회를 개척했다. 그의 손에는 굳은살이 박여 있었고, 교인들은 "목사님 앞에서는 게으름 피울 수 없다."라고 말했다. 그는 일과 전도, 목회를 하나로 어우러진 삶으로 살아냈고, 그 삶이 곧 설교였다.

자끄 엘륄은 설교자의 말이 청중에게 실제 의미로 받아들여질 때에만 가치가 있다고 말한다. 삶과 연결되지 않은 말은 소음과 혼란을 일으킬 뿐이며, 기독교적이지 않다고 경고한다.[230] 논리와 비유는 설교를 돕지만, 진실한 삶이 담긴 말은 청중의 마음을 열고, 조건 없이 받아들여지게 한다.

    설교자는 청중보다 먼저 넘어져 본 사람이다. 삶의 무게를 견디며 흔들리는 순간에도 주님의 손을 붙들고 다시 일어서는 사람이다. 청중은 거창한 언변보다, 그 삶에 묻어나는 진심을 원한다. 설교자의 진실한 삶이 진실한 글과 말이 되어, 하나님의 마음에 동참하게 한다.

자신의 한계를 인정할 때 진실된 말이 나온다

설교자는 영웅이 아니다. 설교자는 언제든지 넘어질 수 있다. 설교자가 진실한 삶으로 진실된 글을 쓰고 말하기 위해 모든 역경과 고난을 딛고 오뚝이처럼 일어나야 하는가? 그럴 수 없다. 어떤 위대한 설교자도 그렇게 할 수 없다. 설교자도 때로는 상처받고 설교자도 때로는 힘이 든다. 이 일이 아니어도 살 수 있겠다는 회의감이 든다. 하지만 다시 마음을 고쳐먹는다. 설교자이기 때문이다. 하나님께서 그를 설교자로 부르셨기 때문이다. 아무나 설교자의 사명을 감당할 수 없다. 돈을 트럭으로 준다고 해도 못 한다고 손을 내젓는 것이 '설교자'라는 직업이다.

    설교자는 마음의 공간을 타인과 나누어야 한다. 하나님께서 자신의 마음 공간을 설교자에게 나누어 주신 것처럼, 설교자는 자신의 마음과 삶의 공간을 타인과 나누어야 한다. 김진혁 교수는 《환대의 신학》에서 예수님께서 우리에게 내어주신 공간에 대해 역설한다. "예수께서는 자신의 신적 영광으로부터는 '거리'를 두시고, 비참한 가운데 있는 인간과 '함께'하셨습니다. 이로써 공생애 중간에 사회적 약자를 포함한 여러 사람이 거할 공간을 자기 곁에 만드셨고, 궁극적으로는 성령을 선물하시며 삼위일체의 교제 안에 우리를 위한 공간을 여셨습니다."[231] 설교자의 마음과 삶에 타인을 품을 수 있는 공간이 있어야 한다. 이 공간은 하나님께서 설교자를 사랑하신 그 사랑을 깊이 이해하고 경험할 때 열린다.

설교자가 자신의 공간을 타인에게 내어주기 위해서는 겸손해야 한다. '겸손'해야만 주님의 마음, 사람의 마음 알기를 원한다. 하나님이나 사람에 대해 다 안다고 생각하는 교만은 설교자가 하나님과 사람 위에 서게 만든다. 거짓과 위선이 가득 찬 말로 조종자가 되게 한다. 설교자가 자신의 마음의 공간을 타인에게 내어주면서도 타인을 하나님의 형상으로 닮은 귀한 존재로 인정하게 하는 전제 조건은 '겸손'의 존재 여부다. 최인철 교수는 《프레임》에서 "지혜란 자신의 한계를 인정하는 것이다"[232]라고 정의한다. 겸손은 자기 한계를 인정하게 하고, 진실된 삶의 출발점이 된다. 자신의 한계를 인정하는 설교자는 주님께 끊임없이 구한다. 자신이 다 알지 못한다는 것을 스스로 인식하기 때문이다.

겸손할 때, 설교자는 자신의 삶을 객관적으로 보는 눈이 열린다. 타인에 대해서 알기 원하고 배우기 원한다. 하나님과 말씀 앞에서는 전폭적으로 엎드리게 된다. 설교자가 겸손할 때 비로소 자신의 한계를 뛰어넘을 수 있게 된다.

청중은 설교자의 삶을 통해 말씀의 실체를 경험하기 원한다. 설교자는 그 기대를 짊어지는 존재가 아니라 믿음의 길을 함께 걷는 동반자다. 설교자는 청중보다 한걸음 먼저 넘어져 보는 사람이다. 설교자가 겸손의 자세로 마음의 한 자락을 나눌 때, 삶은 진실한 글로 표현된다. 청중은 거창한 말을 원하지 않는다. 그의 삶에 묻어나는 진심을 원할 뿐이다.

박혜정 선교사

알바니아 GMP 선교사이다.
저서로 《목회트렌드 2026》, 《비록 존재감은 없지만 삶은 행복해》 등이 있다.

하나님께로부터 인정받아야 한다

'혐오'적이면 인격적이지 않다

설교자는 하나님께로부터 인정받아야 한다. 하나님께로부터 인정받기 위해서는 설교자의 말이 인격적이어야 한다. 인격적인 말은 수준이 높은 언어의 품격을 지닌다. 그의 언어는 세상 리더와 다른 품격을 지녀야 한다.

계엄령이 선포된 후 어떤 설교자가 입 밖으로 혐오스러운 말만 내뱉는다. 혐오스러운 말에서는 설교자의 인격이란 찾아볼 수 없다. 배덕만 교수는 《전광훈 현상의 기원》에서 설교자는 기독교 신앙의 다양한 공적 표현 같은 정치적 쟁점들에 대해서도 극단적 혐오와 배제의 언어를 사용한다고 말한다. "동성애와 낙태, 그리고 기독교 신앙의 다양한 공적 표현 같은 정치적 쟁점들에 대해서도 극단적 혐오와 배제의 언어로, 심지어 물리적 시위와 폭력까지 마다하지 않으며 자신들의 입장을 관철하려 한다."[233]

설교자가 혐오스러운 표현을 하는 것은 타인의 존재를 인정하지 않는 것임을 물론 차별을 당연시한다고 할 수 있다. '혐오'는 단순히 무언가를 싫어하는 취향의 문제가 아니다. 그보다 훨씬 복잡한 의미가 있다. "사회적, 구조적 의미에서 혐오는 다른 사람의 존재를 인정하지 않는 것, 차별을 당연시하는 것을 뜻한다." 그리고 혐오 표현은 일반적으로 인종, 민족, 종교, 성, 성적 지향 등과 같은 특정한 속성을 가진 집단에 대하여 혐오를 고취시키려는 의도와 효과를 갖는, 그리고 표적에 대해 비방, 모욕, 심지어 인격 말살의 극단적인 형태를 취하는 표현이다.[234] 인격적이지 않은 설교자의 모습이다.

설교자가 어떤 대상이나 사람에 대해 혐오의 말을 하는 것이 인격적이지 않다는 것을 보여준다. 즉 하나님께서 인정하시지 않는 말하기를 하고 있다는 것이다. 설교자는 그 어떤 경우에도 혐오를 조장하는 말을 해서는 안 된다.

설교란 인격을 통과한 진리로 드러나야 한다

설교자는 인격적인 말을 사용하는 리더이다. 설교도 인격이 담긴 말로 해야 하지 않는가? 어릴 적 소수의 설교자가 욕을 하는 설교를 들은 적이 있다. 더는 설교자로 보이지 않았던 씁쓸한 기억이 있다. 사람들이 그 설교자에 대해 한마디씩 하는 것을 들었다.

설교자는 인격적이지 않은 말은 입 밖에 내지 않아야 한다. 설교란 하나님의 형상을 닮은 인격을 통과한 말이기 때문이다. 인격적이지 않은 말은 하나님의 형상과 관계없는 설교자임을 입증할 뿐이다. 이런 설교로 변화가 일어날 수 없다. 세상을 바꿀 수 없다. 루터 킹 목사는 "우리는 언제나 주님을 앞세워야 합니다. 어떤 행동을 하더라도 기독교인다운 몸가짐을 가집시다."라고 설교했다. 이런 설교가 세상을 바꾸었다.

인격을 담은 설교는 힘이 있다. 인격적이지 않은 설교는 세상에서 외면받는다. 설교자의 설교는 하나님의 영으로부터 나와야 한다. 오직 하나님의 영으로 한 설교만이 세상에 강력한 한 방을 터트릴 수 있기 때문이다.

하나님의 말씀은 인격적인 설교자의 말을 통해서 선포되어야 한다. 필립 브룩스는 설교를 "인격을 통과한 진리"라고 정의한다. 즉 설교가 하나님의 영과 인격 안에서 벌어지는 지적 투쟁과 묵상의 씨름 안에서 나와야 한다는 것이다. 즉 성경 본문을 감싸고 있는 문자와 개념이라는 껍데기가 깨어져 한 인격체와 만날 때에 설교에 하나님의 능력이 나타난다. 설교는 하나님의 영안에서 설교자의 인격을 통과해야 세상과 영혼을 살리는 하나님의 음성이 된다.

필자는 설교를 작성하기 전에 하나님의 말씀을 '창조적성경묵상법'이란 방법으로 묵상한다. 인격을 통과하는 과정을 거치려는 몸부림이다. 설교자가 인격을 담은 창조적성경묵상법으로 성경을 묵상해야 하는 이유는 분명하다. 첫째, 설교할 본문을 100번 읽으면 설교자가 하나님의 영과 말씀 안에서 하나님을 만난다. 둘째, 성경이 설교자를 지배한다. 셋째, 진리를 손상하지 않으면서 시대에 맞는 설교를 할 수 있다. '성경이 설교자를 지배한다'라는 것은 '인격을 통과한 진리'라는 말과 같다. 성경이 설교자의 인격을 통과하지 않으면 설교가 허공에 메아리칠 뿐이다. 즉 청중의 마음을 파고들 수 없다. 이런 설교에 청중은 마음과 삶이 하나님께로 닿을 리 만무하다.

배척하지 않고 수용해야 한다

설교자는 해야 할 말만 전해야 한다. 설교가 준비되면 할 말만 할 수 있다. 준비되지 않으면 하지 않아도 되는 말까지 한다. 인격이 갖춰지면 설교자가 멈춰야 할 곳에서 멈춘다.[235] 멈출 때 멈추지 못한 것은 설교자가 수용적이지 않다는 것을 증명한다. 인격적인 설교자는 배척하지 않고 먼저 수용한다.

고려 시대 최고의 문장가 이규보는 지지헌기(止止軒記)에서 멈춰야 할 곳에서 멈추어야 한다고 말한다. "대저 이른바 지지(止止)라는 것은 능히 멈춰야 할 곳을 알아 멈추는 것을 말한다. 멈춰야 할 곳이 아닌데도 멈추면 그 멈춤은 멈출 곳에 멈춘 것이 아니다."

여기서 '지지'는 《주역》의 "그칠 곳에 그치니 속이 밝아 허물이 없다"라는 문장에서 나온 말이다. 많은 설교자들이 멈춰야 할 곳에서 멈추지 않는다. 멈출 시간에 멈추지 않는다. 멈춰야 할 내용에서 멈추지 않는다.

설교자가 타인의 말에 수용적이려면 멈출 곳에서 멈춘다. 청중이 멈추었으면 할 때가 많은 것이 설교다. 하지만 많은 설교자는 멈춰야 할 곳에서 멈추지 않는다. 청중 요구를 수용하는 것은 믿음이 없다고 일갈한다.

설교자는 청중의 말에 수용적이어야 한다. 그럴만한 이유가 있기 때문이다. 설교자가 청중의 말에 수용적이라는 것은 그가 아기 뇌를 갖고 있다는 증표이다. 즉 인격적인 설교자라는 것이다.

아기 뇌를 가진 사람의 10가지 특징이 있다. 첫째, 언제나 수용적이다. 둘째, 항상 배우려는 의욕이 있다. 셋째, 호기심이 왕성하다. 넷째, 모든 사람을 스승으로 생각한다. 다섯째, 고정관념을 갖지 않는다. 여섯째, 단순하게 생각한다. 일곱째, 자연스럽다. 여덟째, 하고 싶은 일을 한다. 아홉째, 잘하고 좋아하는 일을 한다. 열째, 멈추길 잘한다.

설교자는 아기처럼 수용적인 인격을 가져야 한다. 청중의 말을 수용할 능력을 갖춰야 한다. 교향곡 운명, 영웅 등을 작곡한 루트비히 판 베토벤은 "많이 듣고 적게 말하라. 가장 뛰어난 사람은 고통을 통해서 환희를 자신의 것으로 만든다."라고 한다. 핀란드 속담에 "침묵은 금이고 말하기는 은이다."라는 말도 있다.

말을 많이 하는 설교자는 말을 적게 하고 대신 청중에게서 많이 들을 수 있어야 한다. 수용적인 설교자는 멈춰야 할 곳에서 멈춘다. 곽재선은 《간절함이 열정을 이긴다》에서 "더 용기 있는 자가 'Stop'을 외친다"[236]라고 말한다. 설교하다가 잔소리가 되면 반드시 멈춰야 한다. 멈추지 않으면 청중이 더 듣고자 하지 않는 설교로 전락한다. 이런 말을 수용할 수 있다면 인격이 갖춰진 설교자다.

상식적이어야 한다

배덕만 교수의 《전광훈 현상의 기원》에서는 극우 목회자들이 보이는 현상을 이렇게 말한다. "위기감과 비판의 소리가 고조될수록, 배제와 혐오에 근거한 보수교회의 궤변과 폭력, 정치적 극우화는 더욱 강화되고 심화되는 경향을 보인다."[237] 극우 목회자의 이런 반응은 상식적이지 않다는 것이다.

하나님으로부터 인정받는 인격적인 설교자는 상식적이다. 설교자가 상식적이지 않으면 공포를 조장한다. 필자는 몸이 아파 기도원을 다닐 때 부흥사들이 공포를 조장해 헌금하도록 하는 경험이 있다. 하나님께 미움받기 싫어서, 천국은 가고 싶어서 헌금하게 된다.

교회가 상식적이지 않다는 인상을 받는다. 설교자가 상식적이지 않다는 증거이다. 상식적인 설교자는 하나님, 세상, 청중으로부터 인정을 받는다. 설교자는 하나님, 청중과 좋은 관계여야 한다. 배려, 존중, 예의 바름이 있어야 한다.

상식이란 커먼센스(common sense)로 사람들이 공통으로 나누는 감각이다. 설교자는 누구나 동의할 수 있는 감각을 가져야 한다. 상식이란 말을 설교자에게 적용하는 것은 누구나 동의할 수 있는 감각이 부족하다는 것의 다른 말이다.

엘리자베스 영국 여왕이 하루에 3시간 이상 책을 읽었다. 산책하러 나갈 때도 허리띠에 매달린 주머니 안에 먹을 음식이 아닌 읽어야 할 책을 가지고 다닐 정도로 지독하게 책을 읽었다. 이런 모습이 왕의 상식적인 모습이다. 설교자의 상식적인 모습도 여왕과 같은 모습이라고 생각한다. 이런 설교자가 상식이 통하는 교회를 만든다.

상식적인 설교자가 어떠해야 하는가를 보여주는 시카고 대학 총장이었던 커는 바람직한 총장상을 이렇게 그린다. "학생에게는 벗이며 교수에게는 동료, 졸업생에게는 '좋은 놈'이어야 한다. 이사들에게는 건전한 경영자이며 일반 대중에게는 훌륭한 연설가이고, 재단이나 정부 관계기관에 대해서는 기민한 협상가여야 한다. 주 의회에 대해서는 정치가가 되고, 산업계·노동계· 농촌의 이해자이며 기부자에게는 설득력 있는 외교관이 되어야 한다. 신문 기자에게는 대변인이며 자기 연구 분야에서는 훌륭한 학자, 주나 정치에 관련해서는 공복이며, 오페라나 축구 경기에는 똑같이 박수를 보내는 훌륭한 인격자이자 좋은 남편, 아버지이며 부지런한 교회 신도여야 한다."[238]

그는 훌륭한 인격자가 총장이어야 한다고 말한다. 설교자도 훌륭한 인격자가 되어야 한다. 영국 프리미어리그를 거쳐 미국 리그에서 뛰고 있는 손흥민 선수는 인성이 좋다. 즉 인격적이다. 그는 특히 아이들에게 따뜻한 것으로 정평이 나 있다. 그의 인격이 그를 더 빛나는 축구 선수로 만들어준다.

설교자는 지극히 상식적이어야 한다. 상식이 있으면 하나님으로부터 설교자로서의 자격을 얻는다. 청중은 이런 설교자의 설교를 존경하는 마음으로 듣는다. 청중은 그의 말에서 하나님의 성품을 경험하며 하나님을 닮으려 애쓸 것이다.

김도인 목사

〈아트설교연구원〉 대표이자 출판사 〈글과길〉 대표이다.
저서로 《설교는 글쓰기다》, 《목회트렌드 2026》 등이 있다.

청중이 존경할 수 있어야 한다

존경은 심어야 한다

"십자가와 가까워질수록 나는 더 작아지고, 십자가에서 멀어질수록 나는 더 커집니다."

한국교회에서 존경받은 목회자 가운데 한 분인 옥한흠 목사님의 고백이다. 그가 나날이 세속화되어가는 한국교회를 안타까워하며 평생 외친 메시지다. 대형교회 목사였지만, 누릴 수 있는 특권을 배설물로 여기고 한 영혼을 위해 삶을 헌신했다. 그는 주일 설교를 위해 30시간 이상 준비했고, 세상으로 보냄 받은 제자로서 삶을 살아냈다. 또한, 그는 "내 주변에 있는 분들을 비교 대상으로 삼은 적이 없다. 나의 비교 대상은 사도 바울과 초대교회 성도들이다. 그들과 비교하면 내가 무엇을 자랑할 것이 있겠는가"[239]라고 말했다. 그는 목회를 위해 자신의 삶을 심었다. 후배 목회자들이 존경하는 이유가 여기에 있다.

예전에는 목회자라는 이름만으로도 존경과 신뢰가 뒤따랐다. 오늘날에는 '목사'라는 직함이 더는 존경을 보장하지 않는다. 왜 이러한 현상이 일어나고 있을까? 과거에는 목사 그 자체가 곧 권위였지만 지금은 아니다.

이런 변화에는 사회적 배경이 있다. SNS와 미디어 발달로 설교자의 사생활, 감추어졌던 교회 모습 등이 공개되었다. 교회의 재정과 의사결정 과정이 불투명하거나 교회 운영이 기업처럼 이익집단화처럼 보이게 되자 신뢰가 떨어졌다. 목회자의 강단에서 전한 메시지와 실제 삶이 불균형을 이루면서 베일에 싸인 존경심마저 무너진다. 또 소홀한 말씀 준비와 얕은 영적 통찰이 설교자의 존경심도 추락한다.

김유나는 《말 그릇》에서 미국의 철학자 존 듀이의 말을 인용한다. "사람은 누구나 중요한 사람이 되고 싶은 욕망"[240]이 있다. 설교자도 청중에게 중요한 사람이 되고 싶다. 곧 존경에 대한 갈망이다. 설교자가 존경을 받으려면 존경받을 만한 씨앗을 심어야 한다. 콩 심은 데 콩 나고, 팥 심은 데 팥이 나는 법이다. 심지 않으면 어떤 싹도 올라오지 않는다. 그 싹이란 매일의 삶이다.

설교자는 존경받아야 한다. 권위나 명예로부터 비롯되지 않고 하나님의 말씀을 전하는 사명으로부터 빚어져야 한다. 설교자가 존경을 받으면 청중이 설교에 귀를 기울인다. 그 들음에 믿음이 심어져 시간이 흐를수록 깊게 뿌리를 내린다.

아브라함은 하나님 말씀을 들었을 때, "갈 바를 알지 못하고" 떠났다. 또한, 이삭을 바치라는 시험에서도 믿음의 씨앗을 간직했다. 그러자 후손들에게 존경심이 심어졌다.

농구 만화 《슬램덩크》의 하이라이트는 북산과 산왕의 경기다. 빨간 머리 강백호는 부상으로 출전이 위험한 상황이다. 그를 말리는 감독에게 이렇게 말하며 경기에 출전한다. "영감님의 영광 시대는 언제였죠? 국가대표였을 때였나요? 난 지금입니다." 그는 인생의 빛나는 순간을 '지금'에서 찾았다. 설교자도 존경을 받을 때가 지금이다. 지금 믿음의 씨앗을 심을 최적기이므로 믿음을 심어야 한다. 2026년, 5년 후, 10년 후는 다른 사람의 시간이 된다. 오늘 씨앗을 심는 자만이 내년을 맞이할 수 있다.

존경도 마찬가지다. 씨앗처럼 작은 친절, 꾸준한 약속 이행, 진실한 말 한마디가 존경을 낳는다. 심지 않은 밭에서 열매를 기대할 수 없듯이, 씨앗을 뿌리지 않는 관계에서는 존경이 자라지 않는다.

존경은 삶에서 피어난다

존경의 씨앗은 삶에서 찾을 수 있다. 존경은 삶에서 피어난다. 씨앗이 뿌려졌다면, 싹을 틔우기 위해 물과 햇빛이 필요하다. 설교자에게 존경의 씨앗은 진정성이다. 민은정은 《브랜드가 곧 세계관이다》에서 "진정성을 의미하는 영어 오센티시티(Authenticity)는 그리스어 아우센티쿠스(Authenticus)에서 유래했는데, 그 뜻은 '직접 자기 손으로 만듦'이다"[241]라고 말한다. 진정성은 자신이 만드는 것이다.

설교자에게 진정성은 헌신을 통해 찾을 수 있다. 강단에서 심은 씨앗이 자라려면 지속적인 관리가 필요하다. 마치 생후 1개월 아기에게 하루 여덟 번에서 열두 번의 분유를 먹이듯, 설교자도 어린싹을 위해 그에 상응한 헌신을 보여주어야 한다.

설교자가 많은 헌신을 해도 씨앗이 싹을 제대로 틔우지 못하는 때도 있다. 그 원인은 잡초 때문이다. 잡초는 '존경받고자 하는 욕망의 틈'에서 자란다. 처음에는 작고 하찮아 보이지만, 내버려 두면 뿌리가 깊어진다. 자만심, 남이 알아주기를 바라는 인정 욕구, 다른 설교자와의 비교의식이란 잡초는 결국 강단을 무너뜨린다. 강단이 무너지면 존경심도 함께 사라진다. 설교자가 첫 번째로 할 헌신은 거짓과 위선이라는 잡초를 뽑아내는 일이다. 이런 헌신이 설교자가 존경받는 사람으로 만들어준다.

성경 속 요셉은 잡초를 제거하고 존경을 얻은 인물이다. 그는 억울한 상황 속에서도 불평이라는 잡초를 뽑았다. 보디발 집에서 주인의 아내 유혹을 견뎠고, 감옥에서 자신을 잊은 술 맡은 관원장을 원망하지 않았다. 눈앞에 있는 잡초를 제거하자 하나님께서 그를 애굽의 총리로 세우셨다. 요셉의 삶에서 잡초를 뽑아버리는 헌신으로 후대에 존경받는 인물이 되었다.

설교자의 헌신은 존경의 싹을 틔우는 영양분이다. 영양분이 없으면 싹을 틔우기 어렵고, 틔우더라도 빈약하여 금세 시든다. 헌신은 빈약한 싹에 생명을 불어넣는다. 설교자가 진정성 있는 삶을 살 때, 세상 속에 존경의 싹을 틔울 수 있다.

존경은 열매를 맺는다

씨앗이 땅에 떨어져 싹을 틔우면 열매를 맺는다. 신앙생활의 씨앗은 싹을 틔우는 것뿐만 아니라 열매를 맺게 되어 있다. 청중이 설교자를 존경하지 않는 것은 꽃만 피우고 열매 없는 유실수와 같기 때문이다. 필자가 부교역자로 있을 때 명절이 되면 택배가 도착한다. 교육전도사, 전임전도사, 부목사로 함께 사역했던 교역자들이 담임목사에게 보내는 작은 선물이다. 어떤 설교자는 그 교회에서 짧은 1년을 사역했지만, 기념일마다 선물을 보낸다. 담임목사에 대한 존경 때문이다.

존경에는 반드시 열매가 뒤따른다. 담임목사가 부교역자에게 준 신뢰, 영향력, 따름이 관계 속에서 열매로 맺힌다. 이는 부교역자 뿐 아니라 청중과도 마찬가지다. 청중이 설교자의 말을 마음에 새기고 삶에 변화가 일어나면 존경심이 커진다. 설교의 열매가 맺히는 것은 설교자의 설교와 삶이 본보기가 되었다는 증거다. 다니엘은 포로 신분임에도 하루 세 번 기도하는 삶을 산다. 어떤 정치적 음모와 위협에도 흔들리지 않는다. 그 결과 메대-바사 왕들로부터 신뢰를 얻고 나라를 다스리는 영향력이란 열매를 맺었다. 그 열매는 존경하는 마음에서 비롯된다.

설교자의 참된 열매는 자신을 드러내기보다 하나님을 드러내는 곳에 있다. 청중을 권위로 누르는 대신 섬김으로 청중을 세우는 데 있다. 청중은 삶이 변하고 믿음이 성장하면 자신을 세워준 설교자에게 감사와 존경을 표현한다. 존경은 내면에서 나온다. 민은정은 《브랜드가 곧 세계관이다》에서 한국 미술사학가 우현 고유섭의 말을 인용한다. "고려 도자의 힘은 버티고 있는 힘, 외부에 나타난 힘이 아니고 내면의 힘이다."[242] 오색찬란한 보물들이 가득한 서울 공예박물관에서 가장 큰 울림을 준 것은 벽면에 새겨져 있는 이 글귀였다. 끊임없는 공격과 위협 속에서도, 끝까지 견디는 힘은 결국 내면에서 나온다.

설교자도 내면을 키워야 한다. 어려움의 중도 포기를 넘고, 크고 작은 실수의 반복을 통과하여 오뚝이처럼 일어서서 전진해야 한다. 어제보다 더 나은 삶을 향한 발버둥 칠 때 내면의 깊이가 깊어진다. 내면의 깊이가 열매며, 곧 열매는 존경으로 연결된다.

존경은 장기 프로젝트다

존경은 장기 프로젝트다. 장기 프로젝트는 계절 나무가 아닌 사철 나무가 될 때 된다. 상황, 환경 그리고 계절이 변해도 태도나 감정이 변치 않는다. 존경은 사철나무처럼 변함없는 신뢰에서 비롯된다. 사철나무처럼 비바람, 무더위 그리고 매서운 추위 속에서도 녹색 잎을 유지한다. 그것은 변화무쌍한 온도, 다양한 외부환경에도 굴하지 않는 꾸준함과 한결같은 힘을 품고 있기 때문이다.

청중은 설교자가 계절 나무가 아니라 사철나무처럼 일관된 삶이길 바란다. 신앙의 진실성, 말씀에 대한 충성, 청중을 향한 사랑과 인내, 사명에 대한 헌신이 동일하길 갈망한다.

사도 바울은 사철나무 같은 사람이었다. 회심 이후 평생을 복음 전파에 죽을 때까지 헌신했다. 고난과 박해, 배고픔, 매 맞음, 배신, 투옥, 오해, 손가락질, 등 돌리는 외부의 박해 가운데 늘 십자가를 붙잡았다. 초대교회 성도들은 복음 앞에서 일관된 바울의 모습을 보며 존경했고, 오늘날에도 귀한 본보기로 자리 잡았다.

존경받으려면 인내의 삶이 따라주어야 한다. 테니스 4대 메이저 가운데 프랑스 〈롤랑가로스〉 대회가 있다. 경기장 중앙에 "La victoire appartient au plus tenace(승리는 가장 인내하는 자에게 돌아간다)"라고 적혀 있다. 긴 경기에 집중하는 힘, 오래 버티는 체력, 정신적인 끈기를 요구한다. 이러한 요구를 감당하는 것이 바로 인내다. 가장 많이 인내한 선수에게 승리가 주어진다.

설교자도 사역 내내 어떤 상황에서도 견디며 인내해야 한다. 은퇴하기 전까지 긴 시간, 조금씩 방전되는 체력, 자신도 모르게 느슨해지는 정신력과의 싸움에서 이겨야 한다. 자신과의 싸움에서 인내하고 극복하는 설교자를 청중이 존경한다. 존경은 단기 프로젝트가 아니라 평생의 프로젝트이다.

허진곤 목사

무주금평교회 담임이다.
저서로 《설교트렌드 2025》, 《다음 역도 문학녘》 등이 있다.

부드러운 설교자여야 한다

부드러운 설교자가 사라졌다

부드러운 설교자란 강한 힘을 절제하여 사랑으로 어떤 것도 받아내는 사람이다. 오늘날 한국교회에서 부드러운 설교자를 만나기는 쉽지 않다. 강단 대부분은 카리스마와 권위를 앞세운 강한 어조가 지배한다. 마치 목회자의 단호하고 강한 외침이 곧 영적 권위이고, 고압적 언어가 진리를 지켜내는 담대함인 양 여겨진다.

청중들은 설교자자 거친 말과 무게 있는 억양에 눌린 채로 버텨내는 신앙생활을 할 수밖에 없다. 필자가 담임으로 섬긴 교회에서는 은퇴 목사의 강한 기세와 무서운 말투로 인해 청중들이 하나님을 인자하신 아버지로 사랑하지 못했다. 지옥에 떨어뜨릴 심판자처럼 두려워하며 신앙생활을 해야 했다. 하루하루의 신앙은 복음 안의 진리를 통한 자유가 아니라, 지옥에 가지 않기 위해 버티는 두려움의 삶이었다. 교회는 은혜의 공간이 아니라 공포의 장소가 되었다. 이런 현상에는 몇 가지 원인이 있다.

첫째, 부드러움, 즉 온유에 대한 오해다. 많은 설교자가 온유를 나약함, 우유부단함으로 이해한다. 따라서 강력한 카리스마, 단호한 목소리로 설교해야 한다고 착각한다. 자연스럽게 힘을 억제하는 절제보다 힘을 과시하려 한다. 성경이 말하는 온유가 그런가? 성경 속 온유는 결코 나약함이 아니다. 이런 오해가 교회의 강단을 권위주의적 장소로 만들어버렸다.

둘째, 성과 중심 목회 패러다임이다. 많은 교회가 즉각적인 결과와 수치를 요구한다. 교인의 성장, 헌금의 증가, 눈에 보이는 성과를 추구한다. 이런 이유로 설교자도 자극적이고 강렬한 메시지를 선호한다. 이들에게 부드러움은 느리고 비효율적으로 보인다. 인내와 기다림을 필요로 하는 목양적 접근은 뒷전이다. 설교자가 성도들의 성장을 기다려주지 않고, 강단에서 큰소리로 몰아붙이는 것이 효율적이라 생각한다.

셋째, 권위주의적 목회 문화이다. 한국교회는 유교적 가부장적인 분위기가 대세를 이룬다. 나이가 많거나 직분이 높은 이들의 말은 법과 같다. 때론 성경보다 우위에 둔다. 이런 흐름은 목회자도 권위자여야 한다는 무언의 압박을 받는다. 부드러우면 지도력이 약하다고 여겨질까 두려워한다. 목회 연륜이 쌓일수록 강하고 고압적 어투를 사용해야 한다고 압박받는다. 군대 문화가 잔존하는 목회지에서 부드러운 설교자는 설 자리를 잃어간다. 과연 권위와 카리스마만으로 교회를 세울 수 있을까? 오히려 청중의 영혼을 위축시킬 뿐이다. 도리어 신앙을 두려움으로 정의하게 한다. 이런 분위기는 교회 공동체의 건강성을 파괴한다. 교회는 진리로 자유롭게 되는 곳이다. 억눌림과 공포 속에 신앙을 강요받는 공간이 결코 아니다.

성경은 부드러움을 능력이라 말한다

우리는 '부드러움' 하면, 바로 온유라는 단어를 떠올린다. 성경이 말하는 온유(πραύτης, 프라우테스)는 성품의 유약함을 의미하지 않는다. 야생마는 폭발적인 힘을 가지고 있지만, 훈련된 후에는 기수의 손길에 따라 부드러움을 발휘한다. 유도와 유술은 '부드러울 유(柔)'자를 쓰는 무도이다. 강한 상대방을 가볍게 제압하는 이 무도가 어딜 봐서 연약한가? 온유는 힘이 없는 상태가 아니라, 강력한 힘을 사랑과 절제로 다스린 '상태'다.

예수님께서 "나는 마음이 온유하고 겸손하니 내게 배우라(마 11:29)"라고 하셨을 때, 그는 무기력하거나 연약하지 않았다. 십자가를 향해 담대하게 걸어가실 정도로 강하셨다. 빌라도 앞에서 침묵하신 예수님의 모습은 온유의 본질을 보여준다. 그 침묵은 무능이 아니다. 통제된 온유함이었다. 그 침묵은 대적자들의 심령을 흔들었고, 결국 그들을 두려움에 빠뜨렸다. "하나님은 전능하신 능력을 소유하고 있지만, 그 능력은 사랑과 긍휼로 절제되었다"라는 말처럼, 온유는 힘을 내려놓는 것이 아니라 힘을 사랑의 방식으로 쓰는 것이다. 하나님의 침묵이 영생의 자유를 주는 이유이다.[243]

구약의 모세 이야기도 같은 맥락에서 설명이 된다. 민수기 12장 3절은 모세가 세상 누구보다 온유했다고 기록한다. 모세는 결코 약한 지도자가 아니다. 바로 왕 앞에 서서 담대함으로 이스라엘을 끌어낸 강력한 지도자다. 그의 강력함은 자신의 권위를 하나님의 능력 아래 두는 온유함이었다. 그는 지도자에게 부여된 힘을 함부로 쓰지 않고, 하나님의 뜻에 따라 사용한 것이다. 갈라디아서 5장 23절은 온유를 성령의 열매 가운데 하나라고 한다. 이는 온유가 사람의 습관이나 의지, 훈련 등으로 만들어지는 덕목이 아님을 보여준다. 성령의 역사 속에서 형성되는 성품이다.

부드러운 설교자는 자신의 성격을 유하게 순화시킨 사람이 아니다. 성령의 지배를 받아 자신의 힘을 절제하고, 말씀과 기도로 다스려진 사람이다. 여기서 포인트는 부드러운 설교자가 결코 무기력한 설교자가 아니라는 사실이다. 오히려 그는 훨씬 더 강력하다. 그 힘은 무도처럼 사람을 제압하거나 위축시키는 힘으로 드러나지 않는다. 사람을 살리고 세우는 능력의 힘으로 나타난다. 이것이 성경이 말하는 부드러움이다.

부드러움은 따뜻한 카리스마이다

부드러운 설교자가 가진 힘은 강단에서만 드러나지 않는다. 그의 태도와 인격은 교회 공동체를 섬기는 데서도 나타난다. 부드러움으로 교회 전체를 변화시키는 힘이 있다. 부드러운 설교자의 말투와 태도를 통해 청중은 하나님의 성품을 배운다. 강압적인 설교를 듣는 청중이 두려움에 갇혀 산다면, 부드러운 설교자를 만난 청중은 은혜와 자유 안에서 신앙을 키워간다. 부드러운 설교자가 청중에게 주는 영향이 크다. 그 영향은 다섯 가지다.

첫째, 언어 선택이 지혜롭다. 같은 진리를 전하더라도 어떤 언어로 전달되느냐에 따라 효과는 전혀 다르다. "너는 틀렸다."라는 말은 즉시 방어심리를 일으킨다. 말씀이 들어갈 수 없다. "멋진 아이디어입니다. 그 부분에 이것을 더해 보면 어떨까요?"라는 말은 듣는 이를 초대한다.

잠언 15장 1절은 "유순한 대답은 분노를 쉬게 하여도 과격한 말은 노를 격동하느니라"라고 말한다. 설교자의 말은 청중의 마음을 여는 열쇠가 되어야 한다. 청중의 마음을 여는 부드러운 언어는 사람을 살리고, 공동체를 세운다.

둘째, 절제된 권위를 사용한다. 부드러운 설교자는 자신에게 주어진 권위를 청중을 억누르는 도구로 쓰지 않는다. 오히려 섬김의 수단으로 사용한다. 예수님께서 제자들의 발을 씻기신 에피소드는 권위가 어떻게 섬김이 될 수 있는지 말한다. 부드러운 설교자는 교회를 다스리는 권위를 가지나 그 권위를 청중을 살리는 도구로 쓴다. 이것이 진정으로 따뜻한 카리스마다.

셋째, 성령 안에서 인내한다. 부드러운 설교자는 즉각적인 변화를 강요하지 않는다. 하나님의 시간 즉 카이로스를 신뢰하며 성도들의 성장을 기다린다. 이것은 방관이 아니다. 그는 청중을 위해 기도하며 돌보며, 기다림 속에서 성도들이 자라나도록 돕는다. 자연스레 소통하며 정서적 연결을 꾀한다.[244] 이는 목회의 본질이 성과가 아니라 사람이라는 사실을 드러낸다.

넷째, 개인적 연약함을 담대히 고백한다. 부드러운 설교자는 자신을 완벽한 지도자로 포장하지 않는다. 오히려 자신의 연약함과 실패를 성도들과 적절하게 나눌 줄 안다. 이는 단순한 자기 노출이 아니다. 복음의 능력이 자신의 삶 속에서 실제로 역사했음을 증거하는 것이다. 그렇지 않고 자신이 만든 가면을 쓰고 하는 목회는 자기뿐 아니라 공동체를 축소시킨다. 설교자가 가면을 벗고 연약함을 드러낼 때, 청중은 지도자를 두려움의 대상이 아니라 함께 예배드리며 걸어갈 동반자로 느낀다.[245] 이는 공동체를 더욱 건강하게 만든다.

다섯째, 성도의 눈높이를 맞추려는 태도를 지닌다. 부드러운 설교자는 성도들을 가르침의 대상으로 보지 않고 함께 배우는 동반자로 여긴다. 신앙은 함께 훈련하며 자라가는 여정이다. 따라서 "우리가 함께 배워봅시다.", "이 말씀은 우리 모두에게 필요합니다."라는 표현을 통해 공동체적 연대감을 만들어 낸다. 이런 말이 청중의 마음을 더욱 부드럽게 열어준다. 리처드 벡스터는 이런 설교자의 태도가 어떠함을 말한다. "자신을 돌보지 않는 자가 어떻게 다른 이를 돌볼 수 있겠는가."[246] 설교자가 자신의 연약함을 말씀 앞에 먼저 책망받고 변화되기를 바라면 청중에게 변화하자고 요청하며 같이 나아갈 수가 있다.

부드러운 설교자는 단순히 온화한 사람이 아니라 따뜻한 카리스마를 지닌 지도자다. 무기력한 온화함이 아니라, 힘을 절제한 부드러움이 성령의 능력과 결합함으로 나타나는 영적 영향력이다. 교회는 이런 설교자를 통해 세워진다.

부드러운 설교자는 교회 안에서뿐 아니라 지역 사회에서도 영향을 끼친다. 권위주의적인 목회자 아래 있는 교회의 평판은 삽시간에 퍼져 나간다. 반대로 부드럽고 따뜻한 목회자의 모습은 이웃들에게 교회에 대한 신뢰를 심어준다. 교회는 권위로 세워지지 않고, 온유와 사랑으로 지역 사회 속에서 복음의 문을 넓혀간다.

부드러운 설교자는 하루아침에 만들어지지 않는다. 이는 지속적인 영성 훈련과 성령의 열매를 구하는 기도, 말씀 앞에서의 자기 부인 속에서 점진적으로 형성된다. 이렇게 형성된 부드러움이 상처받은 영혼을 치유하고, 공동체를 세우며, 복음을 전하는 가장 강력한 도구가 된다.

설교자의 인격은 말하기의 마침표다. 부드러운 인격에서 흘러나오는 말씀이야말로 청중의 마음 깊은 곳에 도달하여 진정한 변화를 일으킨다. 강단에서의 외침보다 더 강력한 것은, 절제된 힘과 사랑으로 드러나는 삶에서의 부드러움이다. 이 부드러운 설교자가 바로 오늘 한국교회가 다시 회복해야 할 영적 지도자의 모습이다.

이지철 목사

Next 세대 연구소 연구원이다.
저서로 《우리는 장난감과 산다》, 《설교트렌드 2025》 등이 있다.

성실함은 설교자의 인격이다

인격은 클래식처럼 흔들리지 않는다

설교자의 성실함은 클래식 음악의 기본기처럼, 흔들림 없는 인격적 일관성에서 시작되어야 한다. 이는 단순한 도덕적 당위가 아니라, 진실과 거짓의 경계가 모호한 포스트 트루스(POST-TRUTH) 시대[247]에 교회가 신뢰를 회복하기 위한 핵심 열쇠다. 포스트 트루스(탈진실) 시대는 객관적 사실보다 감정이나 개인적 신념이 여론 형성에 더 큰 영향을 미치는 현상이다. 이로 인해 진실과 거짓의 경계가 흐려지고, 때로는 거짓이 진실처럼 받아들여진다. 이 현상은 교회에도 존재한다.

한국기독교사회문제연구원의 조사에 따르면, 2025년 비종교인의 개신교에 대한 신뢰도는 불과 14.3%에 그쳤다.[248] 이는 교회가 복음의 사명을 수행하는 데 심각한 장애를 안고 있음을 보여준다. 이 같은 신뢰 위기를 극복하기 위해 설교자는 무엇보다 인격적 일관성과 성실함을 갖추어야 한다. 클래식 음악은 수백 년이 지나도 사랑받는다. 그 이유는 변하지 않는 음악적 원칙과 탄탄한 기본기 때문이다. 바흐의 〈골드베르크 변주곡〉[249]은 동일한 베이스 구조 위에 다양한 변주가 펼쳐지지만, 음악의 핵심은 변하지 않는다. 시대가 변해도 진리가 변하지 않는 것처럼, 설교자의 성실함 역시 흔들림 없는 영적 기초 위에 세워져야 한다.

디지털 시대일수록 설교자는 정보가 아닌 인격으로 진리를 살아내야 한다. 디지털 환경은 이러한 기본기를 위협한다. MIT의 셰리 터클 교수는 디지털 기기의 상시 사용이 깊이 있는 사고와 자기 성찰, 공감 능력을 약화한다고 지적한다.[250] 정보가 넘치는 시대지만, 정보와 지혜는 다르며, 지식과 인격은 더욱 다르다. 설교자는 정보 제공자가 아니라 인격을 통해 진리를 전달하는 영적 큐레이터가 되어야 한다. 로이드 존스는 설교는 단순한 강의가 아니며 설교자는 본문을 살아내야 한다고 강조한다.[251] 이것이 설교자의 성실한 인격의 결실이다. 설교자의 성실함은 클래식 음악처럼 변치 않는 꾸준함으로 말씀을 인격 속에서 살아내는 것이다. 이를 통해서만 신뢰 위기에 처한 한국교회가 다시 복음의 권위를 회복할 수 있다.

성실함은 재즈처럼 유연한 즉흥성을 지닌다

설교자의 성실함은 재즈 연주자처럼 유연한 즉흥성으로도 나타나야 한다. 재즈의 묘미는 기본 구조를 유지하면서도 순간순간 창조적으로 변주하는 데 있다. 마일스 데이비스[252]가 수십 년간 다양한 스타일을 넘나들며 자신만의 정체성을 유지했던 것처럼, 설교자도 변화하는 환경 속에서 본질을 잃지 않고 즉흥적이고 유연하게 반응할 수 있어야 한다. 즉흥성은 준비 없는 대응이 아니라, 깊은 이해와 성실한 준비에서 나온다. 존 스토트는 개인적 슬픔 속에서도 설교를 감당하며 깊은 울림을 전했다. 이는 그의 성실함과 하나님에 대한 신뢰에서 비롯된 즉흥적 대응이었다.[253]

바울이 유대인에게는 유대인처럼, 헬라인에게는 헬라인처럼 다가갔던 것처럼, 설교자는 복음의 본질을 타협하지 않으면서도 청중의 상황과 정서에 민감하게 반응할 수 있어야 한다. 찰스 스펄전은 대형 집회에서는 웅장하게, 가정 모임에서는 친근하게 설교했다. 이러한 유연성은 깊이 있는 성실한 목회에서 비롯된 것이다.

디지털 시대의 설교자는 유튜브, 인스타그램, 팟캐스트 등 다양한 플랫폼에 맞는 방식으로 복음을 전할 수 있어야 한다. 철저한 준비와 성령의 인도하심 사이의 균형을 통해, 상황에 따라 메시지의 강조점을 조정하고, 청중의 반응에 따라 적용을 변화시키는 유연함이 필요하다. 하지만 어떤 변화 속에서도 복음의 핵심 진리는 결코 타협되어서는 안 된다. 설교자는 충실한 준비와 성령에 대한 신뢰 사이에서 절묘한 균형을 이뤄야 한다.

설교자의 즉흥성에는 분명한 경계가 있다. 설교자는 어떤 상황에서도 복음의 본질과 성경의 권위를 지켜야 한다. 진정한 설교자의 성실함은 두 극단 사이의 지혜로운 중도에서 발견된다. 설교자의 성실함은 경직된 형식도, 무분별한 유연함도 아닌, 복음의 본질을 지키며 시대와 청중에 민감하게 반응하는 균형에서 드러난다.

이러한 유연성은 어디서 나오는가? 하나님의 말씀에 대한 깊은 신뢰와 성령의 인도하심을 겸손히 받아들이는 자세에서 비롯된다. 설교자가 재즈 연주자처럼 즉흥적으로 메시지를 전할 수 있다는 것은 단순한 기술이 아니다. 그가 복음의 정수를 온전히 체득하고 성령의 인도하심에 순종하는 삶을 살고 있음을 보여주는 증거다. 이런 성실함이 바탕이 될 때, 설교자는 어떤 환경과 상황에서도 하나님의 은혜로운 메시지를 아름답게 전달할 수 있다.

성실함은 찬송가처럼 진심 어린 고백이다

설교자의 성실함은 찬송가처럼 진심 어린 고백에서 비롯된다. '어메이징 그레이스'가 시대와 문화를 초월해 울림을 주는 이유는 그

것이 단순한 시적 표현이 아니라 존 뉴턴의 회심과 변화의 고백이기 때문이다. 폭풍 속에서 죽음을 직면한 노예선 선장이 하나님의 은혜를 붙든 체험은 이후 그의 삶과 설교, 그리고 찬송 가사에 그대로 녹아들었다. 그 진정성은 수많은 리메이크를 거쳐도 변하지 않는 찬송가의 힘이 되었다.[254]

포스트 트루스 시대의 청중은 완벽한 이미지보다 진정성을 원한다. 브레네 브라운은 사람들이 완벽함보다 진정성에 더 큰 매력을 느낀다고 말한다.[255] 진정성은 취약함을 숨기지 않고 드러낼 수 있는 용기에서 온다. 설교자도 자신의 실패와 회복, 의심과 믿음의 과정을 적절히 고백해야 한다. "나 같은 죄인 살리신"이라는 고백이 울림을 주는 것처럼, 설교자의 취약성을 통한 진정성이 더 큰 영향력을 갖는다.

헨리 나우웬은 "상처받은 치유자만이 진정으로 타인을 치유할 수 있다"라고 말한다. 설교자는 자신의 삶 속에서 복음의 은혜가 어떻게 역사했는지를 보여줌으로써 청중이 자신의 이야기와 복음을 연결할 수 있도록 돕는다. 성경의 인물들도 완벽한 존재가 아니었다. 다윗, 베드로, 바울 모두 실수를 했지만, 그들의 회복 이야기가 오늘날까지 위로와 소망이 되는 것은 고백의 진솔함 때문이다.

필립스 브룩스가 말한 "인격을 통한 진리의 전달"은 오늘날 "취약함을 통한 진정성의 전달"로 재해석될 수 있다. 설교자가 강단에서 자신의 약함을 적절히 드러낼 때, 청중은 더 큰 공감과 신뢰를 갖게 된다. 치유된 상처를 통해 다른 이들의 상처를 어루만지고, 극복한 시험을 통해 시험당하는 이들에게 희망을 주는 것이다.

찬송가의 또 다른 특징은 변하지 않는 일관성이다. 기쁠 때나 슬플 때, 순탄할 때나 역경 속에서도 같은 신앙 고백이 담겨있다. 이처럼 찬송가는 시간과 공간을 초월해 일관된 메시지를 전한다. 이러한 일관성은 설교자의 삶에도 그대로 적용되어야 한다. SNS에서 보여주는 모습과 강단에서의 모습, 공개적인 발언과 개인적인 태도가 다르다면 설교자의 신뢰는 쉽게 무너질 수밖에 없다.

설교자는 어떤 환경에서도 변함없는 인격적 진정성을 보여주어야 한다. 성실함은 단순히 설교자가 갖추어야 할 덕목이 아니라, 설교자 존재 자체의 본질이다. 성실함이 곧 설교자의 인격이며, 이 인격적 성실함을 통해서만 복음의 진정성이 세상에 전달될 수 있다. 결국, 찬송가처럼 진심 어린 고백으로 살아가는 설교자의 일관된 삶 자체가 가장 강력한 설교가 된다. 그 삶이 곧 복음의 살아있는 증거이며, 교회와 세상에 신뢰를 심어주는 열쇠가 된다.

성실함은 교향곡처럼 아름다운 조화를 이룬다

하이퍼 커넥티드 사회[256]에서는 설교자에게 통합적 성실함이 요구된다. 교향곡이 다양한 악기의 음색이 어우러져 하나의 음악을 이루듯, 설교자는 다양한 목소리와 세대를 복음 안에서 조화롭게 이끌어야 한다. 엘 시스테마[257]처럼 각기 다른 배경의 사람들이 하나의 오케스트라를 이루는 것처럼, 설교자는 공동체의 다양성을 존중하며 섬기는 영적 지휘자다.

하이브리드 시대의 설교자는 온라인과 오프라인을 넘나들며 공동체를 연결하는 융합형 리더다. 모든 일을 직접 해결하는 슈퍼맨이 아니라, 각자의 은사가 빛날 수 있도록 돕는 조율자다. 진정한 리더십은 혼자의 힘이 아닌, 함께 어우러져 만들어 내는 조화에서 나온다.

복음은 하나지만, 세대마다 공감하는 방식은 다르다. 설교자는 베이비부머부터 알파 세대[258]까지 서로 다른 감수성과 언어를 이해하고 연결해야 한다. 예수님이 제자들과 함께 걸으며 삶을 나누셨듯, 설교자도 다양한 플랫폼을 통해 성도들과 진정한 동행을 이어가야 한다.

교향곡의 아름다움은 각기 다른 악기가 하나의 멜로디를 위해 조화를 이룰 때 드러난다. 공동체도 마찬가지다. 개성과 다양성이 하나의 주제 아래 어우러질 때, 생명력과 감동이 배가된다. 설교자는 다양한 목소리를 듣고, 고유함을 인정하면서도 하나 됨을 이끄는 책임 있는 인격이어야 한다.

성실함은 단순한 도덕성이 아니라, 시대와 세대, 플랫폼과 문화를 넘나들며 복음의 본질을 지켜가는 인격이며 영성이다. 설교자의 성실함은 교회 공동체의 건강한 미래를 여는 열쇠다.

김용대 목사

청지기교회 담임이다.
한국침례신학대학교(M.Div), 호서대학교 신약학 박사(Ph.D)를 졸업했다.

준비된 만큼 효과가 있다

설익은 설교는 설교자와 청중을 병들게 한다

설익은 설교는 준비되지 않은 설교다. 겉은 화려해 보여도 속은 비어 있고, 청중은 단맛을 기대하지만 씁쓸함만 남는다. 설교자는 충분히 기도하고, 말씀 속에서 하나님과 씨름한 후에야 강단에 설 수 있다. 그렇지 않으면 전하는 자와 듣는 자 모두를 병들게 한다.

밀란 쿤데라는 삶을 '가벼움'과 '무거움'으로 대비한다.[259] 가벼움은 자유롭지만, 깊이와 책임이 결여된 삶이며, 무거움은 헌신과 결단을 통해 의미를 만들어 낸다. 설교자는 이 둘 사이에서 갈등하며, 어느 쪽을 선택하느냐에 따라 설교의 깊이가 달라진다.

한병철은 《피로 사회》에서 현대인이 성과 압박 속에서 살아간다

²⁶⁰고 말한다. 설교자도 성과를 내지 못하면 실패자로 느끼며, 더 많이 말하고 더 많이 드러내려 하지만 그 안에는 진정성이 사라지고 과잉의 언어만 남는다. 결국, 탈진에 이르고, 영혼은 메말라간다.

설익은 설교는 풍선처럼 가볍다. 순간 시선을 끌 수 있지만 금세 사라진다. 반면, 하나님의 마음을 담아 준비된 설교는 무겁고 깊어 청중의 영혼에 오래 남는다. 청중은 신학적 깊이보다 영혼을 울리는 진정성을 갈망한다.

레위기 10장 1-2절에서 나답과 아비후는 하나님이 명령하지 않은 '다른 불'을 제단에 올렸다가 죽음을 맞았다. 준비되지 않은 설교도 마찬가지다. 하나님의 마음이 담기지 않은 말은 거룩한 제사가 아니라 위험한 불이 된다. 설교자는 성급함을 경계하고, 기도로 말씀을 준비해야 한다. 설익은 설교는 청중을 회개와 변화로 이끌지 못하고, 오히려 병들게 한다.

숙성된 설교는 영혼을 살린다

숙성된 설교는 영혼을 살린다. 숙성된 설교는 청중의 영혼을 어루만지고, 삶의 상처를 싸매어 준다. 길 잃은 자에게 방향을 제시하는 생명의 언어가 된다. 한 문장, 한 구절이 청중의 눈물을 터뜨린다. 굳어 있던 마음을 풀어내며, 무너진 무릎을 다시 꿇게 한다.

숙성된 설교는 지하 깊은 곳에서 길어 올린 암반수와 같다. 암반수는 지표 위에 고이는 얕은 물과는 다르다. 암반수는 깊은 땅속, 수많은 세월 동안 암석을 통과하며 걸러지고 정화된 물이다. 겉으로는 보이지 않지만, 그 속에는 세월이 만든 맑음과 깊음이 담겨있다. 숙성된 설교는 시간이 만든 깊이에서 나온다. 설교란 단순히 한 주간의 과제를 처리하듯 원고를 작성하는 일이 아니다. 하나님의 마음을 느끼고 그분의 뜻을 붙드는 과정이 필요하다. 이 과정은 언제나 시간이 필요하다.

서울 종로의 한 국밥집은 이 원리를 몸소 보여준다. 주인은 새벽 다섯 시면 가게 문을 열고, 뼈를 넣은 커다란 솥에 불을 지핀다. 그리고 무려 12시간 이상을 끓인다. 짧게 끓여 낸 국물과는 비교할 수 없다. 뼛속 깊은 맛이 우러나고, 잡내는 사라지고, 대신에 진하고 깊은 국물이 탄생한다. 손님들은 그 맛을 알아보고 줄을 선다. 광고 한 장 하지 않았어도, 시간이 만들어 낸 깊이가 사람들의 발걸음을 붙잡는다. 결국, 이 집은 종로의 명소가 되었고, 방송에도 소개되며 외국인들까지 찾아오는 가게로 성장했다.

경과와 결과는 분명하다. 시간을 아낀 음식은 금세 잊히지만, 시간을 들인 음식은 오랫동안 사람들의 기억 속에 남는다. 설교도 마찬가지다. 조급히 끓여낸 설교는 성도들의 귀를 잠시 즐겁게 할 뿐이지만, 기도와 묵상으로 숙성된 설교는 영혼 깊이 스며들어 삶을 변화시킨다. 준비된 만큼 효과가 있다. 깊은 기도와 묵상의 오랜 시간을 지나온 설교는 암반수처럼 영혼을 정화하고 생명을 살리는 힘을 가진다.

하나님의 말씀을 붙잡고 오랜 시간 씨름한 흔적은 반드시 드러난다. 하나님의 은혜가 얕은 곳에는 쉽게 흘러나오지 않는다. 말씀의 샘은 깊이 파 내려가야 만날 수 있다. 마치 모세가 호렙산에서 반석을 치자 생수가 터져 나와 광야 백성을 살린 것처럼(출 17:6), 설교자는 반석이신 그리스도께 깊이 뿌리를 내려야 생명의 말씀이 터져 나온다.

유진 피터슨은 《잘 산다는 것》에서 "하나님의 말씀은 그리스도인의 씨입니다. 말씀은 하나님의 능력으로 우리 삶에 들어오고, 우리가 제대로 받는다면 그 말씀은 우리 안에서 증식하여 우리 삶에 하나님께 영광이 되는 많은 결실과 수확을 가능하게 만들 수 있습니다"[261]라고 말한다. 그리스도인은 하나님의 말씀이라는 씨가 싹트고 자란 끝에 완성되는 나무다. 모든 것이 눈에 보이지 않는다. 그리스도의 생명은 감추어져 있어서 알아 볼 수가 없다. 그러나 이 생명은 그리스도인의 삶에 이유, 힘, 방향, 지각을 심어 그리스도 안에서 새 삶을 살 수 있게 된다.

설교자가 숙성된 설교를 하기 위해서는 시간이 요구된다. 포도주가 오랜 시간 발효되어야 제 맛을 내듯, 설교자도 기도의 시간을 통과해야 향기를 발한다. 설교자는 말씀 앞에서 자신을 내려놓아야 한다. 자기 생각과 욕심, 청중의 눈치를 내려놓아야 한다. 설교자가 무릎으로 하나님 앞에 엎드려 눈물로 말씀을 붙잡을 때, 그 설교는 단순히 지식의 나열이 아니라 하나님의 심정을 담은 언어가 된다. 설교자의 삶과 인격, 그가 지나온 골짜기와 눈물, 하나님 앞에서 경험한 은혜가 함께 녹아들어 살아 있는 숙성된 말씀이 된다. 숙성된 설교를 듣는 청중에게는 그리스도가 그 안에 사신다. 하나님 나라와 교회의 생명 살리는 일에 참여하게 된다.

설교는 월요일 아침에 시작된다

효과 있는 설교는 시작이 빠르다. 주일을 마친 월요일 아침부터 시작한다. 토요일 밤의 고통스러운 마무리가 아니다. 월요일 아침의 신실한 시작에서부터 태어난다. 설교자가 한 주간의 첫 시간을 말씀 앞에 드리는 순간, 설교는 이미 절반이 완성된다. 준비가 늦어질수록 설교는 얕아지고, 조급해진다. 월요일에 시작된 설교는 그 주간 내내 설교자의 삶 속에서 숙성되며, 주일 강단에서는 이미 성령의 숨결이 깃든 말씀으로 피어난다. 청중의 영혼에 스며들 수 있는 시간을 갖는다.

월요일의 시작은 설교자가 하나님 앞에 무릎 꿇는 순간이다. 예수님도 새벽마다 한적한 곳에서 기도하셨듯(막 1:35), 설교자는 한 주의 첫 시간을 하나님과의 씨름으로 시작해야 한다. 단순한 시간 관리가 아니라, 성령께서 말씀을 우리 삶 속에서 발효시키는 시간을 확보하는 것이다. 말씀은 숙성되어야 하고, 기도와 묵상 속에서 깊어진다. 데이비드 데이는 《성육신적 설교와 커뮤니케이션》에서 "'말하기보다는 보여줘라'는 격언은 회중 앞에 우리의 생각을 살아있게 만들고, 숨 쉬게 하며, 춤추게 하라고 우리를 도전한다. 말씀은 단순한 말이 아님을 기억하라. 말씀은 육신이 되었다"[262]라고 말한다.

설교는 하나님에 의해서 '교리와 삶, 색과 빛'이 합쳐지기 때문에 하나님의 생명을 밝게 비추는 창문이 될 수 있다. 설교자는 단순한 직업인이 아니라 하나님 나라의 청지기다. 맡겨진 공동체를 위해 말씀의 양식을 준비하는 종으로서, 한 주간의 삶과 본문을 함께 엮어내는 사명을 다해야 한다. 준비의 시작이 곧 청지기의 충성이다.

말씀은 발효와 숙성의 과정을 거쳐야 한다. 포도주가 시간이 지나야 빛을 내듯이, 설교도 기도의 불과 묵상의 시간을 거쳐야 깊이가 생긴다. 존 스토트는 《설교》에서 "좋은 설교자는 성실하게 설교를 준비합니다. 좋은 설교자는 본문을 연구하고, 명료하게 설명하고자 노력하며, 본문을 청중의 상황에 적용하고, 적절한 예를 찾습니다. 이들의 설교는 수월해 보일지 모르지만 각 설교의 보이지 않는 평생 동안의 고된 연구와 훈련이 있습니다"[263]라고 말한다.

월요일 아침에 시작하는 설교 준비는 효과가 있다. 되도록 일찍 시작해야 한다. 빨리 시작할수록 보화를 캐낼 시간이 더 많아진다. 디트리히 본회퍼는 설교 본문을 날마다 숙고하면서 "그 안으로 깊숙이 들어가서 그것이 말하는 바를 진정으로 들으려 애썼다."라고 한다.

설교는 기술이 아니라 영적 훈련의 열매다. 실제적 루틴은 이렇다.

월요일: 본문을 정하고 전체 맥락을 묵상하며, 하나님 앞에서 먼저 질문한다. "이 본문을 통해 오늘 하나님께서 우리 공동체에 무슨 말씀을 하시는가?"를 질문한다.

화요일-목요일: 본문과 현실을 씨름하며 기도한다. 학문적 연구와 삶의 사례를 엮는다.

금요일: 구조와 핵심 메시지를 정리한다. 영혼을 점검하며 설교 원고를 마무리한다.

토요일: 성령의 인도하심에 자신을 맡기며 기도로 나아간다.

이 루틴은 단순한 일정 관리가 아니다. 설교자는 공동체의 영혼을 맡은 청지기이기에, 말씀의 양식을 늦추어 준비할 수 없다. 존 스토트는 "설교는 커다란 특권이자 무거운 책임이며, 설교자에게는 많은 유혹이 있고, 설교자에게 요구되는 기준은 높습니다. 그런데 어떻게 우리가 설교를 넉넉히 감당하리라 바랄 수 있을까요?"[264]라고 되묻는다. 설교자가 설교 사역을 감당하기 위해서는 모든 시간이 설교 준비에 사용되어야 한다. 설교자의 월요일은 단순한 한 주의 시작이 아니다. 하나님 나라의 역사에 동참하는 순간이다.

숙성된 설교는 월요일의 기도와 묵상에서 출발한다. 설교 준비는 결국 삶을 드리는 예배이며, 말씀은 그렇게 살아 움직여 영혼을 살리는 능력이 된다. 설교자는 언제나 질문해야 한다. "나는 지금 말씀을 충분히 숙성시키고 있는가? 아니면 아직 덜 익은 상태에서 성도들에게 내어놓고 있는가?"

숙성된 설교만이 성도의 삶을 변화시킨다. 교회를 세우며, 하나님의 나라를 확장한다. 숙성된 설교는 글이 아니라 삶으로 발효된 진리이다. 준비된 만큼, 숙성된 만큼, 영혼을 살리는 설교가 된다.

김인해 목사

목포호산나교회 위임목사이다.
저서로 《대화가 인생을 UP 시킨다》 등이 있다.

상처를 치유하는 설교자가 돼라

모든 사람은 상처가 있다

상처 치유는 선처받음으로부터 시작된다. 선처는 사전적으로 '어떤 문제를 가장 좋은 방법으로 처리함이다.' 선교사이며 가정 문제 전문 상담자인 마르틴 파도바니는 《상처 입은 관계의 치유》에서 "상처 입은 관계를 치유하려면 먼저 소통에서부터 시작해야 한다. 관계에서 빚어지는 모든 문제, 특히 결혼생활과 가정생활에서 자식, 돈, 친척, 성생활, 애완동물 등 헤아릴 수 없이 많은 문제가 존재한다. 이런 관계에서 서로 간에 무수한 오해와 불편한 감정의 싹을 틔우게 된다. 해결이 힘들고 이견이 커 보이는 문제일지라도, 본질적으로는 소통이 원활하지 못해 생겨나는 문제들이다"[265]라고 한다.

상처를 감추고 있으면 치유할 길이 없다. 소통은 감추지 않고 드러내는 것이다. 감추고 싶은 것을 드러내려고 하면 두려움이 지배한다. 처음 사람 아담도 두려운 마음을 가지고 있었다. "여호와 하나님이 아담을 부르시며 그에게 이르시되 네가 어디 있느냐 이르되 내가 동산에서 하나님의 소리를 듣고 내가 벗었으므로 두려워 숨었나이다(창 3:9-10)." 숨긴 것을 드러내려고 하면 두려움이 생긴다. 사랑을 고백했는데 거절당하고 받아주지 않으면 어쩌나 하는 두려움이 생긴다. 이런 두려움이 소통을 방해한다.

말은 상처와 선처를 가늠하는 잣대가 된다. 서기관과 바리새인들의 말은 상처 입은 여인을 선처할 생각이 없다. 예수님은 상처 입은 여인을 대하는 태도가 달랐다. 고발하는 사람들 앞에서 아무 말 없이 몸을 굽혀 손가락으로 땅에 글을 쓴다. 모두 보는 앞에서 침묵으로 여인을 선처한다.

설교자는 설교에서 청중에게 상처를 주지 않으려 해야 한다. 야고보는 설교자에게 충고한다. "내 형제들아 너희는 선생 된 우리가 더 큰 심판을 받을 줄 알고 선생이 많이 되지 말라 우리가 다 실수가 많으니 만일 말에 실수가 없는 자라면 곧 온전한 사람이라 능히 온몸도 굴레 씌우리라(약 3:11-12)."고 한다. 심판자가 되지 않아야 한다. 심판자는 상처를 주는 자리이다.

설교자는 청중에게 상처 주지 않아야 한다. 상처 주지 않으려면 말에 신중을 기해야 한다. 즉 말실수하지 않아야 한다. 설교자가 말

실수를 줄이기 위해 어떻게 하면 좋을까? 코칭 심리 전문가인 김윤나는 《말 그릇》에서 작은 말 그릇과 큰말 그릇이 있다고 한다.[266] 작은 말 그릇은 말을 담을 공간이 없다. 말이 쉽게 흘러넘친다. 불필요한 말을 많이 한다. 큰 말 그릇은 많은 말을 담을 수 있다. 담은 말이 쉽게 새어 나가지 않는다. 필요한 말을 골라낼 수 있다.

설교자는 말 그릇이 커야 한다. 말 그릇이 크려면 "듣기는 속히 하고 말하기는 더디 하며 성내기도 더디 해야 한다(약 1:19)." 설교자가 말 그릇을 키워야 한다. 그 방법은 먼저 많이 들어야 한다. 설교자는 말하기 전에 하나님 말씀을 듣고, 청중들의 소리를 들어야 한다. 말 그릇이 적으면 상처를 주기 쉽다. 말 그릇이 크면 선처하는 태도를 가질 수 있다. 말 그릇을 키울 때 상처를 주기보다 선처할 수 있는 설교자가 된다.

상처는 보유하지 마라

상처는 보유할 상대가 아니라 치유할 대상이다. 필자가 알고 있는 지인 한 사람이 초등학교 수업 시간, 옆자리에 앉은 친구의 실수로 교실에 불이 났다. 얼굴에 화상 흉터가 성인이 된 지금도 남아 있다. 남에게 보이고 싶지 않은 상처를 가지고 살고 싶은 사람은 없다. 화상 흉터는 보이고 싶지 않은 상처의 흔적이지만 감출 수 없다. 보이지 않아도 감출 수 없는 상처가 암(癌)이다. 암은 세포에 발생하여 차차 다른 곳으로 번져 가는 악성종양이다. 조직을 파괴하고 출혈을 초래하며 전신의 영양장애를 일으킨다. 정철 작가는 그의 책에서 암을 이렇게 썼다. "내 몸에 찾아온 반갑지 않은 손님, 어쨌거나 손님이니 잘 대접해야 한다. 잘 대접한 후 다독여 떠나보내야 한다. 끝까지 내 몸을 떠나지 않는 손님이라면 그것도 운명이니 받아들여야 한다. 어렵겠지만 마지막 순간까지 서로를 존중하며 동거해야 한다. 의학이 할 수 없는 일을 의지는 할 수 있다는 말로 죄 없는 내 의지를 괴롭히지 말아야 한다."[267]

상처는 반갑지 않지만 찾아온다. 몸에 생긴 상처는 의료진의 도움을 받으면 된다. 마음의 상처도 반갑지 않지만 찾아온다. 마음의 상처는 말에서부터 시작한다. 사람은 말로 상처를 입힌다. 말 한 뒤 즉시 후회도 한다.

필자는 상처 되는 말을 들을 때 마음속으로 독백하는 문장이 있다. '하나님! 바꿀 수 없는 것은 받아들이는 평안을, 바꿀 수 있는 것은 바꿀 수 있는 용기를, 그리고 그 차이를 구별할 수 있는 지혜를 주옵소서. 하루하루 살게 하시고, 한순간 한순간을 누리게 하시며 고난을 평안에 이르는 길로 받아들이게 하시고, 죄로 물든 세상을 내 마음대로가 아니라 예수님처럼, 있는 그대로 받아들이게 하시며 하나님의 뜻에 순종하는 동안 하나님께서 모든 것을 바르게 세우실 것을 믿음의 눈으로 바라보게 하옵소서. 이 땅에 사는 동안 사리에 맞는 행동을, 그리고 저곳에서 주님과 더불어 영원토록 온전한 복을 누리게 하옵소서.' 상처를 받을 상황에서 상처를 떨쳐버릴 수 있는 자신만의 방책을 갖고 있어야 한다. 그리고 상처를 보유하지 않도록 힘써야 한다.

설교자는 청중에게 상처를 주지 않기 위해서 말조심해야 한다. 또한, 청중에게 상처를 보유 하지 않도록 범사에 말조심! 또 말조심해야 한다. 청중은 상처가 마음속에 머물지 않도록 애써야 한다.

상처를 치유하라

상처는 치유해야 한다. 약국이나 병원, 한의원이 왜 있는가? 치유를 위한 공간이다. 몸에 생긴 작은 상처는 자연치유로 치유가 된다. 심한 상처는 약이나 의료진의 도움을 받아야 한다. 예수님은 상처를 치유하기 위해 이 땅에 오셨다. "수고하고 무거운 짐 진 자들아 다 내게로 오라 내가 너희를 쉬게 하리라(마 11:28)." '쉬게 한다'라는 말씀은 마지막 날 영원한 안식만을 뜻하는 것이 아니라 일상생활에서 일어나는 모든 갈등을 해소하는 평화와 안식까지도 포함한다. 성도가 주께로 가면 성도는 죄와 율법의 속박, 불안과 염려, 고통에서의 해방을 맞볼 수 있다.

상처를 치유하는 길은 있는 모습 그대로 수용하는 것이다. 그대로 수용하려면 편견을 갖지 않아야 한다. 폴 투르니에는 '질병을 치료하지 말고 환자를 치료하라'라고 한다. 설교자는 청중의 상처 입은 영혼을 치유하려면 편견을 버리고 전인격적으로 대해야 한다.

청중의 상처 치유의 첫 번째는 '만남'으로부터 시작한다. 누가복음 19장에 상처 있는 사람을 만남으로 치유한 이야기가 나온다. 세리장이며 부자였지만 그의 주변엔 사람이 없는 외톨이 인생이다. 그런 사람을 예수님께서 찾아가 만나신다. "뭇 사람이 보고 수군거려 이르되 저가 죄인의 집에 유하러 들어갔도다(눅 19:7)." 세리장이라 가까이 하지 않는 삭개오를 예수님께서 만나신다. 만나서 상대방이 듣고 싶은 말을 하신다. 삭개오는 유대인 신분이지만 유대인 취급을 받지 못한 인물이다. 이 사실을 알고 예수님은 삭개오도 유대인 신분임을 말한다. "예수께서 이르시되 오늘 구원이 이 집에 이르렀으니 이 사람도 아브라함의 자손임이로다(눅 19:9)."

설교자는 상처 입은 청중을 치유하기 위해 내가 하고 싶은 말만 쏟아내지 않아야 한다. 상처 입은 청중의 말을 들으려 해야 한다. 예수님은 삭개오가 듣고 싶은 말이 무엇인지 알고 계셨다. '유대인으로서 아브라함의 자손'이라는 소리다. 평생을 상처 입은 마음으로 살던 그가 치유되는 순간이었다. 상처를 치유 받자 삭개오는 자기 재산을 공유하겠다고 말한다.

상처를 치유하는 두 번째는 감싸줌이다. 장 바니에는 "참된 사랑은 강요하지 않는다. 그는 다친 새 한 마리를 손으로 감싸고 있는 그림을 통해 사랑을 소개한다. 그림에 나오는 손의 주인공은 새가 떨어질까 봐 손을 많이 벌리지 못한다. 혹시 새가 짓눌릴까 봐 꽉 쥐지도 못한다. 이 손은 보금자리처럼 새를 지탱하고 붙잡아주며 따뜻하게 하고 안정감을 준다. 다친 새는 때가 되면 다시 기운을 차리고 날 수 있을 것이다"[268]라고 한다. 설교자가 청중들의 상처를 치유한다는 것은 새를 감싸고 있는 손과 같다. 그 손은 새들의 보금자리 같은 둥지 역할을 한다. 설교자는 사랑하는 청중을 소유하거나 가두지 않는다. 지배하려고 강요하지 않는다. 설교자는 청중이 치유된 후에 날갯짓하며 날아갈 수 있도록 도와주는 것이다. 교회 공동체 안에 스스로 뿌리 내릴 수 있도록 곁에서 도와주는 것이다. 상처라는 올가미에 걸리지 않도록 둥지처럼 감싸주는 역할을 하는 것이다.

상처 치유는 골든타임이 중요하다

상처 치유는 골든타임이 중요하다. 기도(氣道)에 이물질이 걸려 숨을 제대로 쉬지 못하던 아기를 인근 어린이집 원장이 구조한 사연이 공개됐다. 대구 동구 소재의 한 어린이집에 생후 8개월 아기를 안은 엄마가 다급히 뛰어 들어왔다. 엄마는 아기가 위급한 상황임을 알리고 도움을 요청했다. 당시 아기는 산소 공급이 감소해 피부가 파래지는 증상을 보였다. 교사들은 아기의 상태를 살폈고, 어린이집 김영숙 원장은 기도가 막혔을 때 응급처치 하는 하임리히법을 시행했다. 김 원장이 등을 계속 두드리자 아기는 이물질을 뱉어냈다. 아기의 입에서는 주사를 맞고 붙이는 동전 모양의 반창고가 나온 것으로 전해졌다. 아기 어머니와 선생님 모두 눈물을 흘렸다. 어린이집에서 1년에 한 번씩 하임리히법과 심폐소생술 교육을 하다 보니 위급한 상황 속에서도 당황하지 않고 몸이 먼저 반응했던 것 같다고 선생님은 소감을 전했다. 김 원장의 신속한 조치 덕분에 아기는 무사히 집으로 돌아갔다. 골든타임이 아이를 살렸다.

설교자로서 청중들의 상처를 치유하려면 골든타임을 놓쳐서는 안 된다. 은혜도 지금 받아야 한다. 내일로 미루는 것이 아니라 오늘 해결해야 한다. 구원도 오늘 받아야 한다. 상처를 치유하는 골든타임도 지금이다. 예수께서는 행악자로 살다가 십자가 처형을 받게 된 강도에게 골든타임을 놓치지 않는다. "예수께서 이르시되 내가 진실로 네게 이르노니 오늘 네가 나와 함께 낙원에 있으리라 하시니라(눅 23:43)."고 말씀하시면서 마지막 순간까지 상처로 물든 사람을 치유하신다.

설교자는 청중에게 은혜와 구원을 전하며 상처도 치유해야 한다. 상처는 예약 없이 불쑥 찾아온다. 그 상처를 사라지게 해야 한다. 상처 치유의 골든타임은 내일이 없다. 오늘이다. 지금 당장 해야 한다.

석근대 목사

대구동서교회 위임목사이다.
저서로 《삶을 쓰는 글쓰기》, 《일상에서 신앙 찾아가기》 등이 있다.

09

약함을 받아들이고 은혜를 구해야 한다

설교자는 슈퍼맨이 되도록 유혹받는다

테토남(녀) 전성시대. 테토남(녀)은 남성호르몬인 테스토스테론과 남성(여성)의 합성어다. 실제 남성호르몬의 수치가 높아서 일컫는 말이 아니다. 태도, 이미지, 성격 등이 거침없고 남자답다는 뜻에서 시작된 말이다. 반면 에겐남(녀)은 여성호르몬인 에스트로겐과 남성(여성)의 합성어다. 테토남과 반대되는 이미지로 여성스럽고 소심한 성격의 사람을 가리키는 신조어다. 성별에 상관없이 어떤 일이든 과감하고 적극적으로 행동하는 사람을 테토남(녀)이라 부른다. 이는 어떤 일이든 막힘없이 해결하는 슈퍼맨 같은 사람을 좋아하는 시대정신의 한 예다.

시대마다 문제해결에 능한 사람을 항상 필요로 했다. 필자 시대는 터프가이, 상남자라는 말로 자신감 넘치고 거침없는 사람을 표현했다. 반면 소심한 이들은 마마보이로 불렸다. 요즘 세대의 테토남과 에겐남과 유사하다. 시대는 항상 슈퍼맨 같이 문제해결에 능한 사람을 유능한 사람으로 평가한다. 설교자 또한 이러한 시대를 살고 있기에 문제해결에 능한 사람이 되고자 한다. 과연 설교자는 문제해결에 능한 슈퍼맨 같은 사람이 되어야 할까?

설교자는 슈퍼맨이 아니다. 나약한 인간이다. 억지로 자신을 슈퍼맨처럼 포장하려고 하니 문제가 생긴다. 이기주 작가는 《말의 품격》에서 말씨가 능수능란한 사람으로 추앙받는 사람들이 겪게 되는 문제에 대해서 지적한다. "남을 웃겨야 한다는 강박감은 막말을 낳고 무조건 튀어야 한다는 조바심은 망언으로 이어진다."[269] 실제로 그렇지 않은가? 설교자는 청중들에게 해결책과 기대를 줘야 한다는 강박증에 시달린다. 그러다 보니 막말과 망언이 흘러나온다. 입으로는 하나님의 말씀을 가져다 쓰면서 상황과 정신이 하나님에게서 멀어지는 결과를 만들어 낸다. 마치 바리새인과 서기관들이 자신도 지킬 수 없으면서 사람들에게 무거운 짐을 지우는 것과 같다.

설교자는 문제를 해결해주는 슈퍼맨이 아니다. 은혜를 구하는 기도자. 연약하지만 하나님의 말씀을 붙들고 은혜를 구하는 설교자가 되어야 한다.

설교자의 약함 속에 강함이 있다

설교자는 약한 존재다. 모든 것을 알지 못하고, 할 수도 없다. 공자는 《논어》 위정편에서 제자에게 안다는 것에 대해 가르친다. "유야! 너에게 안다는 것에 대해 가르쳐 주랴? 아는 것을 안다고 하고 모르는 것을 모른다고 하는 것, 이것이 아는 것이다."[270] 아는 것과 모르는 것에 대해 있는 그대로 말할 줄 아는 사람이 앎에 대한 이해가 있는 사람이다. 그러나 설교자는 어떤가. 자신도 잘 모르면서 믿음이라는 신앙적 용어로 모든 것을 안다고 희석해버린다.

교회 안에는 많은 문제가 존재한다. 누군가는 이를 해결하고 조절해야 한다. 대부분 설교자가 이 일을 맡았고 도움 주기를 기뻐한다. 그러나 설교자에게 감당할 수 없는 문제들도 많이 발생한다. 우울증, 가정의 깨어짐, 배신으로 인한 고통 등은 설교자에게 불현듯 찾아온다.

설교자는 먼저 자신의 약함을 인정해야 한다. 성경에도 성격적 결함과 약함을 많이 발견한다. 요나는 황소고집이었다. 베드로는 분노조절장애가 있었다. 도마는 팩트체크형 인간이었다. 바울은 만성질환의 문제가 있었다. 믿음의 조상들도 약함 때문에 문제를 겪었다. 오늘날 설교자도 동일하게 약함과 결함이 가득하다. 문제가 많은 인간이지만 하나님이 이런 사람들을 사용하신다는 사실에 놀랍다. 하나님은 완성된 자가 아니라 완성할 자를 부르신다. 설교자가 미완성된 약한 자임을 인정하실 때 하나님은 완성할 방법을 알려주신다.

약함을 인정할 때 성장하는 길이 보인다. 파나소닉 창업자 마쓰시타 고노스케는 자신의 성공 비결로 '가난', '약한 체력', '학력 부족'이라는 세 가지 약점을 꼽았다. 그는 이 약점들이 오히려 삶의 경험, 건강한 습관, 배움의 자세를 키우는 계기가 되었으며, 모든 사람을 스승으로 여기며 끊임없이 배웠다고 회고했다.[271] 약함을 인정할 때, 오히려 성장의 길이 열린다는 통찰이다.

설교자의 약함은 강함을 위한 발판이다. 약한 부분을 보완하다 보면 점점 강해질 것이다. 필자는 설교자로서 언변이 좋지 않다. 말도 더듬고 어눌하다. 설교자로서 가장 큰 약점이다. 그러나 설교자로서 말을 해야 하기에 고민하며 연습했다. 방법을 강구했다. 그러다보니 김도인 목사를 알게 되었다. 그의 책을 보면서 도전을 받았다. 그도 말은 잘 못 하였지만 글쓰기를 시작하면서 설교자로서 업그레이드할 수 있었다고 고백한다. 필자는 아직도 달변가는 아니다. 그러나 글을 쓰면서 설교가 좋아졌다고 청중들이 말한다.

약함은 그리스도의 능력이 머물게 하는 공간이다. 바울은 고린도후서 12장 9절에서 고백한다. "나에게 이르시기를 내 은혜가 네게 족하도다 이는 내 능력이 약한 데서 온전하여짐이라 하신지라 그러므로 도리어 크게 기뻐함으로 나의 여러 약한 것들에 대하여 자랑하리니 이는 그리스도의 능력이 내게 머물게 하려 함이라." 바울은 약함이 하나님의 능력을 머물게 하는 비법임을 알려준다.

설교자여! 약함을 인정하자. 약함을 인정하고 도움을 구할 때 하나님께서 온전히 하실 것이다.

설교자의 빈틈은 은혜라는 선물을 채우는 바구니다

은혜는 후한 선물이다. 알리스터 맥그래스의 《한 권으로 읽는 기독교》에서는 은혜를 "하나님이 인간에게 거저 보이시는 후한 관심"[272]이라 하였다. 바클레이는 《바울과 은혜의 능력》에서 은혜를 "자격 없는 사람들에게 주어지는 호의나 선물을 의미한다. 이것이 우리가 보통 '은혜'라는 용어를 듣게 되는 방식이다"[273]라고 한다. 정리하자면, 은혜란 받을 자격이 없는 자들에게 하나님이 후한 관심을 보이심으로 주시는 선물이다.

설교자의 빈틈은 선물 바구니다. 설교자가 약함이라는 빈틈이 있기에 하나님의 은혜라는 선물을 채울 수 있다. 선물 바구니가 가득 차 있으면 선물을 채울 수 없다. 그렇기에 선물 바구니의 빈 공간은 또 다른 선물로 채울 수 있다. 설교자의 약함은 은혜로 채울 수 있다는 가능성을 전제로 한다.

은혜를 선물로 채우는 설교자는 성품의 변화를 경험한다. 설교자가 지금도 은혜를 누리고 있다는 것은 고생스럽지만 삶을 지속해 나갈 수 있다는 사실이다. 오스왈드 챔버스는《주님은 나의 최고봉》에서 "하나님의 은혜를 길어내고 있다는 위대한 증거 중 하나는 굴욕을 당하면서도 주의 은혜를 드러낸다는 사실입니다"[274]라고 한다. 누구나 굴욕적이고 힘든 상황은 피하려 한다. 그러나 설교자는 피할 수 없다. 청중의 영혼이 달려 있기 때문이다. 맡겨주신 사명에 대한 책임감과 소명의식은 은혜로 채워지며 살 수 있게 하신다. 그것이 은혜로 선물 받은 자들의 증거다. 이러한 삶은 성품을 변화시키는 하나님의 방법이다.

야곱의 아들 요셉은 하나님의 때가 될 때까지 고생스러운 삶을 지속하였다. 하나님이 주신 꿈이 있었지만, 형들에게 배신당했다. 최선을 다해 청지기 역할을 감당하다가 주인에게 배신당했다. 꿈을 해석해준 관원장들에게도 배신당했다. 배신의 연속 가운데 요셉은 삶을 포기하고 폐인이 되어야 했다. 그러나 그는 감옥 속에서도 자신을 지켜냈다. 이는 "여호와께서 요셉과 함께하시므로(창 39:2-3, 39:21, 23)"라는 말씀 속에서 은혜를 누리는 자들은 어떤 삶을 사는지 보여준다.

은혜를 경험하는 삶은 부족함이 없는 삶이 아니다. 오히려 부족함과 약함 속에서 하나님을 놓치지 않는 삶이다. 설교자에게 주어진 은혜는 큰 교회를 담임하는 것과 세상의 명성이 아니다. 무명해도 자만하지 않을 수 있는 마음과 두렵고 떨림으로 하나님 앞에서 겸손함을 잃지 않는 자세다.

은혜받은 설교자는 평안하다. 설교자의 삶은 아무나 갈 수 있는 길이 아니다. 주어진 은혜의 선물을 받은 자들만이 걸어갈 수 있는 길이다. 하나님은 지금도 고생길을 가는 설교자의 빈틈에 선물을 채워 넣으신다.

설교자는 기술자가 아니라 기도자다

설교자는 기도자다. 기술자는 문제해결을 위해 기술을 사용한다. 기도자는 하나님의 의중을 묻기 위해 기도한다. 설교자는 하나님의 은혜를 가르치는 사람이지 기술을 가르치는 사람이 아니다. 유진 피터슨 목사는 《목회자의 영성》에서 설교자의 현 상황을 이렇게 진단한다. "목사들이 모든 아이를 해결해야 할 문제로 대하고, 모든 배우자를 다루어야 할 문제로 보고, 성가대나 위원회에서 일어나는 모든 충돌을 판결해야 할 문제로 보는 일에 공모하는 것은 자신의 가장 중요한 일을 저버리는 것이다. 가장 중요한 일이란, 살아가는 일 한가운데서 예배를 인도하고, 평일의 모순과 혼란 속에서 십자가의 존재를 발견하고, '평범한 것의 광채'에 주목하게 하고, 무엇보다도 이 순례의 친구들과 동료들에게 기도의 삶을 가르치는 것이다"[275]라고 한다. 기도하는 자는 현상만을 보지 않고 그 이면에 감추어진 하나님의 손길을 기대한다. 하나님의 손길에 의해서만 우리 영혼은 다듬어진다.

설교자는 기도자가 되어야 한다. 설교자는 모르는 것이 너무 많기 때문이다. 어느 때가 감사해야 할 때인지, 인내해야 할 때인지, 싸워야 할 때인지, 잠잠히 기도해야 할 때인지를 알지 못한다. 하나님께 기도하면 때를 아는 지혜를 주신다. 이러한 지혜를 갖춘 자들은 은혜를 유지하는 법을 배운다. 토마스 아 켐피스는 《그리스도를 본받아》에서 은혜를 누리고자 하는 자의 자세를 가르친다. "하나님의 은혜를 계속 누리고자 하는 자는 자기에게 주어진 은혜에 대해 감사할 줄 알고, 자기에게서 은혜가 물러감을 참을 줄 알며, 그 은총이 되돌아오기를 기도할 줄 알며, 다시는 은혜를 잃지 않도록 조심하고 겸손할 줄 알아야 한다."[276] 슈퍼맨이 아닌 설교자는 은혜가 하나님의 섭리 가운데 주어짐을 안다. 그러므로 더 겸손하게 되고 더 간구하게 된다. 설교자는 은혜를 구하는 기도자로 살아가는 자다.

김선우 목사

주성성결교회 담임이다.
서울신학대학교 신학대학원(M.Div.)을 졸업했다.

에필로그

자기관리의 끝판왕이 되어야 한다

설교자는 자기관리를 중요하게 여겨야 한다. 여가를 어떻게 관리하느냐에 따라 설교의 말하기가 좌우되기 때문이다. 이를 간파한 아인슈타인은 "인생의 차이는 여가 시간에 달렸다."라고 말한다.

필자는 글쓰기를 배우는 학생들에게 방학을 어떻게 보내느냐에 따라 방학 이후가 달라진다고 말한다. 설교 글쓰기를 배우는 설교자에게 여가를 어떻게 보내느냐에 따라 설교자로서의 위치가 달라진다고 말한다. 자기 시간을 어떻게 활용하느냐가 삶을 만든다. 설교의 고수와 하수를 결정한다. 필자는 공부하기 위해 카페를 간다면 15분 이내에 문밖으로 나간다. 15분 안에 집 밖으로 나가지 않으면 시간 관리가 제대로 되지 않기 때문이다.

들리는 설교든, 살리는 설교든, 말하는 설교든, 변화하는 설교든 설교자는 자기관리 끝판왕이어야 한다. 하나님의 말씀을 전하는 설교자는 자기관리가 되지 않으면 설교자의 자리를 일찍 떠나는 것도 고려할 만하다. 자기관리를 못 하는 설교자의 설교는 영향력이 있을 수 없기에 그렇다.

설교를 잘하는 사람은 자기관리를 잘한다. 위대한 설교자는 자기관리의 끝판왕이지 않은 사람이 없다. 어떤 설교자가 하나의 설교를 준비하는데 20시간을 투자한다고 생각하면 자기관리가 엉망이라면 결코 20시간을 할애하지 못한다.

세계에서 가장 좋은 대학교인 하버드대학교 출신들이 입버릇처럼 하는 말[277]이 있다. "성공은 남은 시간을 어떻게 쓰는가에 달려 있다." 자기관리를 어떻게 하는가가 성공적인 삶을 결정한다는 것을 말한다. 자기관리 되지 않는데 하루를 만족스럽게 살 수 없다. 청중을 향해 설교하는 설교자가 하루가 만족스럽지 않은데 청중을 변화시킬 수 없다.

지형은 외 21인의 《격차의 시대 정이 있는 목회》의 〈부록: 설교자를 위한 요한계시록 강의안〉에서 강문호 목사는 요한계시록 16장 15절인 "보라 내가 도둑 같이 오리니 누구든지 깨어 자기 옷을 지켜 벌거벗고 다니지 아니하며 자기의 부끄러움을 보이지 아니하는 자는 복이 있도다."를 주해하며 마지막 때에 자기관리를 잘해야 한다고 강조한다. "마지막 때에는 자기관리를 잘해야 합니다. 자기 옷을 잘 입어야 합니다. 마지막 때에는 조그만 것부터 큰 것까지 자기관리를 잘해야 합니다. 그런 사람이 복이 있습니다."[278] 우리는 마지막 때를 향해 설교하고 있다. 오늘이 마지막 때일 수 있다. 설교자는 청중을 하나님 나라의 복음을 맡은 자로 사는데 자기관리가 세상 누구보다 더 잘 해야 한다.

필자는 목회자들을 만날 때마다 늘 자기관리의 끝판왕이 되라고 권한다. 옥한흠, 유기성 목사, 호날두, 신영옥 등 자기관리를 잘하는 사람들도 언급한다. 필자는 자기관리를 생각할 때마다 '당장 탁월할 수는 없어도 당장 성실할 수는 있다'라는 문장을 마음속에 새긴다. 당장은 성실할 수 있다. 즉 자기관리의 끝판왕이 될 수 있다. 그런 삶이 지속되면 탁월한 설교자가 된다. 만 50세에 공부를 시작해 10년 만에 5,000권의 책을 읽었다. 시간이 꽤 지나서 1만 여권의 책을 읽었다. 18년째 시간을 짜내어 공부하고 있다. 철저한 자기관리를 하며 공부했다. 지금, 죽을 때까지 하나님을 위해서 일할 것을 준비했다. 자신을 혹독히 다룰 때 주어지는 결과이다.

공부를 많이 하는 신부가 있다. 30년간 공부해서 바티칸 대법원의 변호사를 하는 한동일 변호사다. "저는 30여 년 동안 학생 신분으로 살아왔다. 초중고교를 졸업하고 신학교와 대학원에서 10년, 2001년 로마로 유학 가서 다시 10년을 공부했다. 3년여 동안 석박사 과정을 마친 후 2004년 바티칸 대법원인 로타 로마나(Rota Romana) 사법연수원에 입학해서 2010년 바티칸 대법원 변호사가 되기까지 줄곧 공부만 했다. 변호사가 되는 일은 어느 나라나 쉽지 않지만, 라틴어로 모든 법리를 다뤄야 하는 바티칸 대법원의 변호사가 되는 건 정말이지 어렵다. 그는 동아시아 최초이자 한국인 최초로 바티칸 대법원 변호사다. 유럽 사람들도 쓰지 않는 라틴어로 법학을 공부해야 했는데, 그러려면 먼저 언어의 한계를 극복해야 하고 그다음으로 법학 공부와 심리학의 난관을 넘어야 비로소 변호사 자격시험에 응시할 수 있다."[279]

자기관리를 철저하게 하지 않으면 30년간 공부할 수 없다. 동아시아 최초의 바티칸 대법원 변호사가 될 수 없다. 그는 이런 말로 자기관리를 어떻게 해야 하는지를 말한다. "모든 터널에는 끝이 있다. 다만 끝까지 간 사람에 한해."[280] 답이 나올 때까지 자기관리로 일군 것이다.

설교자는 첫째로 고민할 것이 자기관리의 끝판왕인가의 질문이다. 필자는 잠자기에 들기 전 기도한다. 기도 중 하나가 '오늘 하루를 만족했는가?' 즉 '자기관리를 잘했는가?'다. 그 질문에 답변을 못 하면 잠자기를 미룬다. 일어나서 못다 한 것을 한다. 이런 자기관리로 '행복'이란 단어가 마음 깊은 곳에서 솟아 나오고 있다.

질문에 능통해야 한다

설교자가 갖출 것이 질문하는 능력이다. 챗GPT의 등장으로 질문의 중요성이 크게 대두되고 있다. 질문을 어떻게 하느냐에 따라 자신이 원하는 정보를 얻기 때문이다. 비즈니스에서도 '질문할 줄 아는 능력'이 중요한 자질이다. 적절한 질문을 던지지 못한다는 것은 문제를 파악하지 못했다는 것이다. 우리가 질문을 어려워하는 이유가 있다. 그 이유는 네 가지다.[281]

첫째, 전체상을 파악하지 못해서 어느 부분을 모르는지 모른다.
둘째, 실천하지 않아서 구체적인 질문이 나오지 않는다.
셋째, 선생님이 바쁘실까 봐 물어보기가 어렵다.
넷째, 이런 질문을 해도 될지 부끄럽다.

김종원은 질문이 핵심을 꿰뚫게 한다고 말한다.[282] '사람이 정말 3시간만 자고 견딜 수 있나요?'라고 질문하면 '사람이 어찌 그렇게 살 수 있나요?', '힘들지 않으세요?', '대단하시네요!'라는 말을 듣는다. 하지만 질문을 바꿔 핵심인 '무엇이 당신을 3시간만 자게 만드나요?'라고 질문하면 얼마 후에는 모든 대화가 활발하게 이어지고, 얼마 지나지 않아 상대는 자신의 경쟁력을 모두 흡수해 버린다. 즉 '글쓰기가 당신을 잠들지 못하게 하는군요. 어떤 마음으로 글을 쓰나요?', '글을 쓸 때 지키는 원칙이 있나요?', '글을 써야 하는 이유가 무엇인가요?'라며 핵심을 꿰뚫는 질문을 받는다.

설교자는 핵심을 뚫을 수 있는 질문가가 되어야 한다. 설교자가 질문에 능통하면 얻는 유익이 있다. 첫째, 질문은 설교할 본문을 정확하게 이해할 수 있다. 둘째, 설교를 낯설게 하게 만들어준다. 셋째, 챗GPT 시대를 제대로 활용하게 된다.

〈아트설교연구원〉은 '의미'를 만드는 과정에서 질문을 던진다. 질문이 성경을 명확하게 이해하게 이끈다. 설교 제목이나 설교할 본문을 낯설게 보게 해 준다. 미국의 철강왕인 앤드류 카네기는 원래 철강에 관한 지식은 전무한 비전문가였다. 대신 그는 전문지식이 필요하면 해당 분야의 전문가에게 질문할 수 있는 시스템을 만들었다. 마찬가지로 설교자가 설교로 청중을 설득하고 감동을 주려면 성경에 대한 질문을 아끼지 말아야 한다. 청중이 어떻게 받아들일지에 대한 질문을 멈추지 않아야 한다.

설교자가 설교에서 질문으로 본문을 꿰뚫고 다른 설교자와 차별성을 유지하기 위해 질문을 활용해야 한다. 설교자는 질문할 때 스스로 충분히 연구, 분석한 뒤에 질문하면 그 유익은 크다.

설교자는 탁월한 설교를 하려면 질문에 남달라야 한다. 남다른 질문이 좋은 질문이라 할 수 있다. 어떤 질문이 좋은 질문인가? 첫째, 구체적이고 본질적인 질문이다. 둘째, 핵심을 뚫는 질문이다. 셋째, 핵심 키워드로 하는 질문이다. 넷째, 영감을 불러일으키는 질문이다. 다섯째, 청중의 속마음을 끌어내는 질문이다.

극복의 서사를 만들어야 한다

서양이 지금 세상을 지배하고 있다. 서양의 서사의 특징은 정복 서사이다. 우리나라의 서사는 어려움을 극복한 서사를 갖고 있다. 설교자도 자신만의 서사가 있어야 한다. 설교자가 설교를 잘하려면 극복 서사가 있어야 한다. 네 가지 극복 서사를 가져야 한다.

첫째, 할 수 없는 것, 어려운 것을 극복해야 한다. 필자는 〈아트설교연구원〉에서 설교 글쓰기를 가르칠 때 '방목'의 방법으로 멘토로서의 역할에 머문다. 이곳에서 배우는 것이 다른 곳에서 접하지 않아서 적응이 쉽지 않다. 쉽지 않기에 적응에 시간이 꽤 걸린다. 글쓰기라는 것 자체가 시간을 필요로 한다.

〈아트설교연구원〉에서 가르치는 글쓰기를 자유자재로 하려면 홀로 연구해 극복해야 한다. 즉 극복 서사를 만들어야 한다. 홀로 연구하는 극복의 과정을 거치지 않으면 자기 것이 안 되기 때문이다. 모임에서는 자기 것 만들도록 끊임없는 실습을 한다. 과제를 해야 한다. 이런 반복을 통해 자기 것으로 만들어진다. 극복하면 그 짜릿함과 쾌감은 무척 크다. 그 이후부터 자신감을 얻고 글쓰기의 달인이 되기 위해 매진한다. 극복하는 순간 작가가 된다.

둘째, 설교자는 힘든 배움의 길을 즐거운 배움의 길로 극복해야 한다. 챗GPT가 나온 뒤 사람들은 책과 담을 쌓고 있다. 친구는 이제는 책을 읽지 않는다고 한다. 은퇴까지 했으니 책과 담을 쌓을 수도 있다고 이해를 한다. 매일 핸드폰 등으로 동영상 시청, 넷플릭스 시청으로 시간을 보낸다. 극복의 서사가 있는 사람은 멈춤이 없다. 지속적으로 세상의 유익, 교회의 유익, 청중의 신앙생활을 위해 책을 손에서 놓지 않는다.

설교자는 공부하는 것을 좋아해야 한다. 극복의 서사를 만들기 위해 배움을 즐겨야 한다. 추락하는 한국교회를 회복하기 위해 주어진 일에 최선을 다해야 한다. 세상은 공부 잘하는 사람이 성공하는 것이 아니다. 공부하기를 좋아하는 사람이 성공한다. 설교를 잘하는 사람이 설교를 잘하는 것이 아니다. 설교하기를 좋아하는 사람이 설교를 잘한다. 자신에게 주어진 것을 즐기는 설교자가 되어야 한다.

셋째, 설교를 통해 청중에 대한 두려움을 극복해야 한다. 설교의 자신 없음, 설교의 어려움, 청중과의 소통의 힘듦을 극복해야 한다. 이런 극복 서사가 하나님을 기쁘시게 하는 설교자로 만든다. 한동일 변호사도 극복 서사가 있다. "초등학교 시절에는 밤에 잠자리에 들어 자주 베개가 축축해지도록 울었습니다. 매일 빚쟁이들에게 시달리는 것도 모자라 부모님은 틈만 나면 싸우셨는데요. 그때마다 단칸방 그 어디에도 숨을 곳이 없었습니다. 힘없는 아이들을 가운데 두고 어른들이 휘두르는 폭력 속에서 두려움과 고통을 이기는 길은 현실을 부정하는 것뿐이었습니다. '저 사람들이 내 부모가 아니었으면 좋겠어.', '차라리 알코올 중독자 아버지가 없었으면 좋겠어.' 이런 생각을 수없이 하며 이불 속에서 귀를 틀어막고 울다가 초등학교 3학년 때는 가출을 시도하기도 했습니다. 비록 한나절에 그친 짧은 가출이었지만요. 집에서 벗어나고 싶은 마음은 오래도록 저를 괴롭혔습니다."[283] 그는 어려움을 극복하고 다른 사람이 가질 수 없는 것을 거머쥐었다. 멋진 신부로서의 삶을 살고 있다.

영향력 있는 설교자를 꿈꿔야 한다

체리피커와 체리슈머라는 용어가 있다. 체리피커는 구매는 하지 않으면서 혜택만 챙겨가는 소비자를 일컫는다. 체리슈머는 한정된 자원을 극대화하기 위해 다양한 알뜰 소비 전략을 펼치는 소비자를 의미한다.

많은 설교자가 챗GPT를 활용해 손쉽게 혜택만 보는 체리피커가 되려 한다. 영향력 있는 설교자는 혜택이 아니라 쉽지 않은 것을 최대한 활용하는 체리슈머가 되어야 한다. 남과 다른 삶을 살아 청중에게 영향력을 미치는 설교자는 오늘을 멋지게 살아야 한다.

설교자 중에 말 잘하는 목회자가 많다. 말 잘하는 사람은 번드르르하게 말 잘하는 것을 자랑하려 든다. 영향력은 말 잘하는 것으로부터 오는 것은 아주 적다. 자신이 하나씩 오랜 시간 지식과 인품을 쌓은 것으로부터 온다. 말을 잘하면 청중이 몇 번은 관심을 기울인다. 하지만 오랫동안 지속적으로 들으려 하지 않는다. 내면을 채우지 않은 결과이다.

김종원은 인생이 꼬였다면 읽기로 풀라고 한다. "잘 되는 사람은 꼬인 인생을 읽기로 푼다."[284] 필자도 읽기로 인생의 사막에서 평야로 들어설 수 있었다. 이제는 글쓰기 분야에서 일정한 영향력을 미치고 있다. 작은 영향력일지라도 오랜 시간 분야를 파고들 때 온다. 영향력 있는 노포 가게는 적어도 100년 이상이 지나야 한다. 설교자도 영향력을 지니려면 지력, 영력 그리고 인품을 오랜 시간 갈고 닦아야 한다.

오랜 시간 갈고 닦아야 고수가 된다. 설교자 중에 고수 설교자가 있고 하수 설교자가 있다. 고수에게는 설교가 놀이터라면 하수에게는 설교가 생지옥일 것이다. 투수 중 스로워와 피처가 있다. 세상에 빠른 공을 던지는 투수는 많다. 제구가 잡히지 않고 공이 빠르기만 한 투수들은 스로워이다. 피처는 공의 구속과 관계없이 뛰어난 제구력으로 마운드를 지배하는 진정한 투수이다. 뛰어난 제구력으로 마운드를 지배하려면 많은 시간이 따라주어야 한다. 설교자는 그저 설교를 열심히 하는 스로워가 아닌 설교에 영향력을 미치는 피처와 같은 사람이 되어야 한다.

김도인 목사

〈아트설교연구원〉 대표이자 출판사 〈글과길〉 대표이다.
저서로 《설교는 글쓰기다》, 《목회트렌드 2026》 등이 있다.

에필로그

저자 프로필

김도인 목사

〈아트설교연구원〉 대표이자 출판사 〈글과길〉 대표이다. 지천명 때 독서를 시작해 10년 만에 5,000여권의 책을 읽은 독서가이다. 설교자들에게 글쓰기, 독서 코칭, 모든 사람을 대상으로 책 쓰기 코칭을 한다.

저서로 《설교는 글쓰기다》, 《나만의 설교를 만드는 글쓰기 특강》, 《설교는 글쓰기다3》, 《설교는 인문학이다》, 《설교자와 묵상》 등 30여권이 있다.

한국교회에 목회를 고민하며 《목회트렌드 2026》, 《목회트렌드 2025》, 《목회트렌드 2024》 《목회트렌드 2023》, 《설교트렌드 2025》, 《살리는 설교》, 《세상이 원하는 교회, 교회가 그리는 교회》등을 기획해 출판한다.

권오국 목사

이리신광교회 담임이다.

영락교회, 서교동교회, 번동제일교회에서 부목사, 시애틀 안디옥장로교회 담임을 역임했다.

Liberty University에서 석사과정을 공부했고 San Francisco Theological Seminary에서 목회학 박사 과정을 공부했다. 박사 논문은 '그리스도인의 정체성과 세례교육'에 대해 연구했다. "하나님 나라를 실현하는 예수님의 제자공동체"라는 비전을 품고 선교적 소그룹을 세우기 위해 힘쓰고 있다.

저서로 《행복, 다시 정의하다》, 《목회트렌드 2026》, 《목회트렌드 2025》, 《살리는 설교》, 《세상이 원하는 교회, 교회가 그리는 교회》 등이 있다.

이재영 목사

《아트설교연구원》 부대표이다.
저서로 《말씀이 새로운 시작을 만듭니다》, 《동행의 행복》, 《희망도 습관이다》, 《신앙은 역설이다》, 《감사인생》, 《설교트렌드 2025》, 《살리는 설교》, 《세상이 원하는 교회, 교회가 그리는 교회》 등이 있다.

박혜정 선교사

알바니아 선교사이다. 검도를 사랑하는 남편과 개성이 뚜렷한 2남 1녀와 함께 알바니아 티라나에 살고 있다. 중국 상하이에서 중어중문학을 공부했다. 2009년 GMP 선교사로 허입되었다. 태국을 거쳐 현재 알바니아 티라나에서 한국어 교습과 글쓰기 사역, 집시 여성 문해력 사역, GMP 개발연구위원으로 섬기고 있다.
저서로 《목회트렌드 2026》, 《목회트렌드 2025》, 《목회트렌드 2024》, 《목회트렌드 2023》, 《살리는 설교》, 《다음세대 셧다운》, 《오늘도 묵묵히: 여성 선교사들의 삶과 신앙 일기》, 《비록 존재감은 없지만 삶은 행복해》, 《오늘도 삶의 노래를 쓴다》, 《누구나 갈 수 있는 아무나 갈 수 없는 중국유학》 등이 있다.

저자 프로필

석근대 목사

대구동서교회 위임목사이자 사회교육전문요원과 목회컨설턴트이다.
대구, 경북지역 글쓰기 강사로 활동하며, NAVER 검색어: 글 바느질과 마음뜨개질, blog naver. com>solom21를 운영 중이다.
저서로《삶을 쓰는 글쓰기》,《일상에서 신앙 찾아가기》,《설교트렌드 2025》,《살리는 설교》,《세상이 원하는 교회, 교회가 그리는 교회》등이 있다.

김인해 목사

목포호산나교회 위임목사이다.
저서로《대화가 인생을 UP 시킨다》,《살리는 설교》가 있다.

이문이 목사

목포 큰 기쁨의 교회 담임목사이다.
호남신학대학교 대학원(M.Div)을 졸업했다. 묵상, 찬양, 그리고 교리를 통해 성도를 예수의 제자로 양육하고 있다. 현재는 '한국어 교원 자격'을 취득하여 신안의 다문화 이주노동자를 돕는 사역을 하고 있다.

황상형 목사

대구동서연경교회 교육목사이다.
저서로 《출근길 그 말씀》, 《설교트렌드 2025》, 《살리는 설교》 등이 있다.

저자 프로필

허진곤 목사

무주금평교회 담임목사이다.
한일장신대학교 기독교교육(Th.M)학과를 졸업했다.
에세이 문예 신인상을 수상했다.
저서로 《설교트렌드 2025》, 《다음 역도 문학녘》, 《살리는 설교》, 《세상이 원하는 교회, 교회가 그리는 교회》 등이 있다.

김용대 목사

2007년 대전 청지기교회를 개척하여 지금까지 한 공동체를 섬기고 있다.
한국침례신학대학교(M.Div)와 호서대학교 신약학 박사(Ph.D) 과정을 통해 신학적 토대를 다졌으며, 건강한 교회와 다음세대 양육에 헌신하고 있다. 창의적 영성 실천과 시대적 목회의 해석을 고민하며, 말씀을 통해 하나님 나라의 이야기를 써 내려가고 있다.

김선우 목사

청주 봉명동 지역에 주성성결교회를 개척해 섬기고 있다.
서울신학대학교 신학대학원(M.Div)을 졸업했다.
묵상과 경청의 목회를 통해 성도들이 말씀으로 삶을 세우도록 돕고 있다.

이지철 목사

품는 교회 협력목사이자 Next 세대 연구소 연구원이다.
동의대 멀티미디어 공학 게임영상학과를 졸업하고, 칼빈신학대학원 목회석사학과정을 수료했다.
공저로 《우리는 장난감과 산다》, 《설교트렌드 2025》, 《살리는 설교》 등이 있다.
https://www.youtube.com/@Zoebada
https://www.facebook.com/eunahusband 에서 활동 중이다.

참고 자료

1 은유, 《다가오는 말들》(서울: 어크로스, 2019), 166.
2 김종원, 《문해력 공부》(서울: 알에이치코리아, 2020), 26.
3 데일 카네기, 《카네기의 인간관계론》(서울: 카네기연구소, 2004), 14.
4 부경복, 《손석희가 말하는 법》(서울: 모멘텀, 2013), 18.
5 김종원, 《문해력 공부》(서울: 알에이치코리아, 2020), 87.
6 같은 책, 121.
7 선종욱, 《경청하라》(경기: 태동출판사, 2010), 18.
8 정철, 《사람사전》(서울: 허밍버드, 2020), 361.
9 신은경, 《홀리 스피치》(서울: 포이에마, 2012), 20.
10 이재호, 《듣기만 잘했을 뿐인데!》(서울: 미다스북스, 2017), 23.
11 마이클 니콜스, 이은경 역, 《듣는 것만으로 마음을 얻는다》(서울: 한국경제신문사, 2016), 7.
12 박근일, 《호감 가는 사람은 말투가 다르다》(서울: 유노북스, 2024), 105.
13 신도현·윤나루, 《말의 내공》(서울: 행성B, 2018), 100.
14 이재호, 《듣기만 잘했을 뿐인데!》(서울: 미다스북스, 2017), 42-43.
15 같은 책, 24.

16 신제구, 《리더십 권리장전》(서울: 플랜비디자인, 2024), 90.

17 칼 로저스(Carl R. Rogers), 《1957년 논문》 원문은 "to sense the client's private world as if it were your own, without ever losing the 'as if' quality", 99.

18 에리히 프롬, 황문수 역, 《사랑의 기술》(서울: 홍신문화사, 2003), 104.

19 에릭 와이너, 김하현 역, 《소크라테스 익스프레스》(서울: 어크로스, 2021), 54.

20 프란시스 베이컨, 이종구 역, 《학문의 진보》(서울: 신원문화사, 2007), 799. (전자책)

21 김한식, 《해석의 에움길》(서울: 문학과지성사, 2019), 133.

22 짐 푸트먼, 김태곤 역, 《교회는 관계다》(서울: 생명의말씀사, 2017), 44-45.

23 김진해, 《말끝이 당신이다》(서울: 한겨레출판, 2021), 141.

24 김도영, 《기획자의 독서》(서울: 위즈덤하우스, 2021), 126.

25 양귀자, 《모순》(서울: 도서출판 쓰다, 2025), 11.

26 팀 엘모어, 한다해 역, 《착각에 빠진 리더들》(서울: 흐름출판, 2023), 26.

27 김윤나, 《엄마의 말 그릇》(서울: 카시오페아, 2024), 52.

28 리처드 포스터, 권달천·황을호 역, 《영적 훈련과 성장》(서울: 생명의말씀사, 2007), 33.

29 김도인, 《설교는 글쓰기다》(서울: CLC, 2019), 240.

30 김기현, 《모든 사람을 위한 성경 묵상법》(서울: 성서유니온, 2020), 103.

31 김도인, 《설교자, 왜 인문학을 공부해야 하는가》(서울: 글과길, 2021), 53.

32 베네딕토, 이형주 역, 《베네딕토 수도규칙》(경북: 분도출판사, 1995), 83.

33 최종원, 《수도회 길을 묻다》(서울: 비아토르, 2023), 259.

34 이형원, 《성서주석 10-열왕기상》(서울: 대한기독교서회, 2005), 391.

35 박영호..《시대를 읽다 성경을 살다》(서울: 복있는사람, 2023), 16.

36 데일 카네기, 이미숙 역, 《데일 카네기 인간관계론》(서울: 중앙경제평론사, 2024), 63.

37 히사이시 조·요로 다케시, 이정미 역, 《그래서 우리는 음악을 듣는다》(서울: 현익출판, 2023), 104.

38　https://www.donga.com/news/article/all/20250429/131511104/2, (2025년 4월 29일 접속).

39　웨인 다이어, 이재석 역,《인생의 모든 문제에는 답이 있다》(서울: 불광출판사, 2022), 253.

40　정호승,《내 인생에 용기가 되어준 한마디》(서울: 비채, 2013), 208.

41　김남준,《인간과 잘 사는 것》(서울: 생명의말씀사, 2015), 33.

42　조신영·박현찬,《경청, 마음을 얻는 지혜》(서울: 위즈덤하우스, 2007), 147.

43　김지수·이어령,《이어령의 마지막 수업》(경기: 열림원, 2021), 26.

44　김동영,《너도 떠나보면 나를 알게 될 거야》(서울: 달, 2015), 72.

45　코르넬리아 토프, 장혜경 역,《침묵을 배우는 시간》(서울: 서교책방, 2024), 41.

46　김성회,《리더를 위한 한자 인문학》(서울: 북스톤, 2016), 130.

47　아가와 사와코, 신찬 역,《마음을 여는 듣기의 힘》(경기: 지니의서재, 2023), 236.

48　히사이시 조·요로 다케시, 이정미 역,《그래서 우리는 음악을 듣는다》(서울: 현익출판, 2023), 6.

49　이정일,《소설 읽는 그리스도인》(서울: 샘솟는기쁨, 2024), 85.

50　류재언,《대화의 밀도》(서울: 라이프레코드, 2023), 119.

51　장진희,《마음에 길을 내는 하루》, (서울: 샘솟는기쁨, 2022), 39.

52　장주희,〈월간목회, 2025년 2월호〉, 40.

53　김영돈,《말주변이 없어도 대화 잘하는 법》(경기: 다연, 2024), 155.

54　같은 책, 138.

55　http://www.mhdata.or.kr/bbs/board.php?bo_table=gugnae&wr_id=117, (2025년 6월 30일 접속).

56　김도인,《설교는 인문학이다》(서울: 두란노, 2018), 104-108.

57　최재천,《최재천의 곤충사회》(서울: 열림원, 2024), 41.

58　마틴 로이드 존스, 서문강 역,《목사와 설교》(서울: 기독교문서선교회, 1999), 150.

59 같은 책, 155.

60 안드레아스 크누프, 이덕임 역, 《내 감정이 버거운 나에게》(서울: 북클라우드, 2018), 69.

61 헨리 나우웬, 최원준 역, 《상처입은 치유자》(서울: 두란노서원, 1999), 117.

62 린이, 송은진 역, 《고전에서 찾은 말의 내공》(서울: 비즈니스북스, 2025), 351.

63 김종원, 《내 언어의 한계는 내 세계의 한계이다》(서울: 마인드셋, 2024), 40.

64 김도인, 《설교는 글쓰기다》(서울: CLC, 2019), 180.

65 데이비드 고든, 최요한 역, 《우리 목사님은 왜 설교를 못 할까》(서울: 홍성사, 2020), 72.

66 https://www.ohmynews.com/NWS_Web/View/at_pg.aspx?CNTN_CD=A0003086455 (2025년 6월 2일 접속).

67 https://v.daum.net/v/20220901140602261 (2025년 6월 2일 접속).

68 이수인, 《미디어 리터러시 수업》(서울: 꿈미, 2023), 278.

69 파리 리뷰 지음, 권승혁·김진아 역, 《작가란 무엇인가 1》(서울: 다른, 2022), 53-54.

70 프리드리히 니체, 어나니머스 역, 《위버맨쉬》(서울: 떠오름, 2025), 181.

71 다니엘 핑크, 김명철 역, 《후회의 재발견》(서울: 한국경제신문, 2022), 64.

72 허정원, 《생각의 공간》(서울: 북스톤, 2024), 17.

73 팀 켈러, 채경락 역, 《팀 켈러의 설교》(서울: 두란노서원, 2016), 256.

74 같은 책, 268.

75 김영봉, 《설교자의 일주일》(서울: 복있는사람, 2017). 83.

76 한진환, 《설교의 영광》(서울: 생명의말씀사, 2005), 56

77 같은 책, 100.

78 김영봉, 《설교자의 일주일》(서울: 복있는사람, 2017), 175.

79 워렌 W. 위어스비, 이장우 역, 《상상이 담긴 설교》(서울: 요단, 1997), 114.

80 같은 책, 154.

81 Peterson, Eugene H. 《Answering God》(San Francisco: Harper and Row, 1991), 73.

82 캘빈 밀러, 박현신 역, 《내러티브 강해의 기술》(서울: 베다니출판사, 2009), 212.

83 한진환, 《설교의 영광》(서울: 생명의말씀사, 2005), 348.

84 D. M. 로이드 존스, 서문 강 역, 《목사와 설교》(서울: 기독교문서선교회, 1995), 3.

85 한진환, 《설교의 영광》(서울: 생명의말씀사, 2005), 357.

86 같은 책, 31.

87 장주희, 《들리는 설교》(경기: 이른비, 2019), 137-140.

88 장한별, 《한 권으로 끝내는 스피치》(서울: 더문, 2018), 104-106.

89 장주희, 《들리는 설교》(경기: 이른비, 2019), 141.

90 같은 책, 151-152.

91 같은 책, 154.

92 장한별, 《한 권으로 끝내는 스피치》(서울: 더문, 2018), 118-119.

93 김병석, 《스피치의 재발견 벗겨봐》(서울: 모아북스, 2022), 전자책 22.

94 이태근, 《스피치》(서울: 교회성장연구소, 2012), 90.

95 허은아, 《메라비언 법칙》(경기: 위즈덤하우스, 2012), 7.

96 "Whose stream is this anyway? Exploring layers of viewer-integration in online participatory videos", Journal of Communication Studies, 2022

97 해돈 로빈슨, 전의우 역, 《성경적인 설교와 설교자》(서울: 두란노, 2006), 216.

98 크리스 앤더슨, 박준형 역, 《테드 토크》(경기: 21세기북스, 2016), 155.

99 마틴 로이드 존스, 정근두 역, 《설교와 설교자》(서울: 복있는사람, 2012), 142.

100 신현석, 《리듬의 힘, 느낌 교육》(경기: 좋은땅, 2024), 335.

101 이상은, 《백 마디 말보다 강력한 행동의 심리학》(서울: 천그루숲, 2023), 42.

102 김태원, 《침묵의 몸짓, 소리없는 외침》(서울: 루미너리북스, 2024), 16.

103 제임스 H. 길모어·B. 조지프 파인, 윤영호 역, 《진정성의 힘》(경기: 21세기북스, 2020), 58.

104 조용기, 《꿈, 희망, 용기를 갖고 살아라》(서울: 두란노, 2011), 27.

105 김덕수, 《개혁주의 설교》(서울: 대한기독교서회, 2024), 52.

106 김용규, 《어제보다 조금 더 깊이 걸었습니다》(경기: 디플롯, 2025), 88-89.

107 우지은, 《여자는 목소리로 90% 바뀐다》(경기: 위즈덤하우스, 2013), 67.

108 신은경, 《홀리 스피치》(서울: 포이에마, 2012), 135.

109 우에노 나오키 지음, 신금순 역, 《목소리 셀프코칭》(서울: 넥서스books, 2009), 70.

110 C.S 루이스, 김선형 역, 《스크루테이프의 편지》(서울: 홍성사, 2009), 109.

111 https://www.lifegoodtimes.com/news/articleView.html?idxno=1156 (2025년 7월 22일 접속).

112 배성현, 《존 파이퍼에게 설교를 묻다》(서울: 생명의말씀사, 2024), 50.

113 최종원, 《텍스트를 넘어 콘텍스트로》(서울: 비아토르, 2019), 100-101.

114 김영봉, 《설교자의 일주일》(서울: 복있는사람, 2018), 297.

115 김형익, 《우리가 하나님을 오해했다》(서울: 생명의말씀사, 2021), 273.

116 이신화, 《소중한 지혜의 한 줄》(서울: 백만문화사, 2020), 265.

117 성열홍, 《딥씽킹》(서울: 21세기북스, 2014), 79.

118 김도인, 《인문학, 설교에 어떻게 활용할 것인가》(서울: 목양, 2021), 108-109.

119 박영재, 《원포인트로 설교하라》(서울: 요단, 2018), 16.

120 김운용, 《현대설교코칭》(서울: 장로회신학대학교, 2012), 213.

121 박영재, 《원포인트로 설교하라》(서울: 요단, 2018), 25-31.

122 김영봉, 《설교자의 일주일》(서울: 복있는사람, 2017), 319.

123 이어령, 《스피치 스피치》(서울: 열림원, 2025), 37-38.

124 https://www.kmib.co.kr/article/view.asp?arcid=0924246693&code=23111414&cp=nv (2025년 7월 19일 접속).

125 김도인, 《인문학, 설교에 어떻게 활용할 것인가》(서울: 목양, 2021), 114-115.

126 같은 책, 122-123.

127 김영봉,《설교자의 일주일》(서울: 복있는사람, 2017), 327-328.

128 박웅현·오영식,《일하는 사람의 생각》(서울: 세미콜론, 2020), 80-81.

129 김도인,《설교는 인문학이다》(서울: 두란노서원, 2018), 23.

130 D. M. 로이드 존스, 서문 강 역,《목사와 설교》(서울: 기독교문서선교회, 1999), 253.

131 유미,《글쓰기에 진심입니다》(서울: 치읓, 2021), 67.

132 니코스 카잔차키스, 유재원 역,《그리스인 조르바》(서울: 문학과지성사, 2022), 98-99.

133 https://www.chosun.com/sports/world-football/2025/02/07/6CQ5PDTIZJDKXCHJIUJ6QA35KI/ (2025년 7월 9일 접속).

134 최인철,《프레임》(경기: 21세기북스, 2023), 290-291.

135 은유,《글쓰기 상담소》(경기: 김영사, 2023), 291.

136 김종원,《말의 서랍》(서울: 성안당, 2018), 193.

137 신동아 2025년 3월 24일, 정승혜, 카툰 만평 〈안마봉〉

138 정재영,《언어 천재들은 어떻게 말을 할까》(경기: 21세기북스, 2022), 244.

139 앤 라모트, 최재경 역,《쓰기의 감각》(서울: 웅진지식하우스, 2018), 57.

140 윌리엄 진서, 이한중 역,《글쓰기 생각쓰기》(경기: 돌베개, 2007), 19.

141 김영봉,《설교자의 일주일》(서울: 복있는사람, 2018), 257.

142 존 맥아더, 이지혜 역,《최고의 설교》(서울: 국제제자훈련원, 2012), 36.

143 스티븐 킹, 김진준 역,《유혹하는 글쓰기》(서울: 김영사, 2017), 170.

144 맷 벨, 김민수 역,《퇴고의 힘》(경기: 월북, 2023), 73.

145 앤디 스탠리, 윤종석 역,《노스포인트 교회이야기》(서울: 도서출판디모데, 2015), 271.

146 스티븐 킹, 김진준 역,《유혹하는 글쓰기》(서울: 김영사, 2017), 204.

147 https://member.kpa21.or.kr/kpa_bbs/2024%eb%85%84%ec%b6%9c%ed%8c%90-%ed%86%b5%ea%b3%84/ (2025년 7월 26일 접속).

148 김도영,《기획자의 독서》(서울: 위즈덤하우스, 2021), 56.

149 김종원, 《내 언어의 한계는 내 세계의 한계이다》(서울: 마인드셋, 2024), 24.

150 나쓰카와 소스케, 이선희 역, 《책을 지키는 고양이》(경기: 북이십일아르테, 2019), 65.

151 자미라 엘 우아실·프리데만 카릭, 김현정 역, 《세상은 이야기로 만들어졌다》(서울: 원더박스, 2024), 91.

152 무라카미 하루키, 홍은주 역, 《도시와 그 불확실한 벽》(서울: 문학동네, 2023), 284.

153 정용진, 《밑줄과 생각》(경기: 작가정신, 2025), 133-146.

154 이승우, 《고요한 읽기》(경기: 문학동네, 2024), 160.

155 다자이 오사무, 김춘미 역, 《인간 실격》(서울: 민음사, 2022), 183.

156 김용규·김유림, 《은유란 무엇인가》(서울: 천년의상상, 2023), 36.

157 유영만, 《책 쓰기는 애쓰기다》(서울: 나무생각, 2020), 110.

158 카르멘 사이먼, 박준형 역, 《절대 잊을 수 없는 것을 만들어라》(서울: 토네이도, 2017), 147.

159 유기성, 《나는 죽고 예수로 사는 복음》(서울: 규장, 2016), 142.

160 정지우, 《AI, 글쓰기, 저작권》(서울: 마름모, 2025), 25.

161 유기성, 《한 시간 기도》(서울: 규장, 2019), 156.

162 정철, 《사람사전》(서울: 허밍버드, 2020), 284.

163 유기성, 《나는 죽고 예수로 사는 복음》(서울: 규장, 2016), 203.

164 헨리 나우웬, 최원준 역, 《상처 입은 치유자》(서울: 두란노서원, 2022), 147.

165 고든 D. 피·더글라스 스튜어트, 오광만·박대영 역, 《성경을 어떻게 읽을 것인가》(서울: 한국성서유니온, 2009), 97.

166 유진 H. 피터슨, 양혜원 역, 《이 책을 먹으라》(서울: IVP, 2010), 57.

167 엘리자베스 라움, 길성남 역, 《디트리히 본회퍼:나를 따르라》(서울: 좋은씨앗, 2007), 273.

168 김도인 외 11인, 《살리는 설교》(서울: 글과길, 2025), 163.

169 박정혜, 《당신의 마음을 글로 쓰면 좋겠습니다》(경기: 오도스, 2020), 36.

170 정철, 《사람사전》(서울: 허밍버드, 2020), 119.

171 폴커 키츠·마누엘 투쉬 지음, 김희상 역, 《마음의 법칙》(서울: 포레스트북스, 2022), 151.

172 양창순, 《오늘 참 괜찮은 나를 만났다》(경기: 김영사, 2019), 66-68.

173 김운용, 《새롭게 설교하기》(서울: 예배와 설교 아카데미, 2007), 104.

174 윤광준, 《심미안 수업》(서울: 지와인, 2018), 9.

175 달라스 윌라드, 윤종석 역, 《마음의 혁신》(서울: 복있는사람, 2022), 38.

176 강신주, 《감정수업》(서울: 민음사, 2013), 20.

177 존 스토트, 채경락 역, 《존 스토트의 설교》(서울: IVP, 2016), 163-164.

178 이석원, 《진심의 힘》(서울: 블루페가수스, 2019), 12. (전자책)

179 존 칼빈, 김종흡 역, 《창세기 주석》(서울: 생명의말씀사, 2019), 156-158.

180 김도인, 《설교자와 묵상》(서울: CLC, 2020), 55.

181 워런 버거, 이경남 역, 《최고의 선택을 위한 최고의 질문》(경기: 21세기북스, 2023), 325.

182 김현경, 《사람, 장소, 환대》(서울: 문학과 지성사, 2015), 43.

183 이정일, 《소설 읽는 그리스도인》(서울: 샘솟는 기쁨, 2024), 192-193.

184 김진규, 《히브리 시인에게 설교를 배우다》(서울: 생명의말씀사, 2015), 90.

185 민은정, 《브랜드가 곧 세계관이다》(서울: 미래의 창, 2024), 135.

186 베르나르 베르베르, 이세욱 역, 《베르나르 베르베르의 상상력 사전》(경기: 열린책들, 2011), 612.

187 마이클 리브스, 황재찬 역, 《마이클 리브스의 설교자의 심장》(서울: 두란노서원, 2024), 87.

188 팀 켈러, 채경락 역, 《팀 켈러의 설교》(서울: 두란노서원, 2016). 213.

189 같은 책, 214.

190 마이클 리브스, 황재찬 역, 《마이클 리브스의 설교자의 심장》(서울: 두란노서원, 2024), 94.

191 워렌 W. 위어스비, 이장운 역, 《상상이 담긴 설교》(서울: 요단출판사, 1997), 33.

192 팀 켈러, 채경락 역, 《팀 켈러의 설교》(서울: 두란노서원, 2016), 215.

193 같은 책, 216.

194 같은 책, 225.

195 같은 책, 227.

196 마이클 리브스, 황재찬 역,《마이클 리브스의 설교자의 심장》(서울: 두란노서원, 2024). 62.

197 같은 책, 65.

198 https://www.usaamen.net/bbs/board.php?bo_table=john&wr_id=1834 (2025년 6월 29일 접속).

199 존 핀, 김미란·원희래 역,《해빗 메카닉》(서울: 카시오페아, 2022), 169.

200 미닝아웃(Meaning Out): 개인의 신념, 가치, 정체성을 소비나 일상 행동을 통해 적극적으로 드러내는 행위를 말한다. 영어 meaning(의미)과 coming out (커밍아웃)의 합성어로, "내가 믿는 바를 밖으로 드러낸다."라는 뜻이다.

201 데이비드 포스터 월리스, 김재희 역,《이것은 물이다》(서울: 나무생각, 2023), 128.

202 김애란,《안녕이라 그랬어》(경기: 문학동네, 2025), 142.

203 송길영,《시대예보: 호명사회》(경기: 교보문고, 2024), 365.

204 황인권,《5無 교회가 온다》(서울: IKP, 2025), 205.

205 나가이 요스케, 박재현 역,《공감병》(서울: 마인드빌딩, 2022), 33.

206 김도인,《설교자, 왜 人文學을 공부해야 하는가?》(경기: 글과길, 2021), 33.

207 사이토 다카시, 황미숙 역,《책 읽는 사람만이 닿을 수 있는 곳》(서울: 쌤앤파커스, 2021), 115.

208 문충태,《공감 소통》(서울: 중앙경제평론사, 2024), 22.

209 김애란,《안녕이라 그랬어》(경기: 문학동네, 2025), 141.

210 이인식,《마음의 지도》(경기: 다산사이언스, 2019), 105.

211 이순신포럼 10주년기업사업단 엮음,《이순신을 만나다》(서울: 책읽는 마을, 2019), 187.

212 스티븐 P. 로빈스·티머시 A. 저지, 김양균외 4인 역,《조직행동론》(서울: 한티에듀, 2021), 649.

213 "조명자"는 예수님의 말씀을 따라 세상에 하나님의 빛을 비추는 자를 상징한다. 조지아 정교회에서는 "성녀 니노(St. Nino)"를 "조지아의 조명자(The Enlightener of Georgia)"

라고 부른다. 조지아는 주후 326년(또는 337년)에 세계 최초 여성 전도자로 인하여 기독교 국가로 선포하였다.

214 로마에서 공동체를 이끌다가 디오클레시안 황제의 박해를 피해서 아르메니아에 은신처를 정하고 30여 명의 여성과 신앙의 절개를 지킨다. 아르메니아가 세계 최초의 기독교 국가가 되는 데 있어 소중한 토대를 마련한 여성 지도자이며 순교자이다.

215 최은수, 《아르메니아 조지아 성지순례 핸드북》(서울: 좋은땅, 2023), 146.

216 윤용아, 《존재의 철학자 하이데거 vs 의미의 철학자 비트겐슈타인》(서울: 숨비소리, 2007), 10. (전자책)

217 원어 성경연구주석 시리즈. 마태복음 9장.

218 마틴 로이드 존스, 정근두 역, 《설교와 설교자》(서울: 복 있는 사람, 2012), 524.

219 같은 책, 499.

220 팀 켈러, 채경락 역, 《팀 켈러의 설교》(서울: 두란노, 2016), 225-226.

221 오리슨 스웨트 마든, 추미옥 역, 《인격수업》(서울: 행복한작업실, 2021), 91-92. (전자책)

222 주세규, 《난세에서 인격과 처세를 얻다: 고전을 배우는 시간 (상)》(서울: 북랩, 2023), 9-10.

223 존 파이퍼, 박혜영 역, 《하나님을 설교하라》(서울: 복 있는 사람, 2012), 89.

224 팀 켈러, 채경락 역, 《팀 켈러의 설교》(서울: 두란노, 2016), 256.

225 오리슨 스웨트 마든, 추미옥 역, 《인격수업》(서울: 행복한작업실, 2021), 30-31. (전자책)

226 https://www.amennews.com/news/articleView.html?idxno=8242, (2025년 7월 1일 접속).

227 https://www.imedialife.co.kr/news/articleView.html?idxno=40099 (2025년 7월 26일 검색).

228 https://www.sportsseoul.com/news/read/1132708 (2025년 7월 26일 검색).

229 유영만, 《책 쓰기는 애쓰기다》(서울: 나무생각, 2020), 157.

230 자끄 엘륄, 박동열·이상민 역, 《굴욕당한 말: 하나님은 말한다》(대전: 대장간, 2014), 464.

231 김진혁, 《환대의 신학》(서울: IVP, 2025), 184.

232 최인철, 《프레임: 나를 바꾸는 심리학의 지혜》(경기: 21세기북스, 2017), 11.

233 배덕만, 《전광훈 현상의 기원》(서울: 뜰힘, 2025), 28.

234 이수인, 《미디어 리터러시 수업: 인포데믹 시대의 그리스도인을 위한》(서울: 꿈미, 2023), 179-180.

235 박수일·송원찬, 《리더의 말공부》(서울: 세종서적, 2018), 219.

236 곽재선, 《간절함이 열정을 이긴다》(서울: 미래의 창, 2013), 271.

237 배덕만, 《전광훈 현상의 기원》(서울: 뜰힘, 2025), 10.

238 이광주, 《교양의 탄생》(서울: 한길사, 2009), 727.

239 https://www.christiandaily.co.kr/news/67641 (2025년 8월 11일 접속).

240 김윤나, 《말 그릇》(서울: 카시오페아, 2017), 179.

241 민은정, 《브랜드가 곧 세계관이다》(서울: 미래의 창, 2024), 132.

242 같은 책, 122.

243 달라스 윌라드, 홍병룡 역, 《그리스도를 아는 지식》(서울: 복 있는 사람, 2009), 232.

244 김도인외 10인, 《설교트렌드 2025》(서울: 글과길, 2024), 140.

245 리처드 포스터, 권달천 역, 《영적 훈련과 성장》(서울: 생명의말씀사, 2009), 235.

246 리처드 백스터, 고신석 역, 《현대인을 위한 참된 목자》(서울: 프리셉트, 2011), 45.

247 포스트 트루스(탈진실) 시대란, 객관적 사실보다 감정이나 개인적 신념이 여론 형성에 더 큰 영향을 미치는 현상을 의미한다. 포스트 트루스 시대에는 진실과 거짓의 구별이 모호해지고, 때로는 거짓이 진실처럼 받아들여지는 현상이 나타난다. 이는 과학부인주의, 인지편향, 미디어 환경변화, 포스트모더니즘 등 다양한 요인에 의해 촉진된다.

248 https://www.ecumenian.com/news/articleView.html?idxno=25556 (2025년 7월 20일 접속).

249 골드베르크 변주곡은 32마디의 베이스 선(저음선)과 그에 기초한 화성 구조를 바탕으

로 하며, 아리아의 구조와 화성 패턴을 변주한다. 모든 변주곡은 아리아의 베이스 선을 기반으로 하며, 곡의 처음과 끝에 아리아가 반복된다. 이 작품은 바흐의 대위법적 기법과 다양한 음악적 스타일이 집약된 예술적 완성도로 명성이 높다.

250 셰리 터클, 이은주 역, 《외로워지는 사람들》(서울: 청림출판, 2012), 179.
251 마틴 로이드 존스, 정근두 역, 《설교와 설교자》(서울: 복 있는 사람, 2012), 80.
252 마일스 데이비스(Miles Davis, 1926-1991)는 쿨 재즈, 하드 밥, 모달 재즈, 전기 재즈 등 다양한 스타일을 개척하며 50년간 재즈계의 혁신을 이끌었다.
253 티모시 더들리 스미스, 정옥배 역, 《존 스토트》(서울: IVP, 1999), 325.
254 존 뉴턴, 박지혁 역, 《어메이징 그레이스의 이야기》(서울: 생명의말씀사, 2019), 123-124.
255 브레네 브라운, 이은주 역, 《불완전함의 선물》(서울: 청림출판, 2011), 25, 64.
256 하이퍼 커넥티드 사회란 모든 사람과 사물, 정보가 네트워크로 끊임없이 연결되어 상호작용하는 디지털 환경을 뜻하며, 연결성(connectivity)의 극대화로 인해 개인의 정보 처리, 정체성 형성, 사회적 관계 방식이 근본적으로 변화하는 사회를 의미한다.
257 엘 시스테마(El Sistema)는 1975년 베네수엘라의 호세 안토니오 아브레우(José Antonio Abreu)가 창설한 빈곤 청소년을 위한 공공 음악 교육 프로그램으로, 음악을 통해 사회적 통합과 개인의 성장을 이끄는 대표적 사례이다.
258 베이비부머 세대는 1955년부터 1963년 사이에 태어난 세대로, 산업화와 민주화를 경험하며 대한민국의 경제적·사회적 기반을 구축한 1세대로 평가된다. 알파 세대는 2010년 이후 태어난 세대로, 스마트폰과 유튜브, 인공지능 환경 속에서 자라난 최초의 세대로 정의된다. 이들은 밀레니얼 세대의 자녀이자, 전례 없는 디지털 감수성과 개인화를 특징으로 한다.
259 밀란 쿤데라, 이재룡 역, 《참을 수 없는 존재의 가벼움》(서울: 민음사, 2009), 9.
260 한병철, 김태환 역, 《피로 사회》(서울: 문학과 지성사, 2012), 25.
261 유진 피터슨, 홍종락 역, 《잘 산다는 것》(서울: 복 있는 사람, 2022), 34.

262 데이비드 데이, 최승근 역,《성육신적 설교와 커뮤니케이션》(서울: (사)기독교문서선교회, 2018), 16.

263 존 스토트, 박지우 역,《존 스토트의 설교》(서울: 한국기독학생회출판부, 2016), 116.

264 같은 책, 200.

265 마르틴 파도바니 지음, 권은정 옮김,《상처 입은 관계의 치유》(서울: 분도출판사, 2011), 13.

266 김윤나,《말 그릇》(서울: 카시오페아, 2017), 31.

267 정철,《사람사전》(서울: 허밍버드, 2020), 214.

268 목회와신학 편집부,《목회와 신학》(서울: 두란노서원, 2003), 108.

269 이기주,《말의 품격》(서울: 황소북스, 2017), 151.

270 공자, 김형찬 역,《논어》(서울: 홍익출판사, 2015), 44.

271 조영탁, "경영의 신이 말하는 3가지 성공요인"「머니투데이」, 2007년 12월 11일.

272 알리스터 맥그래스, 전의우 역,《한 권으로 읽는 기독교》(서울: 생명의말씀사, 2009), 285.

273 존 M. G. 바클레이, 김형태 역,《바울과 은혜의 능력》(서울: 감은사, 2021), 23.

274 오스왈드 챔버스, 스데반 황 역,《주님은 나의 최고봉》(서울: 토기장이, 2009), 6월 26일.

275 유진 피터슨, 양혜원 역,《목회자의 영성》(서울: 포이에마, 2013), 96.

276 토마스 아 켐피스, 조항래 역,《그리스도를 본받아》(서울: 예찬사, 2006), 110.

277 웨이슈잉, 이정은 역,《하버드 새벽 4시 반》(서울: 라이스메이커, 2016), 15.

278 이건영·지형은·옥성석 외 19인,《격차의 시대, 정이 있는 목회》(서울: 글과길, 2022), 385.

279 한동일,《한동일의 공부법》(경기: EBS Books, 2020), 24.

280 같은 책, 28.

281 사토 후미아키·고지마 미키토, 김혜영 역,《조인트 사고》(서울: 생각지도, 2021), 92.

282 김종원,《문해력 공부》(서울: 알에이치코리아(RHK), 2020), 20.

283 한동일,《한동일의 공부법》(경기: EBS Books, 2020), 48.

284 같은 책, 42.